● 江苏省教育科学"十四五"规划课题"基于学习场域创新的育人系统构建研究"(编号：B/2022/03/115)研究成果

湿地里的同学园：让孩子自然生长

唐燕 等 / 著

苏州大学出版社
Soochow University Press

图书在版编目（CIP）数据

湿地里的同学园：让孩子自然生长 / 唐燕等著.
苏州：苏州大学出版社，2025.3. -- ISBN 978-7-5672-4124-4

Ⅰ.G623.62

中国国家版本馆 CIP 数据核字第 2025NG3985 号

SHIDI LI DE TONGXUE YUAN：RANG HAIZI ZIRAN SHENGZHANG

书　　名：	湿地里的同学园：让孩子自然生长
著　　者：	唐　燕　等
责任编辑：	沈　琴
助理编辑：	任雨萌
装帧设计：	刘　俊
出版发行：	苏州大学出版社（Soochow University Press）
社　　址：	苏州市十梓街 1 号　邮编：215006
印　　刷：	苏州越洋印刷有限公司
邮购热线：	0512-67480030
销售热线：	0512-67481020
开　　本：	700 mm×1 000 mm　1/16　印张：13.25　字数：259 千
版　　次：	2025 年 3 月第 1 版
印　　次：	2025 年 3 月第 1 次印刷
书　　号：	ISBN 978-7-5672-4124-4
定　　价：	48.00 元

若有印装错误，本社负责调换
苏州大学出版社营销部　电话：0512-67481020
苏州大学出版社网址　http://www.sudapress.com
苏州大学出版社邮箱　sdcbs@suda.edu.cn

序

　　教育，是人类与自然、与自我、与未来对话的永恒命题。如何让教育回归生命本真，让儿童在自然中舒展身心、在真实情境中生长智慧，成为如今众多教育者探索的核心议题。在此背景下，张家港市世茂小学以"湿地"为资源，以"自然"为课堂，以"让儿童自然生长"为核心追求，构建了一套独具特色的教育生态体系。《湿地里的同学园：让孩子自然生长》一书，正是对这一教育实践的深度凝练与诗意表达。它不仅是一所学校的课程改革的生动记录，更是一场关于教育本质的哲学追问，还是一次对"人与自然和谐共生"的教育诠释。作为长期关注中小学校教育变革的研究者，我有幸深入了解这所学校的教育实践，见证他们在教育之路上的不懈探索，也因此对书稿中的不少内容深感共鸣。于是，在唐燕校长的盛情邀约下，我满怀欣喜为本书作序。

　　一、湿地叙事：教育生态的诗意建构

　　张家港市世茂小学地处暨阳湖湿地公园旁，得天独厚的自然环境成为其开展特色教育的宝贵资源。学校的教师以敏锐的教育洞察力，充分挖掘湿地的教育价值，将其融入课程与教学体系，开启了一场别开生面的教育创新之旅。

　　湿地，是本书的核心意象，它不仅是生态系统的枢纽，更是一个充满生命力的教育空间。张家港市世茂小学将湿地从地理概念升华为文化符号，构建了"同学园"这一独特的育人场域。在这里，教室的边界被打破，学习从"封闭的课堂"走向"开放的湿地"，从"单向传授"转向"多维互动"。

　　书中第二章至第四章，以细腻的笔触描绘了湿地课程的实践图景。例如，湿地里的科学课让学生通过七级水质过滤系统的实地观测，理解生态循环的奥秘；湿地美学课将自然景观与艺术创作结合，引导学生用绘画、诗歌记录四季变迁；湿地法治教育课通过模拟环保法庭、组织学生宣誓保护湿地等活动，将生态责任植入学生心灵。这些案例表明，湿地不仅是知识学习的载体，更是情感浸润、价值观塑造的土壤。学生在湿地中，感受到生命的多样性、生态的脆弱性，从而萌发对自然的敬畏与守护之心。也因此，借助湿地资源的张家港市世茂小学成为一所打开的同学园。

在本书中，同学园有三重内涵——物质空间、精神空间与文化空间。物质空间方面，校内"两展、三馆、六区"与校外"一馆、三所、七站"相呼应，形成立体化的学习空间；精神空间强调教育实践主体之间的平等对话与情感联结，师生关系从"权威"走向"和谐"；文化空间则通过湿地主题的社团和研学活动，传承地域文化，培育家国情怀。这种"空间—关系—文化"的深度融合，让学校教育实践真正成为一场"润物无声"的生命滋养。

二、自然生长：从理念觉醒到实践重构

"自然生长"并非新鲜概念。从卢梭的"归于自然"到杜威的"教育即生活"，从陶行知的"生活教育"到当下"双减"背景下的素养导向学习，教育的每一次革新，都在试图打破知识与生活的藩篱，重建儿童与世界的联结。张家港市世茂小学的教育实践探索，正是这样一种创新。

书稿开篇提出的自然生长教育理念，将教育的起点回归到学生的本真状态。这里的"自然"不仅指外在的湿地生态系统，更是指学生内在的生命节律。书中援引道家"道法自然"的哲学智慧、建构主义的学习理论以及自然主义教育思想，构建了"顺应天性、尊重差异、互动生成"的教育理念。这一理念的实践，并非简单的户外活动叠加，而是通过湿地这一真实场域，让学生在观察、体验、探究中完成知识的自主建构。例如，学生在数学课上测量湿地面积，在语文课上创作湿地诗歌，在科学课上研究水质净化，这些课程设计将学科知识与自然现象深度融合，使学习成为一场"与万物对话"的旅程。

尤为可贵的是，张家港市世茂小学的实践并未止步于理念倡导，而是通过系统的课程体系、多元的教学模式和科学的评价机制，将自然生长教育理念落地为可操作的行动方案。"基础型课程—综合性课程—个性化课程"的三层架构，既保障了国家课程的校本化实施，又通过跨学科主题学习、项目式学习和超学科实践，实现了知识从"碎片化"到"整体性"的建构。书中详述的"绿野寻踪"湿地课程，便是这一架构的典范：低年级学生化身"湿地观察家"，中年级学生成为"湿地规划师"，高年级学生进阶为"湿地研究员"，这种阶梯式设计精准契合学生的认知发展规律，让学习成为一场从"感知"到"创造"的自然生长。

三、未来启示：教育变革的创新样本

张家港市世茂小学的实践，不仅是一所学校的创新尝试，更是对未来教育图景的深刻启示。在"双减"政策全面推进、核心素养教育深化的今天，本书提供的湿地教育样本，为教育者提供了三条重要思考路径。

其一，重新定义学习场域。传统教育将学习禁锢于教室，而张家港市世

茂小学证明，自然是最广阔的课堂。湿地中的一草一木、一虫一鸟，皆是鲜活的教材；季节更替、生态循环，皆为动态的课程。这种场域的重构，不仅拓展了教育资源，更重塑了学生的学习方式——从被动接受转向主动探索，从记忆知识转向问题解决，从单学科学习转向跨学科项目式学习。

其二，重构师生成长关系。书中第四章"超越自然：湿地里的师生共长"深刻揭示了教育中"教"与"学"的双向赋能。教师不再是知识的权威，而是学习的协作者；学生不再是教育的客体，而是课程的设计者。例如，"湿地课程 LOGO 设计大赛"中，学生的创意作品成为学校文化标识；"湿地宣讲团"由学生主导，向社区传播环保理念。这种角色转变，让教育回归"共生共长"的本质。

其三，重建教育评价维度。张家港市世茂小学摒弃了单一的成绩导向，构建了"三力三性"（学力、活力、潜力；趣味性、序列性、操作性）评价体系。过程性评价关注学生的态度、方法与协作，结果性评价强调实践成果与价值创造。这种评价机制，让每个学生的独特潜能被看见，让成长真正成为"百花齐放"的生态图景。

四、结语：让教育成为自然的延伸

《湿地里的同学园：让孩子自然生长》是一本充满泥土气息与生命温度的书，是一本真正"生长"于一线教育实践的书。它告诉我们，教育不应是脱离自然的空中楼阁，而应是扎根大地的生命之树。张家港市世茂小学的实践，像一扇打开的窗，让我们看到教育的另一种可能：在那里，知识在湿地中萌芽，成长在自然里舒展。

这本书不仅是对一所学校教育实践探索的总结，更是对中国基础教育改革的尝试。它提醒我们：唯有回归自然、尊重生命、相信儿童，教育才能真正抵达"润泽心灵、启迪智慧"的彼岸。愿有更多的教育工作者从中汲取力量，在各自的教育田野上，播种更多"自然生长"的希望。

黄　伟

2025 年 2 月 10 日

目　录

第一章　道法自然：湿地里的教育诉求　001

第一节　自然生长教育理念的内涵与价值　001

第二节　湿地文化的基本特征及教育意蕴　009

第三节　同学园的育人价值与实践探索　019

第四节　学习空间的困境审视与学习场域的建构　025

第五节　学校的模样：一所"打开"的同学园　032

第六节　亲自然、乐学习、爱生活：世茂学子形象素描　041

第二章　面向自然：湿地里的课程建设　049

第一节　我国湿地课程建设的回顾与反思　049

第二节　"绿野寻踪"湿地课程：行走在儿童与文化之间　060

第三节　学科湿地课程的探索与实践　070

第四节　跨学科湿地课程的探索与实践　082

第五节　超学科湿地课程的探索与实践　096

第六节　湿地课程建设的成效与瞻望　104

第三章　回归自然：湿地里的课堂变革　110

第一节　湿地"235"生态课堂的建构与实施　110

第二节　湿地课堂与儿童情境化学习　120

第三节　湿地课堂表现性任务的设计与实践　128

第四节　湿地课堂活动的类型特征及实践要津　137

第五节　湿地课堂的核心诉求与评价维度　145

第六节　湿地课堂的学习工具开发与使用　152

第四章　超越自然：湿地里的师生共长　162

　　第一节　湿地里的师生关系：走向和谐　162

　　第二节　在湿地课程实施中培育学生思维力　171

　　第三节　在湿地课堂实践中发展学生学习力　178

　　第四节　在问题解决过程中提升教师课程领导力　187

　　第五节　在跨学科学习任务群下激活师生创造力　194

后记　202

第一章
道法自然：湿地里的教育诉求

第一节　自然生长教育理念的内涵与价值

近年来，部分中小学校教育存在评价标准化、竞争白热化、学习枯燥化、心理脆弱化等现象。尤其在小学阶段，负担过重和压力过大，无疑会对儿童身心发展造成极大的不良影响。儿童与生俱来就有好奇、乐问、爱玩的天性，只有顺应这些天性的教育，才有可能是"适合的教育"。而自然生长教育理念或许就是一种能够"让儿童成为儿童"的教育理念。那么，何为自然生长教育理念？它有着怎样的理论依据？体现了什么样的育人目标？又蕴含着怎样的实践原则？厘清并解答这些问题，不仅有助于我们更深入地理解自然生长教育理念的缘起和旨归，而且有助于我们更好地探索与建构自然生长教育理念引领下的学校育人新范式。

一、何为自然生长教育理念

不同时期、不同国度的不同学者对"自然"一词有不同的理解，如亚里士多德认为"自然"是"运动和变化的本原"，高尔吉亚强调"自然"是"自然界中的自然物及其秩序"，海德格尔将"自然"定义为"生长、涌现，带着一种强烈的生命力"。在我国先秦时代，"自然"还是个抽象的概念，并不指向客观存在的自然实体。直至魏晋南北朝时期，玄学风靡天下，士大夫热衷于隐逸。在长期的隐逸生活中，他们发现远离世俗社会的山水胜境最能体现"道"的真谛，认为道即蕴含于山水之中，就这样"自然"被落实到具体的山水形象中，从而使"自然"与山水景观结合起来，并逐渐具有了实体性的新含义。此后，"自然"才成为一个反映自然实体的稳定的概念。①《现代汉语词典》对"自然"的解释可以总结为：1. 自然界；2. 自由发展、不经人力干预；3. 表示理所当然；4. 连接分句或句子，表示语义转折

---

① 赵沛霖. 庄子自然观 [M]. 深圳：海天出版社，2012：46.

或追加说明；5. 不勉强，不局促，不呆板。①

就以上这些解释而言，"自然"大致可被分为两层含义：一是自然的客观属性，即自然生态系统或自然界（外在自然）；二是自然的主观属性，即人的天性以及人对万事万物的理解和行为（内在自然）。此外，"自然生长"中的"生长"指人或儿童的成长，包括生理和心智两个方面。

综上所述，自然生长教育理念，就是指教育者以外在真实的自然环境为基础，以顺应人内在的自然天性为准则，以推动人与自然互动共生为核心，进而实现人身心全面发展以及人与自然和谐共生目的的教育理念。它是一种基于儿童视角，顺应儿童天性，在自然生活中，通过师生的和谐互动，进而循序渐进促进儿童全面发展的教育主张。

二、自然生长教育理念的理论基础

在中小学教育领域，任何一种好的教育理念都必须建立在哲学、心理学、教育学的基础上。因此，下面我们将从这三个学科维度来阐释自然生长教育理念的理论基石。

1. 生命哲学

自然生长教育理念的哲学基石是生命哲学。以儒家为主体、儒道释并存的中国传统哲学历来强调人的生命自主性，追求天、地、人三者合一的境界。比如老子在《道德经》中明确提出"人法地，地法天，天法道，道法自然"的思想主张，其中的自然并不是指自然之物，而是指其自身，即"道"由其本性。正如南京师范大学杨启亮教授所指出的，道家的精神实质就是"生"的精神或生命精神②。《中庸》首章更是直言"天命之谓性，率性之谓道，修道之谓教"。由此可见，中国传统哲学是建立在天道、人性的基础上的。

不同于中国传统哲学的隐而不显，19世纪末至20世纪初流行于德、法等国的生命哲学在西方哲学史上是一个极其重要的流派，它是关于人的生命价值和意义的学说，强调人的非理性因素，如直觉、体验、意识、陶冶、理解、唤醒等。因此，基于西方生命哲学的教育理念注重受教育者的生命潜能和内在精神，关注生命个体的完整生成与和谐发展。

由此，东西方生命哲学为自然生长教育理念强调"顺应天性"与"全面发展"的主张提供了依据。

---

① 中国社会科学院语言研究所词典编辑室. 现代汉语词典 [Z]. 7版. 北京：商务印书馆，2016：1738.

② 杨启亮. 杨启亮教育文集（第1卷）[M]. 南京：南京师范大学出版社，2018：29.

2. 建构主义心理学

自然生长教育理念的心理学基石是建构主义心理学。它的代表人物是皮亚杰和维果茨基。皮亚杰的个人认知建构主义强调个体在和环境互动过程中产生的同化与顺应两种认知机制，维果茨基的社会建构主义强调社会与文化因素对个体认知发展的重要作用①。可见，在建构主义视域中，社会文化或生活环境中的一切都可以被看作个体建构的中介，个体学习就是一个积极主动地把新概念或新观念与已有知识、经验联系起来，从而自主建构意义的过程。在这一过程中，建构者需要对自己所处的社会文化环境进行有效的观察和深入的思考，需要对周边生活环境中的信息进行收集、分析、辨别、理解，并推断其对自身成长的意义。基于建构主义的教育理念强调知识的动态生成性，关注学生经验的差异性，突出教学的互动性和情境性。

可以说，建构主义心理学为自然生长教育理念强调"融于生活"与"互动生成"的主张提供了依据。

3. 自然主义教育

自然生长教育理念的教育学基石是自然主义教育。它是西方教育发展史上的一个重要的教育理论流派，代表人物包括夸美纽斯、卢梭、裴斯泰洛齐等。尤其在卢梭时代，自然主义教育思想把锋芒直指压制人性、忽视儿童特点、束缚人的自由发展的封建教育②，强调教育应遵循人的自然本性，使人得到自由的发展；所有的教育都要以自然的教育为基准；自然教育的目的是培养自然人；自然教育的基本原则是尊重儿童的特点，给儿童以充分的自由；自然的教育要根据儿童的身心发展特点施教。总之，自然主义教育的目的在于使人成为自然人，并号召儿童教育回归自然、认识自然、感受自然。

实际上，自然主义教育最大的贡献在于重新认识和评价儿童。如卢梭在《爱弥儿》中指出，在万物的秩序中，人类有它的地位；在人生的秩序中，童年有它的地位；应当把成人看作成人，把孩子看作孩子。③ 在卢梭看来，儿童首先是人，应当把儿童当人来看待，但儿童又与成人不同，因而还应当把儿童当作儿童看待。对此，卢梭还曾用形象的比喻论述：大自然希望儿童在成人以前就要像儿童的样子。如果我们打乱了这个顺序，就会造成一些果实早熟，它们长得既不丰满也不甜美，而且很快就会腐烂。④

显然，自然主义教育为自然生长教育理念中"儿童本位"与"循序渐进"的主张提供了依据。

---

① 高文，徐斌艳，吴刚. 建构主义教育研究 [M]. 北京：教育科学出版社，2008.
② 姚伟. 儿童观及其时代性转换 [M]. 长春：东北师范大学出版社，2007.
③ 卢梭. 爱弥儿 论教育（上卷）[M]. 李平沤，译. 北京：人民教育出版社，1985：74.
④ 卢梭. 爱弥儿 论教育（上卷）[M]. 李平沤，译. 北京：人民教育出版社，1985：91.

生命哲学、建构主义心理学、自然主义教育的理论，为自然生长教育理念的诸多主张提供了合理的依据，也进而佐证和强化了自然生长教育理念的价值和意义。

三、自然生长教育理念的育人目标

在自然生长教育理念下，学校更加关注学生自然生长的样态，更加关注学生的个体差异、自主学习、全面发展、思维创新以及终身学习能力的培养，推动教与学方式的转变，进而实现学生全面发展。

1. 尊重个体差异，释放独特潜能

每一个孩子都是独一无二的。自然生长教育理念强调尊重并珍视学生的个性差异。教师对学生因材施教，激发并释放学生的独特潜能，让他们在一所打开的同学园里自由翱翔并展翅高飞。

2. 促进自主学习，培养终身学习者

自然生长教育一直重视培养学生的自主学习能力，鼓励他们在真实的情境中去发现问题，主动探索并实践，通过不断反思与总结，培养科学思维与科学素养。因此，学生在自主学习的过程中，不仅学科成绩优秀，还形成了稳定的思维习惯，更为成为终身学习者奠定了坚实的基础。

3. 追求全面发展，塑造多元才能

自然生长教育理念追求学生的全面发展，不仅关注学生的学业质量，还注重学生的多元发展，如学生的社交能力、创造力、领导力、财商能力等。通过开展丰富多彩的社团活动以及跨学科项目式主题学习，学生实现全面发展，成为多才多艺的新星。

4. 激发创新思维，培养创新人才

自然生长教育鼓励学生打破传统，挑战现状，勇于尝试新的方法和思路。这样的教育方式能够激发学生的创新思维，培养他们成为具有创造力和领导力的创新人才，为社会的进步和发展贡献新的力量。

5. 奠定终身学习基础，开启美好未来

自然生长教育不仅关注当前的学习成果，更着眼于学生的未来发展。通过尊重学生的个体差异，培养学生的学习兴趣和自主学习能力，自然生长教育为学生奠定终身学习的基础，帮助学生开启美好未来，最终实现人生目标和梦想。

四、自然生长教育理念的实践原则

自然生长教育理念下的教育实践要坚持回归生活、因材施教、以学为主、自主探究的实践原则。

1. 回归生活原则

自然生长教育主张人与自然互动共生，主张以真实的自然环境为基础开展教育教学活动。这要求教育回归生活，形成具有生命力和生活气息的教育形态。在教育实践过程中，教师要选取贴近学生真实生活的教学内容，采用贴近学生真实生活的教学方法，开展贴近学生真实生活的教学实践活动，使得学生扎根生活接受教育，让教育融入学生的生活。

教育本就是一种培养人的社会活动，是社会生活的重要组成部分。在早期教育活动中，教育和生活是相互融合的，教育本身就是生活。可以说，教育的意义产生并存在于社会生活之中。后来，为了适应社会生活的发展，提高教育效率，教育才从社会生活中分离出来成为专门化的活动。随着社会的发展，教育活动还会进一步精细分化，但绝不能与生活分裂，否则教育本身的价值与形态必然消解。只有以生活为源头活水的教育，才能焕发知识的生命力，才能激活学生的学习兴趣和激情，形成具有生命力和生活气息的教育形态。

2. 因材施教原则

自然生长教育主张顺应学生的自然天性，这要求教师在教育过程中尊重学生的个体差异性，依据学生个性特点因材施教。

因材施教是我国教育家、思想家孔子提倡的教育原则。孔子并没有提出"因材施教"这一术语，但是他的教育实践活动充分贯彻并体现了因材施教的思想。孔子的学生子路和冉有都曾问过孔子同一个问题——"闻斯行诸？"但孔子给两人的答复并不一样。孔子告诉子路："有父兄在，如之何其闻斯行之？"告诉冉有："闻斯行之。"公西华觉得奇怪，问孔子原因。孔子道："求也退，故进之；由也兼人，故退之。"

概括来说，因材施教这一教学实践思想注重具体问题具体分析，强调教育的针对性和可行性。因材施教能够把教师的教与学生的学有机结合起来，把统一的要求和培养特长结合起来，充分体现教育对人的完整性的建构，强调人的全面发展，关怀人的生命成长[①]。

3. 以学为主原则

自然生长教育主张顺应学生天性，以学生为主体，这要求在教育实践过程中坚持以学生的学为主。与"以学为主"相对应的是"以教为主"，是指教育教学活动中强调教师的主导作用，按部就班、循序渐进地将教学内容传授给学生。在"以教为主"的教育教学活动中，教师虽然非常重视知识的传授，但忽视了学生的情感发展以及思维能力的培养。从"以教为主"走向"以学为主"才能实现教学本质的回归，是落实自然生长教育理念的关键。

贯彻"以学为主"教育实践原则需要从以下几点着手：第一，教学应从"预设"走向"生成"。学生是教育教学活动的主体，教师应自觉重视学生在

---

① 张颖. 因材施教：教育教学的经典原则 [J]. 山东教育学院学报，2003（1）：102-103，108.

教育教学活动中的参与度。而强调预设的教育实践活动事实上就是一个执行教案的过程，教师机械地向学生灌输知识的过程，没有尊重学生主体性地位。第二，教学过程中应该先学后教，而非先教后学。先学后教和先教后学最大的区别就在于是否给学生留有充分的自主探索和思考的机会。先教后学对于学生而言是一个复制知识的过程，而先学后教对于学生而言是一个探索知识的过程。

4. 自主探究原则

自然生长教育主张充分尊重学生的主体性地位，这要求教师在教育教学实践过程中坚持自主探究原则。

自主探究学习，是指学生在教师的启发、引导、点拨、帮助下，带着一种积极要求了解问题、解决问题的强烈愿望与心情，用探索研究的方法，自主参与学习，从而达到解决疑问、掌握相应的知识与能力的目的；或者像科学家为进行某一项科学发明或发现而去做试验尝试，以争取创造发明或发现获得成功的心态，进行学习探究。[①] 自主探究学习是新课程理念所提倡的学习方式，具有以下几种特点：第一，学生是课堂的主人；第二，强调学生多感官参与课堂；第三，注重发展学生的思维能力。自主探究式教育要求教师在教学过程中做到以下几点：第一，引导学生认识学科知识与能力的现实价值，充分激发学生的学习兴趣；第二，引导学生掌握学科基本结构以及本学科的一般学习方法；第三，教学过程是师生之间平等对话的过程，教师要充分尊重学生的认知特点，加强师生之间的情感沟通。

五、自然生长教育理念指引下的学校探索

自然生长教育理念强调以学生为中心，顺应他们的天性和个体差异，创造一个自由、有序、宽松的教育环境，以激发他们的学习潜力和创造力，为学生的全面发展和终身学习奠定基础。目前，在校本实践中，这一理念的实施紧紧依托课程设计，学校在课程体系建设、课堂范式转型、教育环境创设、评价体系建构等方面进行了有效探索与实践，取得了初步成效。

首先，建设自然生长的课程体系。课程设计是自然生长教育理念实施的核心环节。自然生长教育理念下的课程设计应以学生为中心，注重课程的多样性、选择性和层次性。学校提供丰富的课程资源，包括基础型课程、拓展型课程和活动型课程，以满足学生不同的学习需求和兴趣。基础型课程是国家课程[②]的校本化。在具体实施时，我们要求教师在开展课程教学时以学生

---

① 胡俊. 网络环境下学生自主探究学习及其教学模式研究[J]. 电化教育研究，2005 (1)：76-80.

② 国家课程是指由国家统一开发和管理的课程，是基础教育课程体系的主体部分，包括道德与法治、语文、数学等。

核心素养发展为目标，从而实现对学生个性的关注。我们基于"湿地融入课堂教学"和"进入湿地开展实景教学"两种视角，梳理并编制了近200课时的融合课例，实现11门学科全覆盖。综合型课程是学校基础课程的延伸、校本化课程的升级。《义务教育课程标准（2022年版）》印发前，我们已完成了"湿地里的科学"和"湿地里的综合实践"两大主题近60个课例。《义务教育课程标准（2022年版）》落地后，项目组根据新课标的要求，梳理了"湿地科学""湿地美学""湿地研学""湿地文学""湿地生态保护学"五大主题，如语文学科基于学生核心素养培育和能力发展，联合音乐、美术等学科，开展以"秋韵"为主题的综合性学习活动，属于"湿地文学"主题。该活动通过制作诗歌书签、吟诵湿地秋景、编制湿地诗集等，将学科知识与实践活动相整合，既让学生感知与自然相关的文字背后的人文意蕴，又培养了学生高尚的审美情趣和积极乐观的生活态度。学校现已实践项目化学习近20次。活动型课程重点是培养学生实践能力。目前，学校开发了"地球有我'小卫士'""自然游戏'小达人'""多彩研学'小能手'""快乐种植'小农人'""科技创新'小玩家'"五大活动，强调动手实践和主动探究，改变了传统听、记、背、练等静态式的学习方式，发展了学生表达、合作、审美、创新等多项能力。同时，课程设计突出跨学科融合，让学生通过探究式、体验式和项目式活动，解决真实情境中的问题，培养学生的综合思维和解决问题的能力。

其次，打造自然生长的课堂范式。教学方法的创新是实现自然生长教育理念的重要手段。课堂为教学理念的落地提供了广阔的平台。学校根据学科教学特点打造了"滋荣"语文、"板块"数学、"大单元"英语三大自然生长课堂范式，将课堂转变为学生的探索空间，引导学生主动学习，通过小组讨论、团队合作等方式，培养学生的合作与沟通能力，鼓励学生尝试不同的学习方法，尊重每个学生的学习方式和节奏，让他们在未来的学习和生活中更加自信和从容。

再次，营造自然有序的教育环境。教育环境的营造对于自然生长教育理念的实施至关重要。学校依托湿地资源，打造了全景式、立体化的学习空间。将课堂搬进大自然，将自然资源带入课堂，实现自然与教育环境的深度融合，学生在各种场馆中尽情探索知识，自然生长。学校依托"绿野寻踪"湿地课程，在学习空间上做文章，让校内的空间场所都成为学生课程实践场地。校内专用场馆面积超4 000平方米，分别为"两展、三馆、六区"①。学

---

① 两展指"自然主题画展、湿地舞台艺术展"，三馆指"自然资源馆、自然体验馆、自然展示馆"，六区指"湿地文学区、湿地美学区、湿地研学区、湿地科学区、湿地生态环保学区、自然游戏区"。

校盘活资源，一馆多用，如"自主实践 DIY 室"，既能让学生体验物联网种植，感受生命成长的力量，又可以让学生开展每月自主实验、进行观察记录。这些实践场所为该课程和近 100 个社团提供了场地，为五育并举的学生发展提供了自主选择的开放平台。学校的校外课程基地建设主要依托省级湿地公园，充分发掘自然资源在课程建设、儿童生长中的价值。校外湿地总面积近 2 平方千米，包含"一馆、三所、七站"①，拥有开展学习的丰富资源，是学生观察、实践和探索的重要学习场所，如"生态教育馆"是生态展区，学生在每年 2 月 2 日世界湿地日都要进馆开展专题活动；"湿地观测站"是七级湿地处理系统的生态监测点，我们把它们作为湿地课堂主阵地，常态化开展教学活动、社团活动等。

最后，构建自然发展的评价体系。评价体系的构建是自然生长教育理念实施的重要保障。自然生长教育理念注重过程性评价。而传统的以分数为主的评价方式往往只关注学生的学习结果，忽视了他们在学习过程中的表现和努力。因此，建立一种以过程为导向的评价体系，关注学生在学习过程中的态度、方法、技能等，实现评价的增值性，才能够更全面地反映学生的综合素养。在具体化的校本实践中，学校依托"绿野寻踪"湿地课程初步建构了"三力"（学力、活力、潜力）过程性评价和"三性"（趣味性、序列性、操作性）结果性评价的指标体系，对实施的结果及其发展价值进行评价。

我们通过以上四个方面的校本实践，有效地将自然生长教育理念融入学校教育中。这种教育理念不仅关注学生的知识掌握和技能提升，更注重他们的个性发展和综合素质的培养。在这样的教育环境下，学生将自由、有序地成长和发展，成为具有创新精神和实践能力的新时代人才。

自然生长教育理念下的校本实践是一个系统而复杂的过程，需要学校从多个方面入手，为学生的全面发展创造有利条件。通过课程、课堂、环境、评价、学校管理、综合育人、社区合作与家庭参与等多方面的努力，我们可以逐步构建起一个符合自然生长教育理念的教育生态系统。展望未来，我们期待更多的教育工作者能够积极探索和实践自然生长教育理念下的校本实践模式，为学生的成长和发展提供更加优质的教育环境和服务。我们通过目前对课程设置、课堂建模、环境创设、评价体系等多个方面的尝试和探索，可以逐步构建起一个符合自然生长教育理念的教育生态系统。

---

① 一馆指"暨阳湖生态教育馆"，三所指"土壤研究所、生物研究所、水文研究所"，七站指"景观湖观测站、沼生湿地林观测站、湿地柏小岛观测站、矮木湿地观测站、低地湿地观测站、莲花湖观测站、沼泽观测站"。

第二节 湿地文化的基本特征及教育意蕴

从浩瀚的宇宙遥望地球，蓝色的是水，绿色的是陆地。在蓝色和绿色的碰撞中，湿地出现了。作为地球的三大生态系统之一，湿地与森林、海洋齐名，从对自然环境的影响来看，湿地是当之无愧的"地球之肾"，具有净化污水、调节气候和调蓄水量的功能。生态之所以成为系统，就在于自然环境中各要素之间的相互影响。据统计，我国拥有湿地面积56万平方千米以上，是世界上湿地类型齐全、数量丰富的国家之一。国家林业和草原局统计显示，截至2022年，我国湿地类型包括红树林、森林沼泽、沿海滩涂、内陆滩涂等；湿地有多种湿地植物和湿地鸟类，湿地植物有菖蒲、水八角等2 315种，湿地鸟类包括游禽和涉禽共计327种；我国有64处国际重要湿地，共建立了602处湿地自然保护区。

一、湿地文化的内涵与演变

1. 湿地文化的内涵

湿地文化，这个概念似乎包含了两个看似不太相关的部分：湿地和文化。但在深入了解后，我们会发现湿地文化不仅是一个纯粹的自然概念，而且与人类活动和思想有着密不可分的关系。"文化"指向关系，是人与自然、人与社会相互关系的总和。传统的文化概念中并没有明确提出过"湿地"这一名词，然而随着人类文明的发展，文化与湿地逐渐融合，湿地文化得以形成，且成为人类文化的一个重要分支。湿地文化有广义和狭义两个方面，广义的湿地文化指人类创造的以湿地为中心内容的一切文明的总和；狭义的湿地文化则专指人类所创造和传承的湿地精神文明。因此我们可以说，湿地文化是一个社区或民族在与湿地"互动"过程中形成的信仰、习惯、艺术、道德、法律、习俗与其他能力的总和。不同地区的湿地与当地自然和人文的融合，孕育了具有鲜明特色的湿地文化，且湿地文化在不断传承和发展过程中，其内涵被不断丰富。湿地文化从结构上可分为四个部分，即湿地物质文化、湿地制度文化、湿地行为文化、湿地精神文化。这四个部分既相互独立又相辅相成，构成了湿地文化的有机整体。

2. 湿地文化的演变

湿地是重要的自然资源，从湿地中孕育成长至今的湿地文化，有其明显的演变过程。中国诗歌源头《诗经》中的"蒹葭苍苍，白露为霜"就十分浪漫且唯美，具有深刻的"湿地"印记。从李白的诗句"桃花潭水深千尺，不及汪伦送我情"到王勃的"落霞与孤鹜齐飞，秋水共长天一色"，都让我们感受到了人们与湿地间的关联是十分密切的。从古至今的诗歌和绘画作品中均有湿地的影子出现，以湿地为载体的人类精神文化，使湿地不再局限于一般的物质概念，而是植入了人文精神，使得湿地文化得以升华。

湿地文化在历史的长河中留下了深刻的印迹。通过回顾和研究历史事件，我们可以更好地理解湿地与人类社会、经济、政治和文化的紧密关系。以下内容详细探讨了历史事件中湿地文化的影响和其重要性。

（1）湿地与古代帝国的兴衰。

美索不达米亚文明：古代的两河流域，尤其是幼发拉底河和底格里斯河之间的地带，是古代文明的摇篮。这片土地富饶，湿地众多，为古代的苏美尔、亚述和巴比伦帝国提供了丰富的资源。正是这些湿地为古代文明提供了充足的水源和食物，使之能够茁壮成长。

古埃及的尼罗河文明：尼罗河是埃及文明的生命线，其两岸的湿地为古埃及提供了肥沃的土地。尼罗河的泛滥为河岸的土地带来肥沃的淤泥，这也是埃及农业的根基。

（2）湿地与中世纪的政治动态。

荷兰的土地开垦：荷兰的土地开垦运动在中世纪达到了高潮。为了扩大农业用地，人们采用先进的排水技术，将湿地变为农田。这一活动不仅改变了荷兰的地理景观，也为其带来了经济繁荣。

英格兰的湿地争议：在英国，湿地长时间被视为不适合居住和农业的地方。然而，随着技术的发展和土地需求的增加，英国政府改变了对湿地的态度，这也导致了一系列关于湿地所有权的争议和冲突。

（3）湿地与近现代的国际政治。

巴黎和会中湿地的重要性：一战后的巴黎和会对于多个国家的领土进行了重新划分，其中也涉及大量的湿地。湿地作为重要的资源和交通要道，也成了各国谈判的筹码。

《拉姆萨尔公约》：1971年，该公约在伊朗的拉姆萨尔签订，旨在保护湿地及其生物多样性，以可持续利用和人类幸福为目标管理湿地[1]，这标志着国际社会对湿地重要性的认识逐渐深入。世界各民族在不同的历史背景和湿地生存环境中留下了属于自己的民族印记，如宗教、风俗、习惯以及生产和生活方式。湿地文化在不同民族、不同的历史时期演变成了各种各样的类型；不同的地理和气候条件也造就着不同的湿地类型。生活在不同湿地的人们创造了不同的湿地文化，使得湿地文化日益丰富。

---

[1] 赵武，王卫东.《湿地公约》的小知识［J］.生物学教学，2005（7）：71.

总之，随着经济社会的发展，湿地所提供的生产、降解污染、净化水质、调蓄洪峰、维持生物多样性、为野生动物提供栖息地等功能，以及维持整个地球生态系统稳定的服务功能，成为湿地的重要作用和最显著的文化特征。

二、湿地文化的基本特征

湿地文化是指一种以湿地为生态环境、生存空间和生活资源的社会与文化现象，具有水陆相互作用形成的文化现象和生态系统的双重特征。湿地文化具有多样性、独特性和生态性的特点，其中包括了人类与湿地、人类与自然的关系，以及人类自身的文化传承和发展。

1. 湿地文化的多样性

湿地文化的多样性体现在以下几个方面。

（1）栖息地多样性。

湿地包括河流、湖泊、沼泽、沿海湿地等多种类型，每种类型都有独特的环境条件和生物群落。不同类型的湿地为各种植物和动物提供了适宜的栖息地，因此湿地是许多物种的重要栖息地。

（2）物种多样性。

湿地环境的复杂性和多样性提供了丰富的食物和栖息条件，吸引了大量的植物和动物物种。许多珍稀濒危物种都存活在湿地中，它们对湿地生态系统的稳定性和功能性起着重要作用。

（3）生态功能多样性。

湿地具有多种生态功能，如污水净化、洪水调节、土壤保持、气候调节等。不同类型的湿地在这些生态功能上有所差异，但都对生态系统和人类生活起到重要作用。例如，沼泽湿地能够吸收和存储大量的水分，减少破坏性洪水暴发时对人类生命和生计的威胁，同时还能过滤水中的污染物质，起到净化水质的作用。

（4）文化多样性。

湿地不仅是自然生态系统的一部分，还是人类文化的重要组成部分。许多湿地地区都有悠久的人类历史和文化传统，与当地居民的生活和经济密切相关。湿地为人类提供了丰富的资源，使他们可以据此来发展产业，如渔业、农业、旅游业等。与此同时，湿地也承载着人类的文化与传统。

湿地文化的多样性使其在生态学、生物学、地理学等多个学科领域具有重要的研究价值。了解湿地的多样性不仅有助于保护和管理湿地，也为人类认识和利用湿地提供了科学的依据。湿地文化的多样性不仅为湿地地区的居民提供了丰富的文化体验和身份认同，也为湿地地区的旅游和文化产业提供了发展的机会。保护和传承湿地文化的多样性，有助于提升湿地地区的文化软实力，促进经济发展和社会进步。同时，湿地文化的多样性也需要得到尊重和保护，避免因现代化的冲击而丧失。因此，加强对湿地文化多样性的研究和保护，对于维护生态平衡和促进湿地可持续发展具有重要意义。

总之，湿地文化是一种多元性、多样性的文化，它不仅包括了人类的生活方式和文化表现，还包括了自然环境和生态体系的方方面面。这种文化的多元性和多样性不仅让我们的世界更加丰富多彩，也为我们的环境保护和可持续发展提供了重要的借鉴和启示。

2. 湿地文化的独特性

湿地文化的独特性是指在湿地地区形成的各种不同的文化传统、价值观和生活方式。湿地地区往往具有独特的环境和资源条件，这种特殊性使得湿地地区的人们在长期的生活实践中形成了独特的文化特征，其文化的独特性可以从以下几个方面来概括。

（1）历史传统。

湿地地区往往是人类活动的重要场所，具有悠久的历史。在湿地地区，人们通过捕鱼、种植、狩猎和采集等方式获取生活所需，形成了独特的生产方式和生活习惯。湿地地区的人们通常形成与水相关的生活方式和信仰体系，如水上居住、水上交通、水上娱乐等，同时也形成了独特的湿地文化。

（2）艺术表演。

湿地文化在艺术和表演方面也具有独特性。湿地地区的人们常常通过音乐、舞蹈、戏剧等艺术形式来表达他们的情感和表现他们的生活方式。例如，一些湿地地区的居民会演奏特殊的乐器，如水鼓、船笛等，以表达对水的敬意和感激之情。此外，湿地地区的居民也常常举办各种与水有关的节日庆典活动，如划船比赛、水上嘉年华等，这些活动都成了湿地文化的一部分。

（3）饮食习俗。

湿地地区的人们通常依靠湿地资源获取食物，所以湿地文化在饮食方面也具有独特性。湿地地区的人们常常以鱼类、蚌类、蟹类等水产品为主食，并发展出独特的烹饪技术和丰富多彩的美食文化。例如，广东的潮汕菜以海鲜为主要特色，展现了湿地地区丰富的食材选择和独特的烹饪方式。江西的饮食以鱼米风味为主，江西特色的菜肴有藜蒿炒腊肉、荷包鲤鱼、清蒸甲鱼、香酥小河鱼等。[①]

---

① 李良杰，彭燕，刘渊，等. 江西湿地文化旅游资源开发研究 [J]. 中国农学通报，2011（11）：281-287.

（4）管理智慧。

湿地地区的人们通过长期的实践经验，积累了丰富的知识和智慧，形成了独特的生态智慧和环境管理方式。他们通过传统知识和智慧来维持湿地的可持续发展以及生态环境的平衡，这些知识和智慧对于湿地的保护和可持续利用具有重要的意义。

此外，湿地文化作为一种独特的环境系统，还能够包容并吸收其他文化的元素，兼收并蓄，不断丰富和发展自己的文化内涵。

3. 湿地文化的生态性

湿地文化的生态性是指湿地地区的文化与生态系统之间的紧密关系和相互影响。湿地地区的文化传统和生态环境相互作用，互为依赖，形成了独特的生态文化系统。湿地文化的生态性可以从以下几个方面进行阐述。

（1）生态保护。

湿地地区的文化传统通常融入了人们对生态环境的尊重和保护的观念。湿地地区的居民根据长期的实践经验，认识到湿地生态系统的重要性和脆弱性，他们把湿地视为自己的家园，将其当作一种珍贵的资源来对待和保护。因此，湿地地区的文化传统中往往包含有关湿地保护、水资源管理、生态恢复等方面的智慧和知识。

（2）环境管理。

湿地地区的文化传统和生态系统之间存在着相互适应和互利共生的关系。湿地地区的居民通常通过传统的环境管理方式来保护和维护湿地的生态系统。例如，他们会制定一些管理规定，限制过度捕捞、不合理开发造成环境污染的行为，以保护湿地的生态平衡和可持续发展。因而，湿地地区的文化传统中也常常包含有关环境保护和可持续发展的价值观和道德规范。

（3）产品与服务。

湿地地区的生态系统为当地居民提供了丰富的生态产品和服务，成了他们生活的重要支撑。湿地地区的文化传统往往包含有关利用湿地资源的技术和知识，如渔业、农业和草药等相关知识。湿地地区的居民通过获取和利用这些生态产品和服务，对生态系统产生了依赖。

（4）旅游与教育。

湿地地区的文化传统和生态系统对于生态旅游和教育具有重要的意义。湿地地区的独特生态环境和文化传统成为旅游和教育的重要资源。湿地地区的居民通过传统的文化活动，向外界展示了湿地的生态美和独特的文化魅力，吸引了大量的游客前来参观和学习。湿地地区的旅游和教育活动也为当地居民提供了更多的就业机会，增加他们的经济收入，提高了湿地地区居民的生活质量，从而在一定程度上促进了湿地地区的发展。

湿地文化作为一种生态文化，强调人类与自然环境的和谐共生，倡导尊重和保护自然环境，强调维持生态平衡和维护生态系统的稳定性。湿地文化不仅关乎着人类自身的生存和发展，也关系着整个生态系统的平衡和稳定。人类是自然环境中的一部分，与自然环境相互依存、相互影响，所以人类应与自然环境和谐共生，共同维护地球家园的生态平衡。因此，湿地文化的生态性对于保护自然环境、维护生态平衡和促进可持续发展具有重要的意义。

三、湿地文化的教育意蕴

教育是生命的延展，而非仅仅是知识、技能的累积。在开放性思维的指导下，教师只有对学生的成长进行综合性观照，才能真正培养出有上进之心、有凌云之志、有责任担当的"自由生命"，从而满足立德树人这一根本需要。湿地教育是一种综合性、跨学科的创新型教育，需要多方面的知识和技能的支持，而湿地作为教育资源具有独特的属性和价值。

湿地作为一个生态系统，拥有着丰富多样的生物，承载着丰富的生态文化和人文历史。因此，湿地具有独特的教育属性，可以为人们提供丰富的学习和教育资源，以及多样的实践机会。湿地文化的教育意蕴涵盖以下几个方面。

1. 生态教育

湿地作为一个复杂而敏感的生态系统，为人们提供了学习和了解生态知识的绝佳场所。在湿地中，人们可以亲自观察和了解各种动物和植物的生态行为，了解它们的生态环境需求和相互关系。湿地还可以帮助人们认识到生态系统的脆弱性和重要性，培养人们环境保护的意识和增强对环境保护的责任感。

2. 生物多样性教育

湿地是生物多样性的重要保护区域，拥有众多珍稀濒危的物种。湿地教育可以帮助人们了解和认识湿地中的各种生物，包括鸟类、鱼类、昆虫等。通过湿地教育，人们可以了解到生物多样性的重要性，学习如何保护湿地中的物种和维护湿地的生态平衡。

3. 水资源教育

湿地是水资源的重要组成部分，具有调节水循环、净化水质等重要功能。湿地教育可以帮助人们了解水资源的重要性和有关水资源的管理方式，学习如何合理利用和保护水资源。通过湿地教育，人们可以了解到水资源对于人类生活和生态系统平衡的重要性，并认识到合理管理水资源的重要性。

4. 文化教育

湿地地区往往承载着丰富的文化遗产和人文历史。通过湿地教育，人们可以了解湿地地区的文化传统、生活方式和习俗，了解它的独特文化和人文景观，增强对湿地文化的认同感和自豪感。如由苏州湿地产生的稻作文化在千年的持续发展中，培养出了劳动者们勤劳、细致、精明的生产美德，为人歌颂。[①]

5. 体验教育

湿地独特的自然环境为学生提供了丰富的体验机会，包括观鸟、泛舟、徒步等。通过带领学生进行实地考察，学生切身体验湿地文化，感受湿地的美丽和神奇。通过湿地的体验教育，学生可以加深对湿地的认识和理解，培养对自然环境的热爱之情，增强对自然环境的保护意识。

6. 学科教育

在小学教育中，湿地教育可以结合多学科进行，如科学、语文、美术和劳动等。在美术课上，学生可以创作以湿地为主题的绘画作品，表达自己对湿地的理解和感受；在劳动课上，学生可以通过小组合作的方式参与湿地的保护和修复工作，增强个人的环保意识和提高个人的动手实践能力；在语文课上，学生可以书写湿地解说词和湿地宣讲词，并在班级内进行演练，在语言实践活动中宣传湿地文化，让更多人了解湿地文化。

7. 法治教育

2022年6月1日起施行的《中华人民共和国湿地保护法》标志着我国湿地保护进入了法治化发展新阶段。学校可以通过组织湿地保护宣誓、成立湿地保护宣讲团、发动湿地环保志愿者等形式向大众积极宣传湿地保护法的内容、湿地生态环境特点、湿地保护重要性、生物多样性等知识，引导全民增强环保意识和法治意识，成为湿地保护的宣传者和保护者，为湿地保护贡献力量。

8. 家校合作教育

湿地教育在学校教育中具有独特的作用，学校可以通过举行湿地亲子活动、征集有关湿地的文章和开展主题班会等，让学生和家长一起参与湿地保护和教育活动，进一步增强学生的文化自信。湿地教育同时还具有社会价值，通过湿地教育，学生可以了解湿地不仅是生物多样性的重要保护区，还是人类的重要聚集地，其对人类生活和发展有着重要的作用，从而提高对生态环境的保护意识。

综上，湿地作为独特的生态系统，具有丰富的教育属性。湿地教育可以帮助人们了解和认识湿地的生态和文化特征，培养人们的环境保护意识和责

---

① 宋金波，范竟成，尹培文. 基于环境史视角的苏州湿地文化路径探索[J]. 湿地科学与管理，2023，19（5）：11-14.

任感。湿地教育还可以帮助人们了解和认识生物多样性、水资源管理等重要问题，促进可持续发展和生态文明建设。因此，加强湿地教育的开展，对于提高公众环保意识、推动可持续发展和促进生态文明建设具有重要意义。

四、湿地文化教育的校本探索

为了弘扬湿地文化，学校要进一步宣传湿地教育，通过实践教育、跨学科学习和合作学习等方式，让学校教育与湿地教育紧密结合。

1. 实践教育

学校可以以湿地现场为教育平台开展实践活动，如师生一道进行自然观察、开展科学实验、进行艺术创作等，让学生通过亲身实践，了解和探索湿地的多元文化价值和生态功能。

学校可根据不同年级学生的成长规律和认知特点设定不同主题，如"湿地研学""社会行走"等课程。"湿地研学"课程，可以分为低、中、高三个年级段来进行；低年级段为"湿地观察家"，中年级段有"湿地规划师"，高年级段设立"湿地研究院"等。课程强调手脑并用，即动手能力（操作能力）和动脑能力（批判或创新能力）；强调对所有生命和自然的敬畏；强调对文化和工具的掌握和理解等。师生现场进行的实践教育使学校教育由小课堂走向大世界，改变了以往的封闭教育，能充分发挥湿地的教育功能。

2. 跨学科学习

杭州师范大学张华教授对跨学科学习的理解是这样的：跨学科学习是指基于跨学科意识，运用两种或两种以上的学科观念以及跨学科观念，解决真实问题的课程与学习取向。它既是一种以跨学科意识为核心的课程观，又是一种融综合性与探究性为一体的深度学习方式，还是一种以综合主题为基本呈现方式的特殊课程形态。①

湿地文化与学校教育的结合，可以实现跨学科学习。以跨学科"饮水思源"主题活动为例，"饮水思源"主题活动以"水"为媒介，联结小学教育中各个学科的相关内容，借助湿地公园水域环境以及七个"湿地观测站"，帮助学生理解水质净化过程。通过观察体验、实验探究、创新实践等活动，学生能发自内心地热爱大自然、树立生命意识、增强节水意识和主动进行生态保护实践活动。

教师围绕活动项目，选择和编制适合学生使用、便于学生自主进行学习活动的学习材料，包括阅读材料、记录单、评价量表等。低年级的学生在思考问题时以形象思维为主，因此在选择阅读材料时应力求篇幅简短，具有字词简单、图片丰富、色彩分明等特点。低年级学生的语言表达方式比较简

---

① 张华. 跨学科学习：真义辨析与实践路径 [J]. 中小学管理，2017（11）：21-24.

单，掌握的词汇量比较少，动手操作能力相对较弱，所以在设计低年级的活动记录单时应采用选一选、连一连、贴一贴、画一画等简单多样的记录方式，以达到趣味、高效记录的目标。

在活动结束之后，要进行及时的评价活动，只有及时评价，才能知晓学生的学习情况。活动评价按主体分类，包括自我评价、伙伴评价和社会评价。在评价内容上，要关注过程，关注学生的活动表现，如活动参与、活动兴趣、问题提出等方面；在评价要点上要具体，针对各个评价内容，进行具体的描述，在评价时力求客观，便于评价者后续操作。

综上所述，我们可以看出本次活动囊括了语文、美术、科学等学科，让湿地文化能与学科教育紧密结合，在学习的过程中，学生不仅学习到了湿地的相关知识，还增强了对学科相关知识和技能的运用能力，实现了湿地文化和学科教育的双赢。

3. 合作学习

学校可以开展小组讨论、团队游戏、演讲比赛、湿地探索等合作学习活动，通过生生之间的互动交流，培养学生的团队合作精神和沟通能力。在学习过程中，教师要培养学生的规则意识及团队精神（合作意识）、担当意识（责任感）和介入态度（主动关心和积极介入、参与公共生活和事务的意识）。以"我们一起游湿地"项目式合作学习活动为例，在活动中，通过调动学生"知、行、思"三个层面的深度参与，学生在做中学，在学中思。整个过程中，既有同伴之间的协同学习，也有学生对具体情境的思考、应变和解决。

项目合作研学课程的成果可以设计为完成一份"湿地研学"的成长手册。以"我们一起游湿地"为主题，从高年级段毕业班学生的视角出发，以自己及学校同学们在湿地这个大自然课堂上的学习和活动为主要内容，完成一本成长手册[1]。这本手册既是学生对自己参与湿地课堂活动的总结，又是自己与自然共同成长的记录，更是带领学弟学妹一起合作游湿地的手册，具有特别的纪念意义。

在学习过程中，教师与学生共同探讨内容的设计，进行分组活动。从湿地数学家到湿地艺术家，从湿地科学家到湿地设计师，每个活动都基于国家课程的内容，与湿地文化进行整合融和，让学生将湿地文化的相关知识合理运用到生活中去，让学习为生活服务，让能力的培养与学生生活相结合，真正让孩子与社会、自然和自我发生联系，在合作中共赢。

---

[1] 朱惠芳. 蒲公英课程：综合实践活动课程的校本创意与深度实施［M］. 上海：华东师范大学出版社，2019：6-7.

总之，学校教育与湿地文化相结合，可以通过实践教育、合作学习和互动交流等方式，让学生了解和保护湿地环境，在促进湿地可持续发展的同时，培养学生的综合素质和创新能力。

第三节 同学园的育人价值与实践探索

同学园是学生校园生活中的重要场所，是一个特殊的学习环境。本文中的同学园指张家港市世茂小学以湿地公园为核心区域，为学生提供的快乐学习、自然生长的学习场域。它不仅是学生进行日常学习和活动的场域，也是学生进行自我提升和社交的重要平台。学校通过提供同学园这样的学习环境，鼓励学生进行多元化的学习，以有效提高学生的综合素质，为未来发展打下坚实的基础。

一、同学的内涵

1. 作为名词：代表一种身份

"同学"这一名词在中文语境中具有丰富而独特的文化和社会内涵。它首先指的是共同在学校环境中学习的人，这些人可能在同一个班级、年级或者学校就读。在这个意义上，"同学"不仅仅是描述两个人同时上学的事实，更是一种社会身份的认同，它涵盖了一起学习、成长和经历青春岁月的共同记忆和情感纽带。

在我国，"同学"这个称谓往往还带有一份亲切感和平等感。在学校里，无论家庭背景如何，学生之间以"同学"相称，这在一定程度上淡化了社会等级差异，强调了同窗之间的友谊和互助。"同学"之间的关系通常被认为是纯洁和真挚的，很多人会在毕业后仍然保持着联系，形成了稳定的、长久的人际关系。

随着时间的推移，"同学"这个词的含义也在不断扩展。在现代社会，随着网络社交的普及，"同学"这个词有时也被用于网络社群中，用来称呼在同一个论坛、社交平台上有共同活动或兴趣的人。这表明"同学"这个词已经超越了传统的学校环境，成了一个更为广泛使用的社交词汇。

2. 作为动词：表征一种行动

"同学"原本主要是名词，用于指称共同学习的个体或对同龄人的尊称。然而，语言的使用是多变和灵活的，在某些语境中，"同学"这个词也可以带有动词的意味，表征一种行动或行为。

例如，当一个人在群体中呼吁"让我们一起同学"时，这里的"同学"就不仅仅是指代身份了，而是包含了"一起学习""共同及进步"的行动意义。它表征了一种集体的学习行为，强调团队合作与知识分享的精神。

再如，学生社团或者学习小组可能会发起"同学活动"，这里的"同学"作为动词使用,意味着组织成员间的相互教导、讨论和协作解决问题的过程。它传达了一种积极参与、互助合作的行为模式。

此外,"同学"作为动词使用时,还可能隐含帮助或支持的意义。

二、同学园的内涵及其育人价值

1. 同学园是一个物质空间

同学园是学生活动的场所,教师育人的场所,也是师生对话的场所。这样的空间往往包括了休闲座椅、学习角、讨论区以及可能的娱乐设施,旨在为学生提供一个放松、合作和学习的多功能环境。

在同学园的物质空间内,学生可以进行各种活动,如自习、小组讨论、交流想法、共同完成项目等。这种设计不仅有助于学生在学习上相互帮助,还能够加强他们之间的社交联系,培养团队精神,提升集体归属感。

同学园的设计和维护也体现了学校对学生身心发展的关注,通过提供一个安全、舒适和启发性的空间,学校为学生的全面发展创造了有利条件。这个空间还可以举办各种文化活动、学术讲座和社会聚会,成为校园生活的活跃中心。

2. 同学园是一个精神空间

同学园不仅是一种物质空间,更是一片精神空间。在精神层面上,同学园代表了学习、交流与成长的共同价值观和理念。它不单是学生互动的物理环境,也是他们思想碰撞、经验分享和情感交融的精神家园。

同学园作为一个精神空间,能够促进不同背景和文化的学生之间的理解和尊重。在这个开放而包容的空间里,学生可以学会处理多元化社会中的各种关系,为将来进入更加广阔的世界做好准备。

在同学园中,学生可以结识来自不同班级、不同年级的同学,扩大自己的社交圈子。这种跨班级、跨年级的交流有助于同学们建立广泛的人际关系网络,增进彼此之间的了解和信任。通过与不同背景的同学相处,学生可以开阔自己的眼界,学会尊重和包容不同的意见和观点。同时,同学园也是学生共同成长的见证者,他们在同学园中度过的时光将成为他们宝贵的回忆和经历。这些友谊将伴随着他们走过学生时代,成为他们人生中最珍贵的财富之一。

3. 同学园是一个文化空间

同学园同样是一个文化空间,反映了学校的历史传统、教育理念和社会责任感。它是校园文化的一个缩影,反映了学校对于知识共享、集体学习和互助合作的重视。在这样环境中,学生被鼓励表达自己的观点、尊重他人的意见,并在多元的交流中形成更加全面的视角。作为文化空间,同学园承载着知识传承和创新的使命，是学术交流、文化对话和创意表达的重要场所，学生可以在这里理解、接受、认同和传承中华优秀传统文化、科学文化、革命文化、社会主义先进文化等。

同学园为学生提供了文化交流的窗口。同学园往往包含图书馆、展览馆、讲座厅等设施，它不仅是学习和研究的场所，也是展示学校文化和学生才华的窗口。通过组织各种文化活动，如书籍分享会、学术讲座、艺术展览和音乐会，同学园成为校园文化生活的集散地，学生有机会接触到多元的文化资源和思想观点。

同学园为学生提供思维碰撞的场域。同学园作为文化空间，鼓励学生追求卓越，培养批判性思维和创新精神。它是学生们相互启发、共同成长的熔炉，也是他们形成个人认同和社会责任感的基础。通过参与同学园的文化活动，学生能够更好地理解自己和他人，建立起对社会多元文化的尊重和包容。

三、同学园的实践探索

（一）环境建设

结合学校"绿野寻踪"湿地课程，我们开启了张家港市世茂小学同学园的实践探索，提出"为了每一个自然生长"的育人愿景，旨在培养一种"自然生存、自由生长、自主生活"的校园文化和"自然、开放、自由"的绿色育人环境。可以为学生提供体验、实践等学习场域，为同学园的实践研究丰富了场域资源。为更好地进行同学园湿地文化探索，我们对学校周边湿地、社区、街区环境开展调查研究，创建了校内外相融合的育人场域，包括校内"两展、三馆、六区"和校外"一馆、三所、七站"两个层面。

（二）课程建构

学校围绕"办一所打开的同学园"的办学愿景，确立"为了每一个自然生长"的办学理念，遵循"孩子，长成你应然的样子"的教育哲学，对课程进行了顶层设计。目前，学校已经形成了系统完善的"自然生长"课程体系。其中，指向儿童生命成长的"向阳"课程和指向儿童核心素养发展的"绿野寻踪"湿地课程已经成功立项为省市级课程项目。

在同学园形成、推进的过程中，我们边研究、边实践，结合国家课程，因地制宜、就地取材，以"自然生长"课堂为基石，融合校内外资源，构建了"全方位、立体化、多场域"的育人体系，培养"品端行健、学茂志远、身心和谐"的世茂学子。

语文学科初步探索与建构了"滋荣"语文课堂。"滋"是一种日积月累的过程，学校需要营造一种适宜生长和充满阳光的环境，教师需要播下幸福的种子和提供丰富的养料。由此表明，自然生长理念下的课堂教学需要在教师指导下激发学生寻求主动生长，积极投入问题解决的过程之中。经过长期实践，我们已经初步构建了语文"自然生长课堂"实践模型，具体由四个部分构成，即素养目标、进阶任务、言语实践、表现评价。（图1-1）

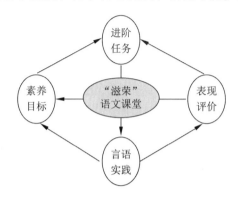

图1-1 "自然生长课堂"实践模型（语文）

数学课堂由"四体""三要""六步"组合而成。所谓"四体"，即"以学生为主体""以数学为本体""以活动为载体""以'三会'为基体"；所谓"三要"，指的是"要提炼主题核心概念，形成系列单元""要整体分析学习内容，确定教学目标""要体现知识与方法迁移，设计教学活动"；所谓"六步"，指落地生根的六个教学环节，简称"导、联、探、展、建、提"。（图1-2）

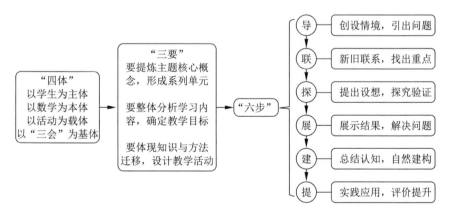

图1-2 "自然生长课堂"实践模型（数学）

英语课堂初步建构出"三合模型"。以"整合、融合、联合"为实施途径，从教学内容的整体分析、教学目标的整体考量、教学阶段的整体划分等方面进行思考，帮助师生明晰单元主题与情境、设定单元与课时目标、设计单元任务与活动，为教师提供了可操作、可借鉴、可复制的鲜活案例。（图1-3）

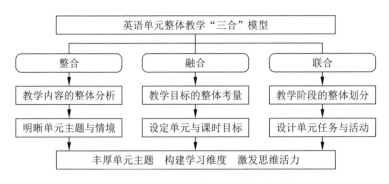

图 1-3 "自然生长课堂"实践模型（英语）

（三）师生发展

通过对同学园的研究与实践，全体师生获益良多。

1. 在封闭与开放的空间中创新课程育人的环境

学校实现了课程建设主体多元化，课程开发的核心主体包括教师、学生、学校决策管理层等；还有作为支持者、合作者、帮助者的外部主体，包括专家学者、社区、街区、文化单位等。各种课程均根据不同年级学生的成长规律和认知特点设定不同主题，由小课堂到大世界，改变了目前学校相对封闭的传统的学校教育，形成以校园、湿地为主，以社区、街区等为辅的更为合理的新型同学园课程生态系统。

2. 在理想与现实的碰撞中探索课程育人的方向

同学园理念注重学生未来的发展，回归学生立场，以不同梯度螺旋式递升的课程目标，让学生成为课程的主角。同学园理念还注重用学生的视角观察，以学生的心灵感受，让学生在学校生活中既有课程的选择，也有个人兴趣爱好的活动平台。该理念以"双减"政策为导向，满足学生个性化发展的需求；引领学生用自己的方式获取知识，探索自然，认识社会的规律；激发学生热爱生命，有蓬勃向上的生命活力，真正滋润学生的生命。学生亲历学习过程，独立思考、自主学习、自我教育等各方面的能力得到发展。教师通过对湿地资源的发掘利用，课程规划、组织活动、教学设计等方面的能力得到提高。学生返璞归真，教师力学笃行，师生回归自然，让师生过一种幸福、完整的教育生活。

3. 在教育与教学的变革中寻求课程育人的路径

在教与学的变革中，教师的教导不可或缺。教师在教学中对学生的帮助，就是以恰当的方式化解知识难度、揭示知识的内在道理[①]。在以同学园为主题的课程实施过程中，学校以湿地资源为依托，有效地落实"双减"政

---

① 郭华. 教学的模样[M]. 北京：教育科学出版社，2022：55.

策，教与学的传统模式得到改善。学校结合自身实际，建立和完善互帮互学的学生学习小组，建立教学相长的"师生学习共同体"，探索构建出以学生学习为主线，以及具有鲜明特色的学段、学科及课型的教学模式，形成教学方式多样化的课堂生态。

4. 在现在与未来的生活中铺设课程育人的通道

同学园的诗意建构和实践探索，使学校成为一所具有大自然气息的校园，丰厚了学校"自然生存、自由生长、自主生活"的精神文化底蕴。同时，课程的实施符合学生身心成长的规律，顺应学生发展的需求，科学地将课程、学生、自然、社会融为一体。在课程实施过程中带领学生经历体验、合作探究，建立知识与世界、与自我的内在联系，将所有与知识的邂逅转化为智慧，使师生的生命更加丰盈。

第四节　学习空间的困境审视与学习场域的建构

学校是一个人度过青少年时光最重要的场所，校园空间文化的创造对学校发展及青少年的健康成长起着至关重要的作用。优化育人方式、回归育人本质是当下基础教育课程改革的追求。育人方式的优化呼唤育人环境的改变，而打造学习空间则是学校改变育人环境的必然选择。

一、对当前学校学习空间的困境审视

学习空间是以促进学习为目标而建造的物质空间，包括教室、图书馆、实验室等校园内可供学生学习、活动的地方。当我们审视学习空间时，可以发现其存在不少局限。

1. 忽视人文精神的培育

有的学习空间设计上过于追求建筑造型的美感和视觉冲击，缺乏人文关怀，不少学校的空间是分离的、割裂的、枯燥的，"形式上"和"视觉上"的空间难以与师生的日常生活相融合。在某些学校，教室就是一个个房间，桌椅摆放也多是一成不变的秧田式模样。无论哪个年级、哪个班级的学生上课，无论上什么课，无论哪个教师来上课，教室都几乎没有变化，对学生也几乎没有影响，可以说是"铁打的教室、流水的师生"。这样的学习空间与人的存在毫无关系，是一种外在于人的、固定的物理空间，不能最大化地激发学习者积极向上、努力进取的动力。

2. 忽视人与物之间的互动

不同的学习空间会带给学生不同的体验，依据个体的感受而产生不同的教育可能性。良好的空间互动是促进学生健康成长的重要因素。当下，教室作为学生在校园里学习和生活的主要空间，应始终与学生保持各种各样的互动关系。但是，由于客观条件的限制，一些学校的教室要么拥挤不堪，要么单调乏味，很难发挥教室作为育人场所的功能。调查发现，某些学校的教室并不具备人和物的互动功能，千篇一律的教室布置，固定不变的物品摆放，让学生对教室没有情感的投射，没有意义的联结，学生每天面对的是一成不变的桌椅板凳，学习空间中人与物的互动微乎其微。

3. 忽视意义的挖掘和生成

校园里的所有设施、一切空间都是为学生的成长服务的，富有教育意义和仪式感的校园环境能给学生增添生活和学习的乐趣。要使校园中的学习空间具有特别的教育意义，需要学校关注人的思考和探索。但多数学校只是把

教室等学习空间看作学生学习文化知识的地方，对其中所蕴含的教育意义缺乏挖掘，这使得大部分学习空间难以调动学生学习的积极性和主动性，从而削弱了校园环境应有的教育功能。

4. 忽视边界的突破与融合

根据杜威的儿童与课程的统一观，在小学生特别是小学低年级学生的眼中，世界是一个整体，所有的知识、空间都是联通的。然而，实际的教学却将知识分门别类，将空间人为分割。从学校的空间布局可以发现，学习空间的概念被窄化：教室就是由教师向学生传授知识的地方，操场是运动的地方，图书馆是阅读的地方……不同的学习空间各自独立，自设边界，难以形成互相融合的统一体，于是学生就处于一个个空间孤岛上。我们应该认识到，学习空间不限于校园，学习既可以发生在教室、阅览室中，又可以发生在大自然、街道甚至电影院等场所中。学习空间还应该通过真实场景与虚拟场景的有机结合、校内外学习资源的充分融合来实现对学习的支持。

为克服以上学习空间存在的不足，我们可基于学习空间构建新型的学习场域，进而发挥学习场域的育人作用。

二、学习场域的内涵解读与价值叩问

1. 内涵解读

场域是一个社会学概念，法国社会学家布迪厄认为：从分析的角度看，场域是在各种位置之间存在的客观关系的一个网络（Network）或一个构型（Con-figuration）。场域包含着物理空间、关系存在、意义空间。① 从他的界定可以看出，场域不是指简单的物型空间或现实生活环境，而是由社会成员按照特定的逻辑要求共同建设并提供给个体参与社会活动的主要场所。

学习场域是由场域延伸出的概念。在国内，较早使用"学习场域"概念的是钟启泉，他指出，教师的职责在于发现、发掘每一个学生的潜能，生成有助于每一个学生个性发展的"学习场域"②。学习场域既是对客观学习活动的一种关系型描述，也是一种理论假设，具有关系性、整体性、开放性、动态性的特点，学习是一个复杂的系统，包含许多因素，从学习场域的视角看待学习，能转换学习者的思维方式，获得新的理解和认识。相对于学习场域而言，学习空间多指校园内外可以开展学习活动的环境，包含物理环境和社会环境；而学习场域存在于任何学习活动中，既包含客观要素，又关注存在状态，内涵更加丰富、全面，其要素涵盖了物理空间、人与物之间的各种

---

① 布迪厄，华康德. 实践与反思：反思社会学导引 [M]. 李猛，李康，译. 北京：中央编译出版社，2004：134.

② 钟启泉. 教育的挑战 [M]. 上海：华东师范大学出版社，2008：307.

互动关系、空间所具有的特别意义等。学习场域具有教育性和实践性。

2. 价值叩问

（1）升级学习空间。

学习场域是对学习空间的升级，学习场域不仅涵盖学习空间所看重的物理空间，还涵盖关系存在空间、意义空间，这大大丰富了学习空间的意蕴，能弥补学习空间的单一性和狭隘性。

（2）形成多元联结。

师生之间、生生之间、学生和学习场域中各种资源之间的互动，能有效地激活思维，促成人与物之间的良性互动。这种互动是理解性的，是贯穿整个教育过程的。以场域的视角来观照和改造学习空间，能让空间成为展示学生个性，参与学生学习、成长中的一部分。如教室的布置可以彰显出班级的文化、学生的个性、班主任的风格等；校内外的场馆可以丰富学生的学习方式，为他们提供多样的学习环境、学习资源。学习场域的构建让学习空间变得更有辨识度和亲和力。

（3）凸显人的地位。

建构科学、有效的学习场域，使师生均处于相对真实的教学场景中，这有助于教师引导学生进行有效学习。学生是学习场域的主体，在教师的引导下，他们成为知识学习的主角，学习效率会更高，认知能力会进一步提升。学习场域的构建，不仅能凸显人的地位，更能使人主动、快速地融入场域所营造出的开放、多元的学习环境中。

（4）注重意义生成。

场域是一个意义空间，学习场域注重意义的生成。学习场域包括教师和学生，同场域内的物和资源进行互动，在互动中获取知识和经验，产生体验、情感和态度，形成正确的价值观、世界观，即生成了意义。这种意义与学习场域息息相关，可以说，特定的意义扎根于、生成于特定的学习场域中。

三、建构学习场域的基本策略

1. 融通学习空间

建构学习场域，首先要在空间上做文章。学校是育人的主阵地，它的每一座建筑、每一项设施，乃至一草一木，无不彰显着育人的意义。张家港市世茂小学是2019年投入使用的新学校，建校伊始，学校就树立了"办一所打开的同学园"的理念，分别从世界、国家、自然、自我四个维度出发，打造"两展、三馆、六区"及"一馆、三所、七站"的校内外学习空间（图1-4），为师生的学习活动提供了相应的空间。学校盘活资源，一馆多用，如"自主实践 DIY 室"，既能让学生体验物联网种植，感受生命生长的力量，又可以让学生开展每月自主实验、进行观察记录。这些实践场所为课程实施和近100个社团提供了场地，为五育并举的学生发展提供了自主选择的开放平台。

为了进一步拓展学习空间，我们突破学校的边界，打通校内外学习空间，充分挖掘自然资源、街区资源、家庭资源，使资源场域化、课程化。在学习场域的建构过程中，我们关注不同学习场域中的资源，对学校所在区域的暨阳湖湿地公园、金融文化街、世茂九溪墅社区进行整合，使资源利用最大化。如校外暨阳湖湿地公园总面积近2平方千米，包含"一馆、三所、七站"，拥有开展学习的丰富资源，是学生观察、实践和探索的重要学习场所，我们打造"湿地课堂"，建立"湿地研究所"，成立"湿地宣讲团"，挖掘同一学习场域的不同效能。如"生态教育馆"是生态展区，学校学生在每年2月2日世界湿地日都要进馆开展专题活动；"湿地观测站"是七级湿地处理系统的生态监测点，我们把它作为湿地课堂主阵地，常态化开展教学、社团活动等。学校学生一年四季均能进入湿地学习。以校园为中心的学习场域的构建，融通了向自然、社会、家庭辐射的学习空间，支撑了学校办学理念的更迭。

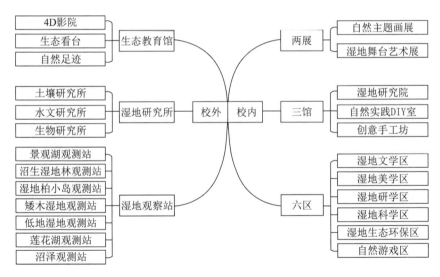

图 1-4 校内外学习空间

除了线下学习空间的融通，学校还对线上、线下资源进行融通组合，用科技为教育赋能。学校开设"'绿野寻踪'湿地自然学校"专题网页，梳理了新型学习场域建设以来的主要活动及成果，供师生学习交流；同时通过微信公众号向教师、学生、家长推送学校构建学习场域的具体情况，并开通留言、反馈、评价等功能。

2. 挖掘课程资源

建构学习场域，不可避免地要进行学习资源的挖掘和拓展。对于学校而言，教材是最重要的学习资源。依托教材资源，构建学习场域，我们边研究、边实践、因地制宜、就地取材，开发了基于"为了每一个自然生长"理念下的"自然生长课程"。在实践中，我们对课程模型进行了不断的迭代升级，由早期的"国家课程+湿地"，转变为以科学学科为龙头的学科综合课程，到目前跨学科、跨年段的国家课程中的综合实践特色课程。同时，我们探索、总结出学习场域下的"五学五长"自然生长课堂学习范式。"五学"即独学自理、预学分享、合学集智、共学展评、研学拓展，关注学生能力发展的过程。"五长"为自觉、自由、自主、自在、自然，体现了学生内在的主动性。

此外，为使课程满足社会发展和学生发展的需求，结合社区、街区、湿地资源优势，我们对国家课程进行了拓展和延伸，形成紧贴国家课程的校本课程。

如"'绿野寻踪'湿地课程"的学习场域建构包括校外"一公园、一社区、一街区"① 和校内"三廊、三馆、七营"② 两个层面。校内的学习空间为学生提供研究性学习的场域。三廊分布在各楼层，有情境体验、视觉共享、智慧创新长廊；三馆分布在最靠近湿地的场所，包括"绿野寻踪"资源馆、"绿野寻踪"体验馆、"绿野寻踪"展示馆等；学校整个建筑群底楼共4436平方米，打通后设七大"自然成长营"，不仅可以作为校内学生实践基地，还可以作为社会教育资源的基地。丰富的学习资源，为学习场域作用的充分发挥提供了有力的支撑。

再如，"社会行走"课程是依托街区和社区资源，让学生感受社会生活的绚丽多彩、认识社会生活、参与并服务社会所研发的校本课程。暨阳湖苑社区共有 5000 户，富有生机盎然的生活气息。该社区设施设备完善，有社区图书馆、活动室、服务站等，可以提供丰富的校外教育场地，内容涵盖传统文化、安全教育、艺术兴趣、劳动服务等多方面，授课形式有讲座、亲自体验等多种方式。暨阳湖金融街区则充满风雅备至的文化气质。学生可以根据自己的特长，在街区进行歌唱、街舞、乐器、魔术等表演，体验街头艺术家的多彩生活；学生也可以作为志愿者，进行长江禁捕等环保知识的宣传；

---

① 一公园指"暨阳湖湿地公园"，一社区指"世茂暨阳湖苑社区"，一街区指"暨阳湖文化金融街"。

② 三廊指"情境体验长廊、视觉共享长廊、智慧创新长廊"，三馆指"湿地研究院、自然实践DIY 室、创意手工坊"，七营指"国学中心、创客空间、心灵驿站、运动场馆、智慧阅读、自然探索、创意手工"。

学生也可以组织金融街义卖，成立模拟公司，开展财商训练营活动等。

在课程资源建设的过程中，教师的儿童观、课程观发生了质的变化，教师从关注教材转向关注学生的生活，从研究文本转向研究学生的兴趣和需求。同时，基于资源开展的课程建设，在课程内容的选择上充分尊重学生的兴趣和需求，在实施方式上以研究型学习、主题活动、实践活动为主，在时间设置上根据课程特点设置大小课制度，在空间设置上则突破了教室和校园的限制，充分满足了学生个性化学习的需求。

3. 建构多维关系

学习场域关注人与人、人与物、物与物等的多维互动和联结。为更好地实现互动和联结，学校积极创设了丰富和谐的互动环境。如学校不定期开展师生研学活动创意大赛及低年级"'小豆芽'要长高"爬树比赛、中年级段"湿地长征行"千米徒步、高年级段"浪遏飞舟"皮划艇训练等户外拓展活动，这些活动诠释了在学习场域中人与人之间良好的互动关系。学校开展"湿地课程LOGO"设计大赛，让学生参与湿地课程建设：机灵活泼的吉祥物"小柿子"、优雅高洁的图腾"小白鹭"都出自学生之手，承载着学生对"绿野寻踪"湿地课程的解读。学校还引导学生设计适合湿地、社区等学习场域的"研学百宝箱"，百宝箱内有研学单、研学手袋、研学魔术凳、研学文具包等，借助百宝箱，学生可以对学习场域及场域里的活动进行自主设计，进而实现人与物的有效联结。此外，每班设有"多彩自然角"，以自然为主题布置班级文化。

在学习场域的建设中，"校—家—社—自然"四者之间交互合作，发挥育人合力，以不同的方式影响着学生的发展与成长。如在"绿野寻踪"湿地课程的研发及实施过程中，学校以班级为单位建立家委会，发挥家校合一的整体教育效应，从而更好地凸显家长教育的资源，促进学生健康全面地发展，形成强大的教育合力。每学期一次的"家长进校园""校园开放日""'开新'讲堂"等活动中都有家长的身影；同时，在"绿野寻踪"嘉年华、体验活动中，我们招募家长志愿者，为家长发挥其更大的教育价值提供了广阔的空间。学校还定期邀请来自南京林业大学、苏州市湿地站、张家港市自然资源和规划局等的专家在不同时期对学校教师进行课程培训和专业指导，教师的心理上、角色定位上发生了很大变化，已清晰地了解湿地项目"四步四点"的课程研发模式：第一步，找准切入点，在教材中选择与湿地环境密切相关的教学内容；第二步，定位教学点，通过小组讨论设计出能激活教学内容和湿地元素的育人过程；第三步，抓好突破点，进入湿地，完成教育教学内容；第四步，落实提升点，通过总结、反思、积累湿地课堂的经验教训，完善育人目标。同时，学校与周边幼儿园一起做好湿地文化幼小衔接教育，让这些对自然向往和热爱的幼儿们在进入小学后，仍保有研究湿地的兴趣，为学校课程实施的可持续发展带来支持。

4. 优化教学模式

学校采取各种措施，通过融合式学习、项目式学习、体验式学习，不仅让学生学好知识和掌握技能，同时获得情感、态度、价值观等方面的提升。

"融合式学习"重视学科内部的优化与统整，注重与自然、生活联结，提升课堂教学效能。如数学学科，教师把教材上测量"校园绿地面积"迁移为测量"湿地面积"，引导学生以问题为导向开展查找资料、测量计算、整理和分析数据等活动，从而增强数学应用意识，培养学生的动手实践能力和小组合作能力。

"项目式学习"是统整课程知识、打破学科边界，开展基于现实生活的、以学科联动为特征的学习方式。如"湿地里的童年印记"项目，活动前，学校成立以科学、美术、语文、数学和信息技术为主的跨学科教师团队，不同学科的教师依托课程标准、现行教材等素材，寻找并梳理与项目相关的关键概念和主要能力，提炼并形成湿地学科知识与能力图。在活动中，高年级段毕业班学生带领学弟学妹一起完成研学成长手册，在整合、归纳和分析中发现问题，寻求解决问题之道，综合提升能力与素养。

"体验式学习"是以学生的兴趣爱好为切入点，以培养实践能力为重点，针对不同年龄、不同特点、不同特长开展的学习方式。学校常态开展嘉年华（每年）、湿地研学（每季）、自然体验（每月）、自然社团（每周）、自然散步（每日）五个"每"活动，让自然、学习、生活融为一体。如湿地自然游戏"走，我们一起去爬树！"就是通过看一看、摸一摸、听一听、抱一抱、爬一爬等方式打开学生的"五感"，让学生以"亲力亲为"的方式接触、体验大自然。

校园学习空间不应该仅是建筑师艺术的物化表现，更应该是师生教与学活动的学习场域。后期，学校将继续秉持着"教育+资源融合"的理念，以"儿童为中央"的场域建设打破教育空间的壁垒，让校园环境有温度，让学生学习有张力。

第五节　学校的模样：一所"打开"的同学园

张家港市世茂小学头枕九溪墅社区，临近暨阳湖湿地，校园占地面积 26 672.36 平方米，总建筑面积 17 500 平方米，教学资源丰富，是一所社区里的公园式的同学园。良好的生态文明环境赋予学校"自然肌理、湿地文化、现代生活"的气质，并为学校构建以"亲近自然、融入社会、热爱生活"为基本维度的"打开"式的现代学校课程体系提供了基础。学校在"为了每一个自然生长"的核心办学理念的引领下，以"育人"为主线，以"打开"为路径，以"素养"为标准，遵循"儿童第一、共享开放、为学而生"的原则，努力培养"亲自然、乐学习、爱生活"的世茂学子。学校为每个孩子搭建自主选择的成长舞台，让每个孩子都能向下扎根、向上繁茂，开启快乐美好人生。

一、"打开"理念，自然生长

小学阶段的孩子对世界充满着好奇心和探索欲，学习本应该是他们的内在精神需求，但是激烈的竞争氛围和繁重的课业压力消磨了孩子对学习最本真的追求，枯燥乏味的学习方式让教育逐渐变成一种枷锁，对儿童的身心发展造成了极大的不良影响。

究其原因，根本上在于大多数的学校教育忽视了儿童的存在，把儿童作为接受知识的机器，严重违背了儿童的自然天性。法国著名教育家卢梭在他的教育学著作《爱弥儿》中全面论述了其自然教育的思想，他认为教育要符合人的年龄阶段；教育应当让儿童顺应天性自然地发展；教育应当发挥儿童在自身成长中的主动性；教育要实现人的全面发展。[①] 儿童好奇、乐问、爱玩的天性与生俱来，他们本就是真理的探索者，通过自主探索所获得的知识相比于教师灌输的知识更容易被儿童内化，因而只有顺应儿童天性的教育，才有可能是"适合的教育"。基于以上思考，张家港市世茂小学遵循"自然生长"的教育理念，努力践行着"让儿童成为儿童"的教育宗旨。

人的成长需要环境（自然环境、社会环境）的支撑，人只有在与环境互动生成中、在具体的生活情境中，积极主动地把新概念或新观念与已有知识、经验联系起来，自主建构出新的意义，才是真正地实现了生长。自然生长教育理念鼓励学生走向没有天花板的教室——大自然，拓宽学习场域，融

---

① 吴恺. 卢梭自然教育思想的主要内容及当代启示［J］. 东南大学学报（哲学社会科学版），2023（A2）：10-13.

入生活，互动生成知识。"打开"理念契合"自然生长"的教育需求，富有创意和前瞻性，此理念强调开放、包容、创新和协作，旨在激发学生的潜能，培养他们的创新精神和实践能力，以适应未来社会的需求。"打开"理念的实施，可从多个角度入手。首先，学校"打开"教学边界，引入多元化的教育资源和教学方式，如跨学科学习、项目式学习、综合性实践活动等，让学生在学习过程中接触到更广阔的知识领域和收获更丰富的实践体验。其次，学校"打开"学生的思维方式，鼓励他们勇于尝试、敢于创新，培养他们的批判性思维和解决问题的能力。再次，学校也应当"打开"教师的职业发展路径，提供多元化的培训和发展平台，激发教师的创新精神和教育热情。最后，学校还需"打开"与社会的联系，加强与外界社会的合作等，为学生提供更多的实践机会和社会资源，帮助他们更好地了解社会、融入社会。

总之，在"打开"理念下，学校可以培养具备核心素养的全面发展的人。通过打开教学边界、学生思维方式、教师职业发展路径和社会联系等多个方面，学校能够为学生提供更加全面、开放、创新的教育环境，为培养"有理想、有本领、有担当"的新时代好少年奠定基础。

二、"打开"场域，对话未来

当今的学校，已不再是一个仅为师生遮风挡雨的空间，而是一个富有教育意蕴与文化价值的学习、生活、娱乐、运动、交际的空间。由布迪厄的社会学理论可知，场域是位置间建立相互关系的网络，是一种具有独立性的社会空间，它往往依附于资本的物理场域与意义场域的结合而存在。[1] 学校空间设计必须"打开"场域，形成开放多元的学习空间、社会交往空间、休闲娱乐空间、使用新技术满足学生正式学习和非正式学习以及虚拟学习的空间。学习场域中的物理场域是显性的、客观存在的物质空间，意义场域是隐性的、把现实情景和虚拟情景相交融的交往空间。新兴技术影响下的开放的学习空间不仅包括物理场域和意义场域，还催生出无处不在、随时随地学习的泛在空间。[2]

基于此，张家港市世茂小学创造了多元化的学习平台，将校园内外、线上线下、学科整合、项目引领、社会实践等多种方式结合，给每一个儿童提供个性成长的空间，努力满足儿童对温暖与安全、理想与自由、探索与创造的学习空间的需求。

---

[1] 罗生全，胡月. 学习者本位的未来学习场域形态及其建构 [J]. 教学研究，2020 (1)：22-27.
[2] 廖婧茜. 未来学习空间的场域逻辑 [J]. 开放教育研究，2021 (6)：90-96.

1. "打开"一层楼，开辟"游艺成长营"

学校的整个建筑群底楼共4 436平方米，原建筑图纸均设计了如行政办公、储藏室等功能区，为了区别于大部分传统校园建筑楼层的功能分布，学校特地开辟了底楼现有的"游艺成长营"，打通了校内外资源，并在建校前期对空间布局做了多次调整。在此空间设计下，学生一进入校园看到的不再是冷冰冰的各功能区，而是融合校内外资源的开放而自由的学习营地。"游艺成长营"（"七营"的总称）的名称是从孔子的教育大纲"志于道，据于德，依于仁，游于艺"中提取"游艺"作名。表达两层意思：一是从学生立场出发，学得轻松活泼；二是与国家教育培养目标相契合，让学生获得丰富多元的知识，获得全面发展。

"游艺成长营"指学校整个建筑群的底楼，共设国学中心、创客空间、心灵驿站、运动场馆、智慧阅读、自然探索、创意手工七大活动中心，可供学生自由选择使用。这七大活动中心，不仅可以作为学生自主探索的场地，还可以作为社会教育资源的基地，为学校服务，校内与校外紧密结合。这样一来，学校不再是学生学习的唯一途径和场所，丰富多彩的社会资源也为学生的学习贡献了不容小觑的力量。如在国学空间中，我们可以邀请专家定期开设国学讲堂。七大活动中心与普通教室相对分开，这样的空间设计匠心独运，一方面满足了学生的全面发展和个性发展的需求，另一方面对学习活动的灵活开展大有裨益。

2. "打开"多扇门，培育多样的综合能力

学校有南北两个校门，分别通向街区和社区，西边还预留了通道，直通湿地。得天独厚的地理优势为学校构建开放式的学习空间提供了条件，学校利用区位优势，把暨阳湖湿地公园作为学校的教育资源，建成学校课程基地，让学生亲近自然；把九溪墅社区、金融街作为学生的活动基地，形成社会交际区域，让学生体验社会，联结世界。总之，学校的每一扇门外都有不一样的学习资源，有效整合这三个平台的教育资源，能够在极大程度上促进学生各项能力的提升，培育学生多样的综合能力。

例如，学校的"科学+湿地"学科拓展课程就把学校和自然链接，利用湿地公园的自然空间，为学生提供了多样的学习方式，让学生体验到了开放的课堂，也让教师发现了学生不同的学习样态，体验到教学的快乐。除了促进学习方式和教学方式的改变，这种创新性的课程实践也为其他学科的拓展和延伸提供了可能与范式。目前，学校已尝试进行语文、英语等学科和湿地相融合的拓展延伸实践研究，现已开发设计了"单学科在线""主题共研习""跨学科融合"三种"学科+湿地"拓展课程样态。教师以"研学单"为引领，尝试多样融合方式，突破时间、空间、学科内容等因素的限制，以

"任务"和"问题"为驱动，让学生在自主、合作、探究和体验中培养学科素养和综合素质，真正意义上实现了开放式的自然生长，促进了学生综合能力的跃升。

3. "打开"新型教室，倡导多元开放式学习

随着科学技术的发展以及教育观念的更新，如今的学习方式正发生翻天覆地的变革。学习方式的多样化必然导致学习空间需求的多样化，学校着眼于场域的多样化需求，将七大活动中心均设计为大面积的共享、多功能教室。此类对学习空间的创新性改造让教室不再是开展单一课程的封闭式的房间，而是供多个课程错时开展活动，适用于多种对象和多项课程的组合学习的空间。"打开"教室间的壁垒，融合开放的空间不仅能使学习区、活动区、展示区、休息区等空间资源相互转化，还能给学生提供更多的活动与交往空间，弥合正式学习和非正式学习之间的界限。

国学中心着力打造雅致的空间，让学生见识中国之美，爱上中国文化。国学中心功能丰富，琴棋书画花茶诗，样样皆可；创客空间有机器人、3D打印、搭建三个空间，分别供低、中、高年级段学生使用，教学区、展示区、实践区、研究区、休闲区齐全；体育馆中的升降式篮球架的安装提高了室内运动场的利用率，还专门设有攀岩区；食堂阳光房兼具餐后休闲、食育课程、班级聚餐三项功能；湿地研究院实现从科学探索到艺术创作，从实物学习到网上学习，从学习到社会公益实践的多种功能；阅读中心设有电子阅览区、整班阅读区、教师阅读区、绘本阅读区，另外有"世茂时光"廊，用于保存每一届学生的美好童年回忆……诸如此类的设计，在张家港市世茂小学中比比皆是。

如今学生的学习不仅仅是读书写字，学习渠道是多样的。学校还开辟了多个非正式学习空间，来适应孩子未来的学习。建筑主体的二到四楼层分别设有适合低、中、高年级段学生非正式学习的空间。低年级学生爱玩耍，在教室门口的景观楼梯下，仿照幼儿园，铺草坪，设小型的玩具，满足学生亲近泥土的需求，有效实现幼小过渡。中年级段的空间中配上了小书橱、小台阶供学生自发演出。高年级段的空间中配上了心理小帐篷、公共电脑和洽谈桌等。

学校以构建未来学习场域为导向，利用新兴技术和自然资源，打破了传统教室的僵化格局，构建了新型的以人为本的教室，让学习无处不在，让正式学习和非正式学习齐头并进，真正让学生实现了"立体式学习"。

4. "打开"公共空间，为儿童搭建舞台

学校的公共空间有很多，包括三厅一廊一中庭，它们为学校的文化建设提供了更多空间。让每个学生拥有舞台，重视每个学生的个性化展示机会是

学校在设计公共空间时的初衷。在公共空间的文化设计中，学校遵循"儿童第一、共享开放、为学而生"的原则，以"家园"为主题，分别从世界、自然、中国、自我四个维度出发，立足"每个孩子提供舞台"的初衷，设计了以下公共空间。

正茂厅以展示"校外的世界"为主，给学生打开"窗外的世界"；研展厅风格为现代风，是学生课程研究过程性资料的集中展示厅；室外中庭能遮风避雨，是学生撒欢的好地方；开放的大舞台——"我的舞台"，只要有特长的学生均可自主报名，展示自己的才艺。艺展厅分两个空间，一边是学校艺术课程展示区，另一边是童星定制展厅与英文阶梯阅读区相结合。整个空间中西交融，根植中国，面向世界。

学校中所有的公共空间都不是死板的建筑，而是可以互动的舞台。学校期望每个学生都争上舞台、爱上舞台，博学出众，自信从容。

三、"打开"课程，多元生长

学校根据国家、地方、校本三级课程的要求，以"亲自然、乐学习、爱生活"为基本维度，从创新课堂教学、完善课程内容、改进评价措施等方面进行探索和实践，尝试构建适合学校发展的"自然生长"课程体系，逐步实现了课程体系的迭代生长。

1. 靶向发力，深耕国家课程

学校提炼各学科核心素养，保证国家课程主体性地位的同时，侧重于国家课程校本化实施。比如语文学科要求"练一手好字、有一副好口才、写一篇好文章"，英语学科的"tree·趣手册"，艺术学科的"一种乐器+一套形体"等目标既可以通过课堂教学方式的创新来实现，又可以充分利用课外活动，激发学生的好奇心，推动学生积极参与。如学校积极开展了语文与外语学科整班朗读比赛、书写比赛、阅读活动，数学节系列活动、数学小论文线上评比活动等。这些活动形式多样，内容丰富，有效弥合了课堂教学的不足之处，让学生在开放的环境中，在合作、竞争和互动中自然生长，全面发展。

2. 聚焦特色，厚植"湿地课程"

"湿地课程"是学校依托湿地资源所形成的特色化的校本课程。课程计划中的校本课程与同一课程计划中的国家课程和地方课程之间具有相互依存、相互制约的关系，它具有独特的育人价值，但绝不可能取代国家课程和地方课程，而是要和国家课程、地方课程密切联系，形成一个整体。[①] 学校借助湿地资源，拓展国家课程，梳理了 200 课时的《"学科+湿地"融合目

---

① 廖哲勋. 关于校本课程开发的理论思考 [J]. 课程·教材·教法, 2004 (8)：11-18.

录》，研制了《湿地里的科学课》等4本学材，完成300多份研学单，带领学生在湿地中开展沉浸式学习，做到湿地中有课，课在湿地中。

3. 融合推进，细育"自然生长"课程

国家课程和"湿地课程"孕育出了学校整体课程框架——"自然生长"课程，该课程以"为了每一个自然生长"为目标，以打开学习场域为实践路径，融环境、教学、活动为一体，形成综合性、情景式、生活化的三大课程类型，凸显自然特质。

在开展湿地学习、研制湿地学材的基础上，学校创造性地开发了每年、每学期、每季、每月、每周、每日的湿地主题活动，集中研讨并开展语文、数学、英语、科学、体育等融合式学习。如在课后服务时段开展的"每日自然散步"活动，帮助学生舒缓压力、增添活力；还组织了"自然体验游戏"，聚焦素养提升，让学生认识自然、探索自然。在课程实施过程中，学校打造多样社团活动，积极开展"自然运动会""地球有我公益活动""湿地长征行"等主题活动，涵养学生的向阳品格。

四、"打开"管理，彰显活力

学校建立了现代学校制度，依循"和而不同"的治理原则，彼此尊重，公平公正，构建共商、共建、共治、共享的治理体系。一个充满爱与热情、专业而敬业、同心协作的学校管理团队正逐步成形。

1. 共享共识，形成教育合力

随着"双减"的推进，家校社协同育人得到广泛关注，协同目标逐渐回归育人，想要发挥育人的最大效果，相互交流是必不可少的。[①] 学校一方面和家长、学生、教师建立了有效的沟通渠道，以便及时交流教育信息、分享教育资源、解决教育问题，共同推动教育事业的发展；另一方面还借助社会资源，依托名师工作室，积极搭建高层次名师合作交流平台，把脉骨干教师成长，引领教师向更高目标攀登。此外，学校还成立了学术委员会、学校发展规划委员会，形成共商共建、公平公正的管理氛围。学校不仅注重学校内部管理，还利用了社会的力量，通过开放互动，促进社会各界广泛参与，形成多元化的监督主体，构建一个立体监督网络，从而促进多方参与，提高管理透明度和公正性，引导积极舆论，增强参与感和责任感。

2. 共建共研，涵养学校文化

学校的文化是在师生共同的行动中生成，是一个逐渐生长的过程，是缓慢的积累，是无声的渗入。学校文化体现着教书育人的特殊性，发挥着核心

---

① 顾理澜，李刚，张生，等. "双减"背景下数字化赋能家校社协同育人研究[J]. 中国远程教育，2022（4）：10-17.

价值的引领作用，加强学校文化建设具有极为重要的现实意义。① 张家港市世茂小学的学校文化是校长用实际行动引领教师走过的一条路，是一条教师在后来的相同教育情境中自觉行走的一条路，是全校教师共同的思维方式和行动方式。

3. 共商共议，制定学校管理制度

学校注重制度建设，不断对原有的教学管理、学生管理、人力资源管理等制度进行修订和完善。在修订过程中，学校充分听取教师、学生和家长的意见和建议，确保制度更加科学、合理、可行。同时，学校还注重加强监督和评估工作。在制定现代管理制度的过程中，学校不仅强调制度的制定和实施，还注重对制度执行情况的监督和评估。通过定期对管理制度进行评估和反馈，学校能够及时发现并修正制度中存在的问题，确保制度顺利执行和取得良好的效果。

五、"打开"师生，全面发展

1. 把教师"打开"

教师是学校发展之本。作为一所办学不到五年的新学校，张家港市世茂小学的师资结构呈三角形，骨干和中坚力量少，年轻人多，工作三年内的教师占比近一半。面对师资结构不均衡的问题，学校极为注重教师队伍的建设，通过"打开"理念，努力加速教师成长、优化师资结构。

首先，学校通过"打开"理念的引领，依托现有的多名江苏省特级教师、姑苏教育领军人才、苏州市学科带头人、张家港市学科带头人，以及校内外市级名师工作室，充分发挥名师、骨干教师的引领作用，为青年教师指明前进的方向与道路。同时，学校与高校团队建立合作关系，由专家引领，实现全体教师的高质量发展。

其次，学校开设近百个社团及专业队，以"1+X"的模式，合作引进、外聘有专业特长的教师，与校内特长教师相结合，将社团与专业队相结合，包括有奥运冠军亲自指导的速滑队、名校长带领的专业写作队等。学校秉持着开放包容的理念，通过不同地域、不同学校、不同学历、不同学科异质人才的交融，产生团队优势，使得教师队伍逐步多元化、优质化。

另外，学校还"打开"了教师展示的舞台，推进特色化的"123快进"举措。"1"是一个研究共同体，一人上课，人人研究；一人参赛，全员陪练。"2"是两次公开亮相会，向家长亮相，向同行亮相，新教师行不行，让家长、同行来评一评。"亮相"拓宽了新教师的评价途径，青年教师需要主

---

① 王定华. 试论新形势下学校文化建设 [J]. 教育研究，2012（1）：4-8.

动思考研究，向全社会亮相，接受家长、学生的检阅。"3"是指三大教学研究制，即听课签到制、上课复盘制、走廊评课制，保障了新教师对教材和课堂基本的把握。在此举措的推进下，青年教师间逐渐形成了一种良性竞争的氛围。

教师专业发展不仅需要学校各种举措的介入，更重要的是培养教师自我发展的需求和意识，这是教师专业发展的内在动力。学校把教师团队置于更广阔的空间中，教师接触到优质的资源和同僚时，其内在的专业发展需求和认识也就进一步被激发出来，这促使青年教师们自觉地制订专业发展规划，并在实践中不断地调整和完善。① 通过"打开"的培养机制，我们的教师养成了不断学习、不断进步的文化自觉，在教学中学，在合作中学，在竞争中学。

2. 把学生"打开"

学校倡导自然生长教育理念，旨在以外在的自然涵养学生内心的自然，塑造学生"积极向上、乐观开朗、珍爱生命"的向阳品格，推进五育并举，促进学生的全面发展。上文提及的"打开"理念、场域、课程、管理和教师，这些举措都是以"打开"学生为目的，以实现"开放"学习为价值取向。学校开设的近百个社团及专业队，是通过自主报名与专业选拔相结合的，且平均每个项目不到 20 人，是专业的、创新的社团校队。在学生成长的关键时期，学校多方面的支持能够为其提供多样的选择，激发学生特长兴趣，发掘和培养创新型人才。

自建校以来，学校坚持以"扣好人生第一粒扣子"为主线，将学生心理健康教育贯穿德育思政工作全过程。小学生心理健康教育主要通过学校、家庭和学生自我教育三条途径进行，而小学生的教育主要还是以学校为主，所以学校在小学生的心理健康教育方面发挥着重要的作用。② 学校依托"苏适空间"，开展系列心理健康教育，健全组织机构，完善各项规章制度；通过落实干预机制"三个一"、畅通情绪表达"五出口"，联动全体教师围成一个关爱圈，并借助"同伴互助""师说心语""心灵窗口""校长聊吧""苏适空间"等方式舒缓学生情绪。此外，学校为"打开"学生的心灵，在心理课程上也有所创新，注重涵养生命教育，通过"小眼睛课程""小窗口课程""小脚丫课程"，引导学生拥抱自然、释放压力、珍爱生命。

"打开"学生不是赋予学生绝对的自由，而是有限度的自由。基于学生本位、习惯优先的思考，学校着力培养学生的行为习惯。针对一年级学生，

---

① 宋广文，魏淑华. 论教师专业发展 [J]. 教育研究，2005（7）：71-74.
② 汪莹. 小学生心理健康教育探索 [J]. 心理科学，2001（1）：87-89.

开展"小种子萌芽营"幼小衔接课程,帮助学生自然地进入一年级的学习,通过近半年的习惯培养,学生各类常规习惯都取得了明显的进步;针对二至六年级学生,学校每月确定常规训练主题,通过主题升旗仪式、小柿子广播、红领巾、大队委值日岗等阵地,将好习惯内化于学生心中。

学校自 2019 年 9 月正式启用以来,积极实践"自然生长"课堂教学,聚焦提质增效、有效落实"双减",努力践行教育教学与教育科研一体化发展。学校教师全员参与课题研究,向着构建"校—家—社—自然"四位一体的大教育格局不断努力,以"蔓蔓日茂"的姿态展现出无与伦比的活力。回顾过去,学校"绿野寻踪"湿地课程成为江苏省课程基地与文化建设项目,"美茂少年 自然生长——以湿地资源为依托的品格培育实践"被认定为中小学生品格提升工程项目。展望未来,学校将继续利用周边资源,以课程、课堂、课题建设为载体,打造特色鲜明、功能完备、自然生长的童学园,为办好高质量品牌校而努力。

第六节　亲自然、乐学习、爱生活：世茂学子形象素描

如果说自然是社会发展的根基，那么亲自然就是个人成长的必然条件。早在20世纪70年代，美国学者就开始讨论关于自然体验与学生教育的关系。自然教育学家克奈尔在《与孩子共享自然》一书中指出，亲近自然对于儿童成长具有不可忽视的作用。《中国学生发展核心素养》中的珍爱生命、勇于探究等素养也同样体现了对自然教育的吁求。中外教育经验表明，亲近自然不仅能够帮助学生认识世界、了解生命，而且能够帮助学生养成正确的自然观、生命观和价值观。

快乐学习是学生快乐成长的内在需要。自春秋战国时期儒家提出寓教于乐的思想以来，我国便开始了关于快乐教育（即"乐教"）的探讨。在现代教学体系中，学习是学生的天职，但如何在学习中寻找乐趣，感受学习的魅力是每个学生必然面对的问题，也是教师不可避免的课题。快乐学习不仅能够激发学生的学习趣味，同时也能激励学生不断探索和奋进。

爱生活是每个人应有的生活态度，也是学生全面发展的基石。陶行知先生曾提出知行合一、生活即教育的理念，该理念突破了生活与学校的界限，倡导学生以乐观向上的态度去面对生活与学习，以生活经验推动学生成长。《中国学生发展核心素养》中健康生活、责任担当和实践创新素养，同样体现了爱生活教育对学生全面发展不可忽视的重要作用。

学生是教育工作的对象，也是教育活动的主要参与者。在教育工作开展过程中，学生是最灵动、最富活力的存在。随着学校教育改革的深化，深入探讨学生形象、了解学生特点、开展专业教育，已然成为教育者日常工作中的重要内容。为了进一步深入分析探讨学生形象特点，我们通过研读文献，从自然生长教育理念、儒家传统乐学理念、陶行知生活教育理念三个维度出发，努力为世茂学子勾勒出一个真实、完整、立体的学生形象——亲自然、乐学习、爱生活。

一、亲自然及其育人价值

1. 亲自然与亲自然教育

亲自然，从字面理解，即对自然的一种亲近和喜爱。教育史上，有不少教育家都推崇自然教育。自然教育也称自然主义教育，主张教育回归自然。自然教育理念最早由卢梭提出，他认为个人由自然教育、事务教育和人为教育者联合培养，并强调自然教育才是个人成长最为有效的教育方式。同时，

他还提出要想保持人类天性的善良，必须将教育回归大自然。福禄贝尔继承了卢梭"回归自然"的教育思想，进一步强调学校教育应当适应自然。他指出自然具备两层含义，既指大自然，同时也指学生的本性和天性。在教育实践活动过程中，我们既要注重大自然对个人成长的影响，同时也要充分发挥学生的本性和天性的自然，通过充分发挥学生天性，满足学生好奇心并培养学生的自制力。现代自然教育继承了卢梭和福禄贝尔的相关思想，进一步提出自然教育是一种尊重学生天性，立足自然环境的综合性教育。

亲自然教育是一种充分发挥学生天性，将学生教育与自然环境相结合的教育方式。从学生与自然的整体联系来看，学生与自然存在多维度、深层次的联系。首先自然是学生赖以生存和发展的物质基础，自然环境对学生身心健康发展具备积极的影响和导向作用。学生在学习过程中，通过自然事物和自然环境的接触，在一定程度上能够减缓学生的心理压力，尤其是通过与自然界空气、阳光、植物的接触，可以促进学生健康成长，提升学生自身免疫力。此外，自然也是学生学习生活的重要组成部分和成长的重要源泉。从学生学习对象的角度看，自然还是学生最直观的教科书。在中小学课程体系中，生物、地理、科学等学科都与自然环境息息相关。这些学科的相关理论知识都来源于自然，所以自然是学生学习的重要对象和内容，也是激发学生学习兴趣和培养学生学习习惯的重要基础。与此同时，自然还有利于学生价值观的养成。在自然环境中，学生可以通过与自然的相处，形成和加强保护环境、珍惜生命的意识。同时，学生还可以通过观察自然现象和接触多样化生物，有效培养自身的想象力和创造力。

2. 亲自然教育的育人价值

亲自然教育是将学生教育与自然环境充分结合的教育方式。学生可以在处理自然事务的实践中养成良好的习惯与优秀的品格，在与自然环境的友好交互中释放天性本能，进而在亲自然教育中涵养人生底蕴。

（1）在亲自然教育中熏陶学生健康生活的习惯。

人作为社会发展的个体，其生命是自然生命和精神生命的结合。在学生的成长进程中，自然生命和精神生命的发展都与自然环境息息相关，换言之，与自然社会建立多维度、深层次的联系是保障学生生命健康的重要途径。但是，随着学习压力的日渐增加和城镇化进程不断加快，学生日常活动空间逐渐缩小，远离自然环境的趋势愈加明显。《城市中的孩子与自然亲密度调研报告》数据表明，在受调查的孩子中，12.4%的孩子具有自然缺失症的倾向。这样的现象与数据都表明现在的孩子缺乏在自然环境中探索的体验，这不仅会造成体质的削弱与身体技能的减退，还会带来精神上的孤独、焦躁、封闭，在一定程度上威胁学生生命安全和精神健康。

在亲自然教育中，学生通过观察自然生物的起源、发展与消亡的过程正确感知生命的迭代更替，通过亲身参与自然实践活动正确理解生态环境与人类社会关系。由此可见，亲自然教育中的感知与理解都是由学生自主探究、亲身体验而获得的，是培养学生自主学习习惯的极佳方式。与此同时，在亲自然教育活动中，学生往往会面临多样化的困难与挑战，通过在自然环境的真实情境中亲身处理自然事务，可以使学生养成勇于提出问题、积极解决问题的行为习惯。整体而言，亲自然教育是塑造学生形成健康的生命观，养成健康生活习惯的重要途径。

（2）在亲自然教育中塑造学生勇于担当的品格。

亲自然教育为学生提供了更为丰富的学习素材和学习资源。自然是学生学习和成长过程中最好的教科书和教育活动场所。亲自然教育活动的开展，不仅能够打破传统课堂学习的时空局限，还能够帮助学生在自然实践中培养社会责任与担当。学校积极开发户外课堂，鼓励学生积极地将所学所知应用于自然保护的活动中，提倡"学用结合"的亲自然教育，如在垃圾分类时进行"变废为宝"的创造力训练、在集体植树的过程中学习植物的生长条件。通过亲身参与这些亲自然活动，学生能够充分认识环保的重要性，更加了解生态系统的脆弱性，从而塑造学生勇于担当的品格。

（3）在亲自然教育中释放学生乐观活泼的天性。

自然教育理念主张教育回归自然。福禄贝尔认为自然教育既指基于大自然的教育活动，同时也是在自然活动中释放幼儿天性。在亲自然教育实践活动过程中，我们既要关注个体活动对大自然的影响，也要充分释放学生的本性和天性。

亲自然教育的开展为学生提供了多样化的观察和收集场景，学生可以在处理自然事务的实践活动中感受多元学习的乐趣，可以在开放包容的自然环境中释放乐观活泼好动的天性，进而使学生从个人兴趣和天性本能出发，对自然实践活动和所观察内容进行更深入的反思与探究。在这样的亲自然教育活动中，学生自然天性的释放与良好习惯的熏陶、优秀品格的塑造融为一体，相辅相成。

（4）在亲自然教育中积淀学生的人文底蕴。

亲自然教育是以美育人、以文化人的综合教育活动，学生可以在处理自然事务的实践中养成良好的习惯与优秀的品格，在与自然环境的友好交互中释放天性本能，进而在亲自然教育中涵养人生底蕴。

《中国学生发展核心素养》中提出学生人文底蕴包括人文积淀、人文情怀和审美情趣三个方面。亲自然教育为学生在真实的自然环境中建构知识体系并感知生态人文提供场域，从而使学生能正确地理解自然人文中所蕴含的认识论与实践方法，获得深厚的人文积淀。在体验式感受自然环境和自然生命力的过程中，学生能够形成敬畏自然、敬畏生命的自然观与生命观。在学习自然生命、自然灾害等专业知识的过程中，学生能够充分认识生命的脆弱与伟大。对自然与生命拥有丰富的感知，学生才会有自然舒展的人文情怀。学生在多样化的自然环境中学习并感悟自然之美，在与自然的和谐相处中形成独特的审美观念，并发展积极健康的审美情趣。

因此，对于学生成长而言，亲自然教育不仅能够潜移默化地培养学生尊重自然、尊重生命的自然观、生命观、价值观，同时也能润物细无声地引导学生认同人与自然和谐共生的理念，使学生在敬畏自然生命的同时，积淀自身的人文底蕴。

二、乐学习及其育人价值

1. 乐学思想的发展历程

乐学即快乐学习。乐学思想源远流长，在中外教育发展历程中有着深厚的根基。在古希腊和古罗马时期，昆体良就将快乐引入教育领域，提出教学应该考虑学生的学习意愿与愉悦感。到近代西方，以夸美纽斯、卢梭为代表的教育学家将学有兴趣、学得愉快置于教学理论体系中整体考查，确立了愉快在教学体系中的重要地位。① 在夸美纽斯等人的基础上，斯宾塞在著作《斯宾塞快乐教育书》中进一步提出愉悦是评价教学成效的主要标准之一。② 纵观我国教育发展历史，乐学思想最早可以追溯到孔子时期，他提出的启发诱导的"乐教"与兴趣培养的"乐学"观念对我国教育事业发展影响深远。我国古代教育著作《学记》中首次记载了"乐学"概念："不兴其艺，不能乐学。"③ 此后，乐学成为我国古代教育的重要理论之一。宋朝文学家张载进一步在教学中积极为学生创造良好情境，通过循序渐进的教学理念，引导学生乐学、好学，王守仁也据此倡导要"寓教于乐"④。在近代时期，蔡元培、陶行知、梁启超等人在新教育理念的思潮中为乐学思想增添了更丰富的内涵。在素质教育工作的稳步推进下，乐学、会学和健康发展目前已然成为我国素质教育的重要目标。

2. 乐学习教育的育人价值

乐学习是当前素质教育发展背景下广大学校、教师和学生的共同追求。

---

① 莫郁然，黄伟. 学乐：还原学习本真 [J]. 中国教育科学（中英文），2020，3（1）：93-106.
② 郭戈. 中西方乐学理念下的教学观 [J]. 中国教育科学（中英文），2017（3）：187-205，186，230.
③ 郭戈. 我国的乐学思想传统 [J]. 课程·教材·教法，2014，34（5）：11-17，85.
④ 李如密. "乐学"思想源流考述 [J]. 心理学探新，1991（1）：29-32.

但是囿于传统应试教育思想的痼疾，我国学生在学习时仍普遍存在课业过重、学习压力大、学习内容烦琐枯燥的一系列问题。这使得学生不得不长期处于"苦学"的学习氛围中，机械和枯燥甚至僵化的教学方法加重了学生的厌学情绪，不利于学生学习积极性的提升和探索思维的培养[①]。而乐学习教育则是强调学生在愉悦的气氛中学习知识、培养技能并提升素养，一改传统教育模式下学生被动接受知识的局面。将"寓教于乐""乐教""乐学"的教育观与学习观融于学生学习的过程中，对学生成长与发展具有重要影响作用，具体体现在以下几个方面。

（1）乐学习促进学生学习能力提升。

学习是学生的天职，而乐学习则强调以学习兴趣为内在动力助推学生学习的成效，所以乐学习也可以理解成促进学生自主学习的教学策略。相较于传统"苦学"模式下的机械训练与被动情绪，基于"乐学"理念构建的教学体系，其学习内容和学习形式更具新颖性和多样化，能够为学生营造积极向上和自由开放的学习氛围。在"学本快乐"的环境中，学生能够全方位沉浸在学习过程中，将学习视为探索式的实践过程，并在实践中反观与改良自身的学习方式，形成"乐学、善学"的学习态度，从而进一步激发学习兴趣与学习热情，最终形成学生自主学习的良性循环。

此外，乐学习理念所倡导的乐学氛围是集群性的，因而学生的自主学习也必须与群体学习相结合。在积极探索、自由开放的学习环境中，学生群体之间既有灵感的迸发与思维的碰撞，又相互协作、包容并蓄。在自主学习、观察他人学习以及与他人协作学习的过程中，学生能够以整体视野评估并调整自身的学习策略，有效提高整体学习效率，进而养成勤于反思的学习习惯。

（2）乐学习驱动学生科学精神培育。

科学精神素养是学生核心素养发展的重要内容，乐学习所提倡的学习方式可以有效激活学生的逻辑思维、强化学生的质疑精神、提升学生的探究能力，因乐学习是培养学生科学精神的重要途径。

乐学习在"寓教于乐"的教学模式中蕴含"因材施教"的理念，充分发挥学生的主体地位，注重学生个体差异性，注重学科逻辑思维的培养，学生可以在教师"独家定制"的学习体验中不断提升自身的判断能力和逻辑推理能力。乐学习倡导以学生为主体的探究式与思辨式的学习模式，相较于传统教学模式，更加注重问题导向式的学习。在学习实践的过程中，教师鼓励学生勇于质疑、积极探究，学生在"质疑—探究—解惑"的长期训练中质疑

---

① 张天喜. 论"乐学"思想[J]. 理论导刊, 2003 (11)：45-46.

精神得以强化，思考探究能力也相应得到锻炼。

（3）乐学习助力学生创新实践水平提升。

为了激发学生的学习兴趣，营造开放多元的学习氛围，教师需要在教学过程中为学生创设具有挑战性的问题情境。面对问题与挑战，学生需要深入分析问题并积极探索问题解决的方法，在实践过程中阐发新思考、尝试新方法、运用新技术。因而通过快乐学习，学生可以在学习过程中进行创新性的思考与创造性的实践。

三、爱生活及其育人价值

1. 爱生活及相关教育理念

爱生活即以积极的态度去投入生活并享受生活。爱生活教育以陶行知先生的"生活教育理论"为支撑，突破学校与社会隔绝、书本与生活脱节、劳心与劳力分离的传统教育模式，强调生活本身的教育意义，主张通过生活实践进行教育。学校在新课改背景下，以爱生活教育理念为指导进行实践探索，为"生活即教育""社会即学校""教学做合一"的教育思想注入新的活力。

（1）生活即教育。

生活即教育是陶行知先生生活教育思想的核心内容。陶行知先生指出生活本身就具备一定的教育意义，教育的根本意义在于生活的变化。这意味着生活能够通过潜移默化地影响，对学生的成长与发展产生深远的作用。教师的教学实践要面向学生未来发展，助力学生将所学知识应用于生活实践，从而更好地适应社会生活。教师可以将生活本身所蕴含的丰富的教育资源和价值观念与教学实践相融合，使教学内容更加贴近学生的实际生活经验，如以购物、旅游的实际应用引入数学概念，以劝导、宣传的对话场景引入口语交际，让学生在解决实际问题的过程中学习知识、掌握技能，同时也丰富学生对生活的多元感知。

（2）社会即学校。

社会教育能够对现有的学校教育内容进行补充和延展，同样有助于促进个人身心健康的全面发展。但是在传统教育理念下，社会环境和学校环境相对孤立隔绝，学生学习主要发生于学校这一场所中，而忽略了社会和社会环境对学生学习教育的影响。陶行知在杜威"学校即社会"的基础上提出了"社会即学校"的教育理念，认为社会对于学生的教育与成长发挥着重要的教育功能，应当将学校的范围进一步拓展延伸。在教学实践中，学校应积极组织学生参与社会实践活动，让学生更好地看见社会现实，了解社会运作的基本原则，从而提升学生的社会责任感与公民意识。

(3) 教学做合一。

陶行知生活教育理论的中心思想是"教学做合一",即以生活为中心——怎样做,就怎样学;怎样学,就怎样教。这一思想提倡教学中理论与实践的统一,强调生活教育要以"做"为核心,主张通过"做"的实践行为进行教,通过"做"进行学。教师不仅要传授学科的基本知识和原理,还要引导学生将所学的知识应用于实际情境中。"教学做合一"的教育思想的实践打破了传统师生群体的严格界限划分,主张教学相长,教师的角色更多的是引导者与辅助者,学生是实践、探索的主体。

2. 爱生活教育的育人价值

爱生活教育通过潜移默化的影响,对学生成长和发展产生全面而深远的作用,为学生的未来人生奠定了坚实的基础。

(1) 提升学生自我管理能力。

爱生活教育强调在积极的实践活动中提升学生的自我管理能力。学生在深入体验生活,积极参与各类实践活动的过程中,不仅需要解决现实问题的能力,更要有时间管理能力、情绪管理能力与协同合作的能力。在任务完成的过程中,学生需要将长期目标拆解为短期任务,并制订详细的计划。在与他人合作的过程中,学生既要能够清晰准确地表达自己的观点与见解,也要学会倾听他人的意见与需求。同时,面对阻碍与失败,如何调整焦虑与沮丧的情绪,恢复理智的思考,积极地从失败中汲取教训并投入下一阶段的实践中,也是学生学习过程中的重要课题。

(2) 培养学生的公民意识。

爱生活教育提倡的教学方式可以有效培养学生的公民意识。在"生活即教育""社会即学校"理念指导下的学校教育突破了学校与社会的隔膜,学生在学校与社会的融通空间中学习,可以接触到更加丰富多彩的事物,也能在校园的安全空间内以更加开阔的视野观察复杂多元的社会,以更加真实的体验处理公共事务,以更加理性的态度参与公民决策。社会作为学生的第二学校,能够为学生提供更为多样的社会生活常识、社会人际交往关系等系统化的指导。学生在日常生活课堂和社会课堂中,通过群体学习与社会规则约束,能够养成良好的行为习惯。学校所开展的"光盘行动""垃圾分类""保护环境"等一系列社会实践活动,能够培养学生养成良好的行为习惯,激发学生的社会责任感、参与意识与公共精神,为培养具有良好公民素养的下一代奠定坚实的基础。

(3) 促进学生全面发展。

爱生活教育倡导"教学做合一"的教学理念,将知识传授与实践应用有机融合，能够有效促进学生全面发展。这一理念导向下的学校教育鼓励学生深入体验生活，参与多样化的实践活动，将所学知识应用于实际情境中。学生通过"教—学—做"的合作探究，不仅能够掌握扎实的知识和技能，还能形成积极向上的情感态度与正确的价值观。在这一过程中收获的良好的学习成效又能进一步激发学生自主学习的动力，养成良好的学习习惯，从而形成良性循环。

在素养教育背景下，如何构建面向未来的教育，如何培养适应未来社会发展的公民，是学校教育必将面临的时代命题。我们积极转化学生成长发展所必备的核心素养，结合自然生长教育理念、儒家传统乐学理念、陶行知生活教育理念，构建别具特色的的校本化表达。学校秉持着"亲自然、乐学习、爱生活"的理念，重构校园空间、变革学习方式、创新课程体系、优化评价制度，以打造理念先进、体系完备、特色鲜明、质量上乘的基础教育学校为目标，办好人民满意的教育。

第二章
面向自然：湿地里的课程建设

第一节　我国湿地课程建设的回顾与反思

湿地被誉为"地球之肾"，是世界上最具生产力和价值的生态系统之一，它在涵养水源、调节径流、降解污染、净化水质、应对全球气候变化、维持生态平衡、保持生物多样性等方面起到重要作用。把湿地引入课程，不仅可以支撑多样化的学习选择，还可以创新学习模式。学生通过浸润学习，在体验中发现问题；通过实证研究，在调查中掌握方法；通过野外考察，在活动中培养科学精神[1]；通过规划设计，在畅想中形成人与自然和谐共生的价值观。这契合了新课程方案中课程综合化实施和创新实践能力培养的需要。然而，在建设自己的湿地课程之前，我们必须对已有研究有充分的了解，这是进行研究与展开实践的基础和前提。为此，我们尝试对我国湿地课程建设的情况进行大致的回顾，以期获得有价值的启示和参考，进而借鉴到我们的研究与实践之中。

一、我国湿地课程的研究概况

中国于1992年加入"湿地公约"，并于2000年正式发布了《中国湿地保护行动计划》。自此之后，湿地教育备受关注，以湿地研究为视角的课程逐渐涌现。在"中国知网"平台，将"湿地课程"作为主题搜索，截至2023年7月31日，共搜索到文献66篇，包括期刊论文40篇，学位论文4篇，其他论文2篇。

为体现已有文献的规律与特征，我们将搜集到的文献以年度为单位进行统计，得到发文量趋势（图2-1）。

---

[1] 唐燕，钱爱萍．亲近湿地　让学习在自然中发生[J]．江苏教育研究，2021（13）：55-59．

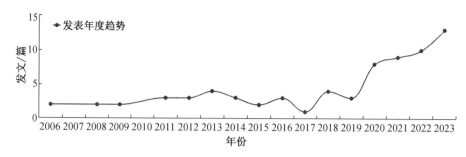

图 2-1 "湿地课程"主题发文量趋势图

由图可见，我国针对湿地课程的研究大概可以分为三个阶段。第一阶段为萌芽阶段（2006—2009 年），文献数量较少，2006 年，胡继兰以湘教版《地理Ⅲ》"湿地资源的保护与开发"为例，通过对一个个具体案例的分析、讨论和思考，启迪学生思维，培养学生地理能力，引发了短暂的研究热潮①。第二阶段为缓慢成长阶段（2010—2019 年），文献数量有所增加，比如蔡明以"湿地文化"课程开发为例，带动了湿地课程的开发与建构研究②，2013 年和 2018 年各达到了小高峰。第三阶段为快速发展阶段（2020 年至今），在此阶段，该主题文章数量迅猛增长，如赵志宏的《湿地教育：将绿色的种子植入学生心田》，吕素妮的《自然教育与语文教学融合的实践研究：以校本课程"悦趣湿地"为例》等。

由此可知，我国湿地课程虽然开展得比较早，但其实到近五年才被重视。原因有以下几个方面：一是国家教育方针政策的出台。2021 年 12 月，国家出台《中华人民共和国湿地保护法》等相关法规和政策，通过开展科普宣教等活动大力推行湿地保护修复。这些文件出台的时间都与本主题快速增长态势契合，所以，国家教育方针政策为这一领域的研究提供了行动纲领。二是生活水平的改善推动教育观念的变革，人们对生态教育的诉求不断发生变化，期待通过多元互动的育人场域，激发学生的探究和实践能力，并形成热爱自然的良好品质。由此可见，湿地的育人功能及湿地课程日益受到学界的重视，也在一定程度上说明未来湿地课程的研究会持续升温。

为了对湿地课程主题文献进行更细化的研究，我们又对这 66 篇文献的主要关键词进行梳理（图 2-2）。

---

① 胡继兰. 在地理新课程中实施案例教学的探索：以湘教版《地理Ⅲ》"湿地资源的保护与开发"为例 [J]. 中学地理教学参考，2006（8）：25-26.

② 蔡明. 基于现代课程生态观的课程开发与建构研究：以"湿地文化"课程开发为例 [J]. 地理教学，2012（4）：7-10.

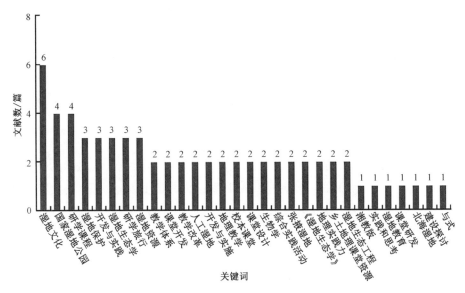

图 2-2 湿地课程主题文献主要关键词分布图

综合这一结果和部分具有代表性的文献，可以看出我国有关"湿地课程"的研究还是比较多样化的，有对"湿地课程"的建构研究，如教学体系、教学改革、课程设计等；有对"湿地课程"内容的研究，如湿地文化、湿地保护、湿地资源、湿地生态工程等；有对"湿地课程"学习方式的研究，如研学旅行、综合实践活动等。

二、我国湿地课程研究的结果分析

基于已有文献资料，我们在此对我国中小学校湿地课程的内涵、价值、特点、实践进行结果分析。

（一）湿地课程的内涵

"湿地公约"中将湿地分为 2 大类，即天然形成的自然湿地和人工开发建设的人工湿地。人工湿地即人类由于生产建设或是娱乐休闲等各种需要而人为地创造出来的湿地。湿地课程也包括自然湿地课程和人工湿地课程。

2006 年，赵品德首次提出了将湿地教育作为一门课程进行建设的构思，以"保护湿地 爱护鸟类"为主题进行了探究性课程的开发与研究[①]。蔡明在苏州中学开展的"湿地文化课程"是基于校园及周边湿地环境而创生的，融合自然与人文、学习与研究、学校与社会的跨学科的综合实践课程[②]。赵秀芳认为湿地课程就是指将自然界的湿地资源变为综合实践的教学资源，让

---

① 赵品德，顾志平. 多形式地挖掘资源："保护湿地、爱护鸟类"探究型课程资源开发 [J]. 现代教学，2006（Z1）：54.

② 蔡明. 构建"学校湿地文化"的研究 [J]. 江苏教育研究，2012（31）：21-25.

学生了解湿地、走进湿地、保护湿地[①]。莫峻认为湿地课程是以自然湿地为载体，将物理、化学、生物、地理等多学科知识融会贯通，改变传统的单学科模式，打破学科界限，拓宽学生研究视角的综合型课程[②]。

尽管有学者对湿地课程进行探讨，但是目前学界对于湿地课程没有统一、明确的界定。根据文献梳理与整合，对于湿地课程的内涵定义可以分为以下几类。

第一，校本课程类。

湿地课程即学校的校本课程。张家港市世茂小学依托一墙之隔的暨阳湖湿地公园，以"亲自然、乐学习、爱生活"为育人目标，建构了"绿野寻踪"湿地校本课程，通过确立素养目标、重构课程内容、创新教学方式和强化评价导向等策略，引导学生在湿地中观察、实践和探索，让湿地公园成为提升学生思维和改善学生学习方式的自然实验室。湛江市第五中学坚持以"宣教、探究、保护"为主线，广泛开展红树林湿地实践教学和宣传保护活动，并将红树林湿地探究和保护作为生物校本课程，编写了课程讲义[③]。

第二，研学旅行课程类。

将湿地课程与研学旅行相结合。如福建省泉州湾河口湿地作为研学地点，设计者依托其丰富的自然生态、人文遗迹，以人地协调观为主线，从研学课程目标与主题确定、研学路线与设计思路、课程实施、评价总结四方面进行研学旅行课程设计，加强地理教学与研学旅行的结合，促进学生地理核心素养的形成[④]。安徽三汊河国家湿地公园生物研学课程在STEM理念下将劳动教育融入研学课程，突出地域特色，强调在研学课程实践中培育学生核心素养，在探究体验中培育学生劳动品质[⑤]。张掖湿地博物馆研学课程由自然教育、展馆认知、基地体验、校园科普和文化创新五部分组成。课程建设依托张掖黑河湿地自然教育学校、张掖湿地博物馆和张掖黑河国家级湿地公园，利用丰富的湿地教育资源，对中小学生开展湿地知识普及和生态文明教育，初步实现了馆校合作课程开发和研学旅行活动的融合，为区域内研学旅

[①] 赵秀芳. "湿地"课程开发与教学实施策略探究 [J]. 创新创业理论研究与实践, 2020 (14): 17-18, 42.

[②] 莫峻. 课程整合模型研究与实践：以深圳明德实验学校湿地研究课程为例 [J]. 新课程评论, 2016 (4): 35-42.

[③] 许宇放. 立足地域资源创建生物校本课程：以"红树林湿地探究"校本课程开发为例 [J]. 黑龙江教育（教育与教学）, 2023 (10): 76-77.

[④] 纪文慧, 梁美霞, 卢彬彬, 等. 泉州湾河口湿地研学旅行课程设计 [J]. 地理教育, 2023 (7): 72-75.

[⑤] 沈加德. STEM理念下初中生物研学课程的开发：以安徽三汊河国家湿地公园生物研学课程开发为例 [J]. 安徽教育科研, 2023 (11): 4-7.

行活动的开展提供了可借鉴的途径①。

第三，专业主干课程类。

部分学校将湿地课程作为专业主干课，如为高等学校生态学专业本科生设置了《湿地生态学》课程，主要培养学生形成湿地生态学学科视野，掌握湿地生态系统的物质循环、能量流动、湿地演替以及评价方法等基础知识、基本理论和研究方法。但是课程主要讲解理论知识，教学模式"以教为中心"，教材中的案例与实践存在一定的距离，学生缺乏直观的理解。

本书所探讨的湿地课程主要是指基于湿地公园这类具体场域的自然教育课程，将师生教与学的过程置于大自然中，积极拓展学生学习的外延空间，实现课内到课外有效迁移的课程。该课程让学生在自然、社会、生活中观察、体验和探究，既关注了人与自然的关系，更关注人与自我、人与社会的联结。

（二）湿地课程的价值

湿地课程关注自然与人文、学校与社会的有机融合，倡导人地和谐的现代价值观，培养以创新精神和实践能力为核心的综合素质能力，对于学校以及师生而言都具有很高的价值。

第一，能够形成具有学校特色的课程体系。

从校外融合、校内延展、定制设计等多方面进行湿地课程建设，能够体现课程的丰富性、开放性、延展性、融合性和生长性。

第二，能够开展开放性的学习实践。

从唤醒、保护、培养儿童好奇心、求知欲的角度出发，实现课程的深度融合，使儿童亲历学习的过程。打破传统学校在围墙内学习的方式，开放学习的时间、空间、组织形式，最大化地让儿童亲近自然，最大限度地释放儿童的天性，最大程度地给儿童以学习和成长的自由，为"双减"政策落地提供有力的保障。

第三，能够优化学校师生成长方式。

构建学校、家庭、社会一体化育人体系，促进师生自由、自然、自性、自在地健康成长，使得家长、老师以及社会相关人员不再只是课程的"受益者"，也是课程的研发者、执行者、评价者。

第四，能够提升学生的能力。

通过湿地课程，学生的学习兴趣能够得到激发，学生对本专业更加热爱，能够增强学习的积极性和主动性，并且能够培养创新实践能力。通过开

---

① 于吉海，杨雪平，姚艳霞，等. 馆校合作的研学课程开发与实践：以张掖湿地博物馆研学课程开发为例 [J]. 中学地理教学参考，2022 (4)：13-15.

展课外湿地生态研究方面的创新实践活动，学生能将专业理论知识与湿地生态环境问题进行有机结合。

湿地是地球上生物多样性的热点地区，湿地课程的建构是一项系统、长期的工程，需要在不断的研究和实践中逐步完善，充分发挥湿地课程的价值。

（三）湿地课程的特点

在讨论湿地课程的特点之前，首先应该认识到湿地不仅是生物多样性的宝库，也是自然教育的理想课堂。在这些生态系统中，不同的生物相互依存，共同构建了一个复杂而精细的自然网络。通过湿地教育，学生不仅能够观察和学习这些生物和它们的生存环境，而且还能通过切身体验来理解和尊重自然，提升环保意识。湿地课程通过室外活动、利用自然物品作为素材以及强调体验和创造等方式，给予学生直接接触自然的机会，让他们在欣赏自然之美的同时，也能学习到关于湿地科学的知识，培养对自然环境的爱护与责任感。接下来，我们将详细探讨湿地课程的三个主要特点。

第一，课程活动的地点以室外活动为主。

这与室内的素质教育形成鲜明的对比，湿地自然教育旨在通过课程学习的方式，引导人们走进湿地、浸润自然。不受限制、自然元素多样且生物多样的湿地环境能为湿地自然教育课程的开展提供更多的素材和灵感，学生在这样的自然环境中学习，能提高他们的独立性、自信心和积极性等。学生在无拘无束的自然环境中活动也可以释放天性，敞开心扉，专注自然环境中的各种事物，减少焦躁、易怒和暴力等不良现象。

第二，课程活动的素材以自然中的事物为主。

湿地中的树叶、树枝、落花、小石头都可以成为课程活动的素材，教师可以根据湿地环境中现有的素材，带领学生去了解自然中的事物。以湿地中的实物为教学素材，更具有真实性和体验性，学生能够通过触觉、嗅觉、听觉等与自然事物互动，通过观察、认识和利用自然素材加深对湿地环境的了解，培养他们对自然环境的关爱和保护。

第三，课程活动的形式以体验和创造为主。

湿地自然教育活动虽然涉及自然环境的相关知识，但是对于参与课程活动的对象（不管是儿童还是成人），湿地科学知识的学习只是次要的，更重要的是使参与者通过课程活动的体验与创造融入自然环境，专注自然之物，发掘自然之美，感受自然之博大。这与环境教育或素质教育相异，不是简单枯燥的说教，而是采用有趣好玩的方式引导学生融入湿地环境，了解自然中的知识，利用自然中的事物创作，让参与者真正地回到"最初的家园"，释放天性，敞开心扉。如"红树林湿地探究"校本课程，教师通过组织学生实地观测鱼类、蟹类、贝类、鸟类，引导学生探索红树林生物多样性和生态系统稳定性；并有针对性地设计红树林生长状况、样地土壤中动物类群丰富度调查表等相应的表格，引领学生走进缤纷多彩的红树林世界，开展自主、合作、探究活动。让学生通过亲历实验进行数据记录、观测对比、分析归纳、得出结论，提升收集、处理信息，分析、解决问题，以及交流与合作的能力，形成崇尚科学、严谨细致、不盲从权威、敢于质疑的良好品质。

湿地课程提供了一个独特的教育环境，它使得学习者不仅能够接触和体验自然，而且还能在自然的课堂中提高独立性、自信心和积极性。通过户外活动和以自然素材为中心的学习，儿童和成人都有机会直观地了解湿地的复杂生态系统，增强对环境的尊重和保护意识。湿地课程强调体验和创造性活动，不仅仅是为了传授科学知识，更重要的是培养学生与自然和谐共存的能力，以及科学探究和合作的技能。这样的课程设计，促进了参与者对自然的深刻理解和长期关注，有助于塑造一个环境友好和崇尚科学的社会。

（四）湿地课程的实践

根据现有资料显示，美国主要通过"教学+自然学校+项目"的模式开展自然湿地教育。日本采用的是"自然学校+社会+社区"的模式，并设有各种各样的环保教育中心。澳大利亚则通过"可持续学校"的形式，以"保护地+学校"的模式开展自然湿地教育等[1]。我国最初是依托具有自然教育潜力的森林公园、湿地公园等建成全国自然教育学校，现在逐渐形成"教学+自然学校（基地）+实践体验"的"湿地课程"教学模式，通常包括课程目标、开发原则、教学组织三大方面。

1. 湿地课程的课程目标

（1）形成开放式、多元化育人空间，为实现"双减"政策下育人方式的变革提供适宜的育人场域。

（2）弘扬创新精神，发展实践能力，培育面向未来和全面发展的儿童；打造具有合作精神和自主创造力的教师群体。

（3）构建具有"主动参与、乐于探究、交流合作"特征的学习方式。

（4）建设有辐射力、影响力的学校（基地）课程品牌，为其他学校（基地）如何利用校外资源开发课程，提供普适性样本。

2. 湿地课程的开发原则

（1）儿童本位原则。教育的本质是促进儿童的发展，让儿童在学习中享有主动权和参与权，让儿童在关键能力和创新思维等方面的发展和培养方面

---

[1] 刘彩红，陈秋菊，屈明，等. 珠三角湿地自然教育现状与发展策略［J］. 湿地科学与管理，2022（5）：66-69.

更具优势。

（2）区域性原则。课程的开发要结合本地的环境资源和地域资源，更要紧密联系学生的日常生活，拓展学生的学习场域。

（3）实践性原则。相较传统的课程而言，湿地课程应以学习实践和活动为主导，让学生在科学探究的实践过程中，通过观察、分析、验证等方式，获得知识、能力和价值观的发展与升华。

（4）开放性原则。学生走出课堂、走进社会、走向公园和社区，充分利用环境资源和优势进行研究和实践，丰富课程活动的内容和形式。

（5）可操作性原则。课程内容应具有可操作性，保证学生在参与课程研究活动中的实效性。课程实施要考虑本地的生态环境、经济发展、社会需求及学校师资条件、实验条件、时间安排等多方面的实际情况。

（6）时代性原则。课程内容应反映当前的科技发展趋势和文化趋向，为学生今后的学习、生活、工作奠定良好的基础。

3. 湿地课程的教学组织

文献研究表明，湿地课程开发一般分为环境分析、目标设置、课程组织、课程实施和课程评价五个过程[1]（图2-3）。

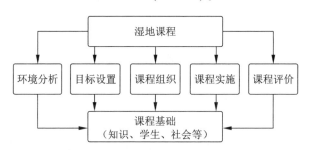

图2-3　湿地课程开发的过程

这五个步骤是一个周而复始、循环往复的过程。

第一步：环境分析。在课程开发前，要对学校所处的内部及周边环境进行分析。周边环境包含学校所在的地理位置、社会背景、环境资源等。内部环境包括学校办学条件、学生已有学情、教师课程研发水平的分析等。

第二步：目标设置。课程目标的设置是课程开发过程中最重要的环节。教师要全面、细致地考虑学生已有基础，明确学生所处的时代背景及使命责任，按需设计课程。课程目标要有层次，并细化为总目标及课时目标。

第三步：课程组织。课程组织是指进一步分析、选择和确定湿地课程的

---

[1] 潘丽雅. 温州市湿地保护校本课程开发与实践研究［D］. 东北师范大学硕士学位论文，2012.

构成要素。课程组织要针对不同的学生群体、不同的课时目标和不同的课程活动场所，选择不同的组织方案。课程组织还应该具有一定的灵活性，充分考虑学生的个体差异。

第四步：课程实施。课程实施是指校本课程的原型评价、课程设置、课程试验、传播、采纳和推广的过程，以及课程教与学的过程，不断修正试验的过程。云南腾冲北海湿地小镇设计的"在地化山水家园"研学课程，采用线上探究、在地研学、师生合作以及亲子互动、社区参与等活动方式，将课程以研究课题的形式进行呈现；福建"走近闽江口湿地"校本课程采用了课程内外循环、校内外循环、学校与社会循环的"三循环"实施模式；张掖"湿地博物馆"研学课程采取了馆校合作的模式，通过知识竞赛进校园、湿地讲解进教室、专题讲座进课堂等方式拓宽学生的知识视野。

第五步：课程评价。这是目前国内"湿地课程"研究最薄弱的地方。"在地化山水家园"研学课程采用了自评、互评、测试、座谈、反思"五位一体"的评价体系；"湿地博物馆"延学课程设计了不同的评价量化表（包括自我评价、小组评价、教师评价），为学生提供了一份综合性成长评价记录。后期，教师可从课程自身的评价和学生学业评价两方面开展湿地课程评价研究。

三、我国湿地课程建设的反思

湿地课程的开发促进了学校办学特色的形成，加强了学校文化建设的独特性，也促进了学生对湿地保护的责任意识。利用湿地公园的自然资源开发的湿地课程，为学生的学习提供了丰富而又天然的空间，加强了课程内容与生活以及社会的联系，学生取得了如下能力发展。

第一，巩固了核心概念。通过课程学习，学生能够了解湿地中常见的生物的名称；能够利用所学知识解释湿地自然现象，从而形成可持续发展的观念和可持续的生活方式。

第二，发展了关键能力。在课程实践中，学生经历自主探究过程，培养了搜集处理信息和分析、解决问题的能力，还锻炼了交流与合作的能力。

第三，提升了环保意识。在湿地环境保护宣传实践中，学生的环保意识得到了提升，学生也养成了尊重事实、注重独立思考、勇于克服困难的科学态度、探索精神和创新意识。

四、我国湿地课程研究的进路及启示

（一）进路

湿地课程的研究已经进行 20 多年，对其理论研究和课程实践也取得了丰硕的成果和丰富的经验。在湿地课程研究的实践过程中，尽管有不少创新

与成功之处，但也存在一些问题需要解决。

第一，课程特色有待提升。现有湿地课程未能依托自身特色资源，建设质量不高，特色不明显，同质化严重，开展湿地自然教育存在局限性，远不能满足学生的需求。

第二，业务水平有待提高。目前各校的湿地课程依赖一线教师开展，教师未经过专业的培训和认证，专业能力参差不齐，不具备单独设计、研发课程和科普宣传等能力，无法满足各校开展多种多样的湿地自然教育课程。

第三，课程研发有待完善。现阶段已开展的湿地课程仅停留在一些零散的活动上，尚未形成系统的湿地教育课程体系，课程（活动）质量不高。现有相关课程活动未能深入挖掘当地湿地生态文化和区域特色，未能进行创新性研发，缺少特色。同时，现有湿地课程活动大部分未能实现品牌化，缺少共享的机制与平台，社会影响力低，可持续发展能力有待提高。

第四，实践教学有待促进。湿地课程是一门实践性很强的课程，包括理论教学和实践教学两方面内容。由于湿地课程知识体系比较注重知识的系统性和完整性，因此，理论知识较多，从而导致授课教师压缩实践教学时间。有的教师对实践教学认识不足，缺少实践教学的经验，这在一定程度上影响了实践教学的效果。在大力倡导生态文明建设的背景下，教师要注重理论教学和实践教学的平衡，强化学生动手操作能力的培养。

第五，课程教材有待增加。在生态文明体系中，湿地是重要的生态系统和生态空间。随着生态文明思想的不断深入，保护湿地的号角已吹响。然而，目前湿地教材的缺乏成为制约学生学习湿地保护的重要因素。教师可以根据自己的教学目标和教学需求，对现有的湿地教材、专著、论文等教学资料加以整合、编辑、改写、拓展和延伸，提供给学生使用。

（二）启示

张家港市世茂小学拥有得天独厚的地理优势——省级湿地公园与学校仅一墙之隔，这为学校湿地课程的开发与实践提供了有利的条件。今后，学校的湿地课程可以从以下几个方面做出探索与改革。

其一，持续完善配套设施。进一步加强基础配套设施、课程研发、活动开展、人才队伍等方面的建设，探索形成可复制、可推广的发展模式，起到示范带动作用，不断满足社会大众开展湿地自然教育的需求。

其二，深入挖掘湿地文化。根据各地湿地文化，着力打造主题突出、内容丰富、贴近生活的湿地自然教育品牌。根据湿地资源特色、历史文化等，研发不同时节、不同类型、面向不同年龄段群众的湿地自然教育课程（活动），且每套课程都应配备相应的教育手册。

其三，创新自然教育形式。对开展湿地自然教育的人才队伍进行专业化培训，吸纳国内外优秀自然教育人才；积极与机构、政府、其他基地等合作，建设由不同专业领域组成的教学队伍；丰富湿地自然教育课程模式，建成一套具有提升学生思想认知与合作创新能力的湿地课程体系，提升湿地自然教育效果。

其四，注重将课程内容的理论性和实践性相结合。湿地课程是一门实践性很强的课程，实践教学能增加学生对湿地课程基本知识的感性认识和动手实验操作能力，是提升学生创新能力的重要手段。湿地课程可以让学生通过对湿地环境的观察来加深对湿地概念的理解。因此，教师应围绕湿地的重点知识，增加设计性和综合性实验的比重。通过综合性实验培养学生综合运用湿地知识的能力，通过设计性实验激发学生了解湿地的兴趣，增强学生解决问题的能力。例如，教师可以让学生参观湿地公园，通过对湿地植物种类的调查，分析湿地植物的景观配置，学生可以通过查阅资料，从设计原理、植物配置、种植位置和预期成效等方面设计实验方案，并在实践过程中不断修正。

其五，搭建网络教学平台，积极推动线上课程资源建设。信息技术的飞速发展，不仅在生活上给人们带来了极大的便利，还为线上课程资源建设提供了支撑。线上教学与传统教学方式相反，是一种以学生为导向的教学方式。教师围绕知识、创新能力与高阶素养协同发展的要求，借助线上网络平台进行教学，这样不仅可以有效提高课程建设的管理效率，而且可以为学生和教师提供高效、便捷的学习和教学手段。课程网络资源是一种有前景的学习资源，可以充分发挥线下课堂教学和线上教学的优势。在新时代，授课教师要以学生为中心，在充分了解学生需求的基础上，采用先进的教学理念和教学方式，为学生的学习提供高质量的支持和服务，线上课程资源平台的建设不是一蹴而就的，而是要在使用过程中不断进行发展和完善。

综上所述，经过20多年的研究，我国中小学校湿地课程研究已有一定实践和成果，对学校开展湿地课程有一定的借鉴和指导作用。但现有的课程存在研究内容单薄、研究方式单一、学生评价不足等问题，也让学校"湿地课程"的开发与研究有了提升和优化的空间。

第二节 "绿野寻踪"湿地课程：行走在儿童与文化之间

两千五百年前的泗水湖畔，孔子带领弟子们，以天地为课堂，以流水为教材，为我们勾画了一个自然而又富有生活气息的令人神往的教育场景。两千五百年后的今天，教育正经历全新的范式变化，立德树人、五育并举、"双减"政策、校家社协同育人，一系列政策的背后，呼吁着教育的思考和变革。学校开发的"绿野寻踪"湿地课程就是对这种呼吁的回应。

一、思深意远：湿地课程的时代需求

1. 义务教育质量提高的新要求

《中共中央 国务院关于深化教育教学改革全面提高义务教育质量的意见》提出，要打造中小学生社会实践大课堂，充分发挥爱国主义、优秀传统文化等教育基地和各类公共文化设施与自然资源的重要育人作用。大自然中的万事万物，都是儿童的"不言之师"。因此，让儿童回归自然，做一个与自然和谐相处的人，是学校的使命与职责[①]。

2. 基础教育优质均衡的新目标

中共中央、国务院把"实现优质均衡的义务教育"作为推进教育现代化的总体目标之一。当前，人们对于教育公平、教育均衡的关注度和要求越来越高，期待能够享受优质均衡的基础教育。张家港市政府在教育上加大投入力度，张家港市世茂小学就是在这时间节点上应运而生的。虽然学校占地面积不是很大，但规划设计得很好，学校充分利用了每一寸空间，对校园每个角落都精雕细琢，处处体现了自然和人文元素的有机融合，为基础教育的优质均衡发展夯实了基础。

3. 学校内涵建设提升的新形势

学校内涵建设的最终动力来自学校内部生成的优质文化，从而形成学校自身的特色。湿地，具有丰富多样的物种。湿地课程，意味着课程向自然界开放，既是一种课程的存在状态，也是一种发展理念，更是一种教育方法，能很好地表达学校的核心教育价值观，体现人的未来发展、人与自然的相融、人与社会的和谐等。

4. 学生自由全面发展的新趋势

无论是中国古老的"天人合一"哲学生态观，卢梭的"让儿童自然发展"近代教育观，还是杜威的"自然教育"观念，都强调以世界为书本，

---

① 唐燕，钱爱萍. 亲近湿地 让学习在自然中发生 [J]. 江苏教育研究，2021（13）：55-59.

以自然为课堂。把湿地文化引入课堂，不仅是多样化的学习选择，也是学习模式的创新，为学校的校本课程育人打开了一扇窗。

二、识微见远：湿地课程的核心解读

"头枕九溪墅区 临近暨湖湿地"是学校地理位置的真实写照，一墙之外有广阔的自然天地，因此我们把"自然生长"作为"湿地课程"理念，让儿童的生活、学习与身边的这片绿野息息相关，让"自然生长"浸润到每位教师与学生心中。

1. 绿野：创生儿童学习的场域

"绿野"有四层内涵：一是指实际存在的自然场域，本课程中指与张家港市世茂小学隔墙相望的暨阳湖湿地公园；二是指一种文化符号，指原生态的生命样貌，是儿童心理健康的保障，是承载儿童心灵成长的绿洲；三是指对教育的隐喻，寓意着教育本身的宽广、自由、和谐与舒展，是一片有着勃勃生机的绿野；四是指学校的教育目标，即帮助儿童自然地成长和全面地发展，让儿童获得身心的独立，达到智力、思想、精神等多方面的完善。

2. 寻踪：发现儿童成长的规律

寻，意味着发现、寻找、探究和实践；踪，指儿童成长的轨迹。寻踪有四层涵义，表达了四种关系：一是聚焦儿童发展的核心素养，寻培养儿童未来发展中正确价值观、必备品格和关键能力的途径，即人与自我的关系；二是指通过教与学方式的变革，寻湿地育人的实践策略，即人与自然的关系；三是结合儿童生活经历、学习体验，寻儿童生命成长的轨迹和规律，即人与人的关系；四是随着儿童成长环境的深刻变化，寻适宜儿童生命发展的时空，即人与未来的关系。

3. "绿野寻踪"：探索儿童生命的教育

湿地具有资源价值、环境价值和景观价值，张家港市世茂小学位于湿地公园之畔，儿童的生活、学习与身边的这片绿野息息相关。将湿地资源转化为教育资源，加强学校课程与儿童生活世界的联系，成了学校文化的自觉；湿地具有物种多样性，引入课程，支撑了课程多样化，又创新了学习模式。儿童通过浸润式学习，在体验中发现问题；通过实践研究，在调查中掌握方法；通过野外考察，在活动中培养科学精神；通过规划设计，在畅想中形成生态文明观。

综上，学校研发的"绿野寻踪"湿地课程是依据儿童生长规律，基于国家课程标准，结合学校文化积淀与发展特色而形成的一种适应儿童生活的课程。该课程强调在社会生活联结、学习场域创新、儿童身心发展等方面，呈自然状态下的学习过程，体现学习方式的主动性和生长过程的持续性，有助于形成学校鲜明的文化特色和"自然为法、湿地育人"的精神追求。

三、任重道远：湿地课程的价值诉求

1. 推进学校内涵建设

在教育改革如火如荼的今天，每个儿童都应该有自由的思想和精神。因此，学校教育不仅仅要传授知识，更在于改变。改变落后的教育观念，构建新型的课程体系，形成良好的学校风气。"绿野寻踪"课程以湿地及学校周边的环境为大课堂，拓展育人基地，重塑育人空间，改变儿童的学习场所和学习方式，营造良好教育生态，激活儿童生命的活力，唤醒相应的情感体验，形成拥有崇高的生命境界和高质量学习生活的学校教育。

2. 优化师生成长方式

构建学校、家庭、社会一体化育人体系，促进师生自由、自然、自性、自在地健康成长，使得家长、教师以及社会相关人员不再只是课程的受益者，也是课程的研发者、执行者和评价者。

3. 推动区域的良性发展

通过"绿野寻踪"湿地课程的开发实施，学校形成了自己的特色，拓宽了学校发展的空间，促进了学校教育整体价值的实现。在此基础上，形成有辐射力、影响力的学校课程建设品牌，为其他学校如何利用校外资源开发课程，提供了普适性样本。

四、无远弗届："湿地课程"的育人目标

"绿野寻踪"湿地课程弘扬创新精神、发展实践能力，致力于培育全面发展和自然生长的儿童。

1. 培养全面发展的儿童

"绿野寻踪"湿地课程体系的建构，与儿童已有知识和经验相互联系，在全面发展的基础上实现儿童生命素质的融合发展，进而涵养儿童个体生命成长的整全性。该课程打造全学科、全方位、全场域育人的格局，凝聚育人合力，以促进儿童生命个体全面自由的成长、自我意识和自主能力的提升；同时，对塑造儿童独特的、鲜明的个性和品格起到催化作用，达到全面育人的目标。

2. 培养自然生长的儿童

"绿野寻踪"课程追求教育理念的和谐共生、共荣，形成了"为了每一个自然生长"的育人目标，丰富了课程内涵，优化了课程定位，突出了育人价值。其含义是顺应儿童天性，道法自然，遵循教育的发展规律；其内涵侧重关注儿童核心素养的形成，关注儿童生命成长的过程，唤醒儿童潜能，让孩子发现自己、成为最好的自己。

五、取则行远：湿地课程的整体架构

建校五年来，我们结合国家课程，因地制宜、就地取材，课程模型已调整至3.0版本，由早期的湿地研学课程，发展成为以科学学科为龙头的湿地学科课程，到目前的多学科、多角度融合拓展的"绿野寻踪"湿地课程（图2-4）。该湿地课程包含基础型、综合性和个性化三大课程体系，能够满足儿童的成长需求。

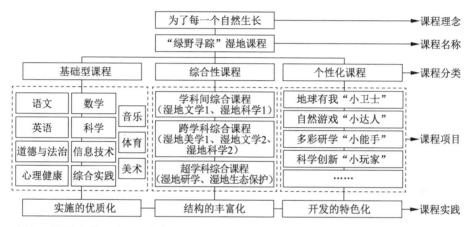

备注："湿地文学1"和"湿地科学1"是语文、科学学科内部实施的综合性学习。
"湿地文学2"和"湿地科学2"是语文、科学学科融通其他学科开展的课程综合化实施。

图2-4 "绿野寻踪"湿地课程内容框架

1. 基础型课程：从"知识本位"到"素养本位"

基础型课程是"绿野寻踪"湿地课程结构中的基础和关键，主要指国家课程实施的优质化，是以国家课程为核心，融合湿地资源，积极开展以人为本的深度学习教育教学实践，保证学科核心素养的达成。

在具体实施时，我们要求该课程要以学生核心素养发展为目标，通过"重组"知识体系、"精选"关键知识以及"拓展"学习场域等，让学生在亲近自然的同时，优化学习内容与过程，形成更高效、更生动的学习方式，实现学校湿地文化特色下的国家课程育人目标。学校基于"湿地融入课堂教学"和"进入湿地开展实景教学"两种视角，精选教材相关内容，梳理编制"基础型课程"目录（表2-1）。

表2-1 "基础型课程"目录（部分）

学科	年级	学期	教材中的关联内容	融合要素
语文	二	上学期	《树之歌》	学生进入湿地观察树木，了解树木的名称及特点，并结合教材内容，尝试创作《树之歌》
	三	上学期	《习作：这儿真美》	将湿地作为写作对象，带领学生走进湿地，进行观察与体验
	四	下学期	《绿》	学生进入湿地观察、感受各种各样的绿，从而体会诗歌语言，增强文学积累
	六	上学期	《丁香结》	探寻藏在湿地里的文学意象，通过搜集资料、实地观察、梳理总结，了解景物的意象含义
数学	三	下学期	《面积的认识》	学生进入湿地，观察湿地的构成，小组合作探究湿地面积
	四	下学期	《确定位置》	学生进入湿地观察，能用数学的语言描述湿地中某些地标的具体方向和点位
	五	上学期	《校园绿地面积》	将湿地的大小和校园绿地的大小进行对比分析，探讨学校绿化情况是否达标
	六	上学期	《按比例分配》	学生进入湿地观察，通过等比例缩小，将湿地的平面图绘制在固定大小的白纸上
英语	四	下学期	Drawing in the park	学生进入湿地观察，描绘湿地美景，并能用英文进行讲述
	五	上学期	Our animal friends	学生能够使用所学的知识介绍湿地中的特色动物，如白鹭、朱鹮等
	六	上学期	What a day!	把教材中学生在公园玩耍的场景搬到湿地中，让学生依托湿地实景，学写日记
音乐	一	上学期	《小蚂蚁搬米粒》	学生能够在湿地里寻找并观察小蚂蚁的"行动轨迹"，并用歌声表现团结的小蚂蚁
		上学期	《小树叶》	学生通过聆听并录制秋季湿地里树叶随风飘动的声音，为歌曲加入大自然的伴奏
		下学期	《爱唱什么歌》	学生能够在湿地池塘边聆听小青蛙的叫声，并有节奏地模拟，为歌曲伴奏
		下学期	《春天的小河》	学生通过在春季聆听湿地里的河流及周边的美景，在情境中自然地演唱歌曲
	三	上学期	《树叶儿飘飘》	学生通过观察和聆听秋季湿地里树叶的变化和动态，为歌曲加入合适的律动

续表

学科	年级	学期	教材中的关联内容	融合要素
美术	一	上学期	《让大家认识我》	拾取湿地中的树叶，让学生在课堂中观察，并能绘制、剪裁出树叶的基本形状
		下学期	《长呀长》	观察湿地中的一株植物，尝试记录它们的成长过程
	二	上学期	《大树的故事》	认识湿地中的树木的种类，观察大树的外形特点和生长姿态
	四	下学期	《植物写生》	观察湿地中的植物，抓住特征进行线描写生绘画
	五	上学期	《创造绿色的生活》	小组合作，围绕绿色生活主题准备各种材料，在学校或湿地中做一次"创造绿色的生活"宣传
	六	上学期	《画一幅色彩和谐的画》	走进湿地，观察杉树林的色彩变化，画一幅写生风景画
体育与健康	一	上学期	《移动性技能——不同姿势的走》	让学生在湿地公园的自然环境中，体验不同姿势的走，感受身体与自然的融合，提高身体协调性和对自然的感知能力
	二	上学期	《移动性技能——跑+跳的组合》	利用湿地里的地形、植物等，引导学生进行不同的跑跳组合练习，让学生把所学体育技能运用到生活中、自然中
	三	下学期	《障碍跑》	将障碍跑与湿地融合，利用湿地公园的自然地形设置各种障碍。在教学过程中，引导学生观察自然环境，增强环保意识。同时，借助湿地公园的开阔空间进行团队合作训练，提升学生的协作能力和运动技能
	五	下学期	《600~800米自然地形跑》	学生进入湿地，通过指南针辨别方向并且观察观景区，绘制湿地特色观景图，面对不同地形，有针对性地改善自己的跑步姿势
道德与法治	一	上学期	《我们不乱扔》	通过带领学生进湿地研学，让学生知道学校是湿地学校，毗邻湿地公园，激励学生在校、在湿地不乱扔垃圾，保护生态环境
		下学期	《大自然，谢谢您》	带领学生走进湿地公园，去发现"湿地的礼物"，在湿地公园的一树一花中，感受大自然的快乐
	四	上学期	《变废为宝有妙招》	带领学生走进湿地公园，开展清卫志愿服务活动。统计湿地公园的垃圾类型，分享变废为宝妙招，通过巧手制作，演讲宣讲，落实变废为宝行动

2. 综合性课程：从"学科单一"到"学科融合"

综合性课程是"绿野寻踪"湿地课程的中坚力量，是学校基础型课程的延伸、校本化课程的升级，体现了课程结构的丰富化。该课程强调打破传统学科课程的知识领域，在学科交叉的基础上创建新的学习领域，通过整合不同学科的理论和技能，培养学生的综合思维能力。

在具体实施时，按照综合程度的不同，综合性课程可划分为学科间综合课程、跨学科综合课程和超学科综合课程（表2-2）。学科间综合课程是指学科内部突破单篇或某一个知识点而形成综合性课程；跨学科综合课程侧重于从多个学科角度出发，解决或探究一个中心问题；超学科综合课程是超越现有学科分类，不再明显区分各学科的边界，将知识作为一个整体来探索。

表2-2 "绿野寻踪"湿地课程——综合性课程分类及实施要点

课程	分类	内容	实施要点
综合性课程	学科间综合课程	湿地文学1 湿地科学1	语文、科学学科内部实施的综合性学习
	跨学科综合课程	湿地美学 湿地文学2 湿地科学2	语文、科学、美术学科融通其他学科开展的综合化实施
	超学科综合课程	湿地研学 湿地生态保护	不考虑任何特定学科的背景，强调以某一学习经验或者以自然、社会问题为主题来组织课程内容和学习活动

3. 个性化课程：从"坐而论道"到"实践体验"

个性化课程是以学生的兴趣爱好为切入点，以培养实践能力为重点，针对不同年龄、不同特点、不同特长在湿地实景中开展的课程，强调动手实践和主动探究，改变传统听、记、背、练等"静态式"的学习方式。

目前，学校开发了"地球有我'小卫士'""自然游戏'小达人'""多彩研学'小能手'""科学创新'小玩家'""双语融合'小诗人'"五大主题活动（表2-3），有效提升了学生表达、合作、审美、创新等多项能力。

表2-3 "绿野寻踪"湿地课程——个性化课程分类及实施要点

课程	主题	实施要点
个性化课程	地球有我"小卫士"	联动学校、家庭、社会，通过力所能及的环保活动，宣传绿色环保理念
	自然游戏"小达人"	从"人与自我""人与他人""人与自然""人与社会"四个维度设计原创游戏案例
	多彩研学"小能手"	基于任务驱动的体验式和项目化学习研究，让学生走进自然，自主探究
	科学创新"小玩家"	通过科学项目实践活动，学生可以在动手操作、观察记录和分析整理中提升解决问题的能力
	双语融合"小诗人"	通过积累、诵读、创编等形式，进行初步的文学创作，提升学生的文化底蕴

以上三大类课程从不同层面、不同维度为学生提供最大程度的选择，从而实现学习方式的变革和学生综合素养的提升。

六、行稳致远：湿地课程的实践路径

"绿野寻踪"湿地课程实践的创新之处体现在学习场域、学习方式、学习平台三个方面。

1. 延展学习场域，丰富课程意蕴

学习场域的融通和拓宽是让课程改革得以真正实现的必要途径。学校以开放性、多元性、联通性、创新性为基本原则，充分利用周边的课程资源，根据自身特色与实际情况，创新学习场域①。"绿野寻踪"湿地课程的场域建设1.0版本，便是在校内学习空间上做文章，让校内的空间场所都成为学生课程实践场地。如："植物成长营"是学生定期展示种植成果的平台；在"湿地研究院"，师生通过实时监控设备可以观察湿地和小农庄的植物生长情况和小动物的活动情况，并进行记录分享等。在1.0版本的基础上，学校升级了以省级湿地公园为主的场域建设2.0版本，充分发掘自然资源在课程建设、儿童生长中的价值。如与学校一墙之隔的暨阳湖省级湿地，拥有开展学习的丰富资源，如"生态教育馆"设有4D影院和各种形式的生态展区，是典型的青少年生态教育基地；"湿地观测站"是七级湿地处理系统的生态监测点，能够呈现增氧、吸附、循环等一系列水质净化过程，是很好的湿地净化水质的科普场所。

广阔的学习场域打破了传统学校在围墙内学习的方式，开放了学习的时间、空间、组织形式，满足了儿童的个性需求，支持每位儿童的个性化

---

① 王牧华，李若一. 论中小学课程场馆的价值意蕴与建设路径[J]. 中国教育学刊，2020(7)：66-71.

学习。

2. 变革学习方式，赋能学生成长

"绿野寻踪"湿地课程秉持着促进学生个性化发展的核心理念，通过实施融合式学习、项目式学习及体验式学习等多元化教学模式，显著提升了学习效率并深度挖掘了学生的潜能。融合式学习强调学科内部的优化整合，并注重与实际自然环境和日常生活的紧密联系，如本书第一章第四节中提到的，在数学学科中，通过将测量"校园绿地面积"的学科实践迁移至测量"湿地面积"的生活实践，不仅强化了学生的数学应用意识，还培养了动手实践能力和团队协作能力。项目式学习则跨越学科边界，以现实生活为背景，实现课程的综合统整，如"我们一起游湿地"的跨学科项目，通过组建涵盖科学、美术、语文、数学及信息技术的教师团队，共同梳理关键概念和主要能力，形成湿地学科知识与能力图谱，学生在研学成长手册的完成过程中，通过整合、归纳与分析，综合提升了问题解决能力和学科素养。此外，体验式学习充分利用湿地学习场域，通过定期举办嘉年华、湿地研学、自然体验、自然社团及日常自然散步等活动，将自然、学习与生活深度融合，特别是湿地自然游戏如"走，我们一起去爬树！"等，通过视觉、触觉、听觉等多感官体验，打开了学生的感知世界，深化了他们对自然的认知与情感联结。这一系列精心设计的学习方式，不仅丰富了学生的学习经历，更在学术层面促进了学生综合素质的全面提升，为他们的全面发展奠定了坚实的基础。

3. 搭建学习平台，提升课程质量

学校与南京林业大学、浙江工业大学等多所高校，以及苏州市湿地保护管理站、张家港市自然资源和规划局等多家单位合作进行湿地课程项目的研究，搭建了专家导航、学校管理、教师实践三方联动的合作研讨平台，全方位参与并指导课程的开发、内容的遴选、活动的组织等。同时，在课程实施过程中，学校通过骨干引领、校本培训、师徒结对等方式重点打造教师的团队合作力、课程实施力、项目研究力和质量提升力，旨在将教师的课程研究和教学研究结合起来，打通理论和实践的隔阂，提升教师的课程理论素养[①]。教师在参与课程开发、实践与展示活动中，清晰掌握了课程研发模式。

七、格高旨远：湿地课程的建设成效

湿地课程的有效实施，实现了学校高品质建设、教师专业化发展和学生高质量成长。学校获评江苏省中小学课程基地与学校文化建设项目学校、江苏省智慧校园、苏州市课程基地建设项目"示范"等级、苏州市首家"学

---

① 王淑芬. 中小学教师课程能力的培育策略[J]. 江苏教育研究, 2018 (10): 30-34.

校+基地"湿地自然学校等多项荣誉称号。该课程的实践经验也为其他学校课程育人提供了可借鉴的样本。

首先,湿地课堂教学自成体系。"'绿野寻踪'湿地课程"资源研究与课堂实践探索具有一定的创新性。以湿地为课堂,意在利用湿地自然环境,激活儿童生命本能的活力,唤醒相应的情感体验,使儿童成长的过程与自然、社会相融合;成为落实立德树人根本任务,培养德智体美劳全面发展的社会主义建设者和接班人的优质课堂体系。

其次,课程资源开发路径新颖。课程开发过程,遵循儿童身心发展自然节律,以儿童真实的生活为蓝本拓展学习资源。"十三五"期间,学校依托省级课题"依托湿地公园的研学课程资源的开发与利用研究",从学生兴趣、课程理念、个性需求中寻找和发现,编写了《"学科+湿地"研究指南》,编制了《湿地里的科学课》和《湿地里的综合实践课》校本学材,收集了《湿地·絮语——学生习作》,梳理了《"学科+湿地"融合课程目录》共计200个课例;带领学生走进湿地,让自然资源成为学习的宝库。课程资源开发从单一到丰富。

再次,学习平台创建丰富多样。"线上学习平台:'绿野寻踪'湿地课程"设有专题网页,相关活动有60多个;同时,学校通过微信公众平台向教师、学生、家长推送湿地课程的开展情况,开通留言、反馈、评价等功能,让人机互动的软件功能服务于课程实施。线下学习平台遍布校园的每一个空间。实时监控设备让师生可以随时观察湿地和小农庄的植物生长情况和小动物的活动情况,并进行记录和分享;"植物成长营"是学生定期展示种植成果的平台;大厅楼梯下的自然角是一个迷你生态系统,已成为孩子们学习的小天地;"我的舞台"等场所展示了学生湿地研学成果,实现生生互动、分享、交流式学习。"线上+线下"的学习平台,突出学生主体,呈现自主学习、互动学习的样态。

最后,教师发展规划优质精准。学校青年教师居多,平均年龄为31岁,58%为工作年限不超过3年的新教师。为促进青年教师的快速成长,校长室牵头组建课程研发团队,通过骨干引领、校本培训、师徒结对等方式引导他们参与课程开发、实践与展示活动。青年教师清晰地了解了"湿地课程"中"四步四点"的研发模式,经过五年有目标、有规划地打造,教师的团队合作力、课程实施力、项目研究力和教育质量提升力,都有了很大的提高。

课程建构是一项系统、长久的工程,需要在不断的研究和实践中逐步完善。在今后的工作中,学校将结合自身特色发展和学生个性需求,彰显学校特色,丰富文化内涵,在湿地课程的不断优化中让每一个学生"自然生长"。

第三节　学科湿地课程的探索与实践

在我国三级课程管理体系下，国家课程的校本化实施，旨在为每个学生提供适合的课程，促进学生获得全面而有个性的发展，是推动教育高质量发展的重要途径①。但是现阶段，国家课程校本化实施存在着形式化、错位化、碎片化等问题，严重影响了国家课程校本化的高质量实施。

张家港市世茂小学"绿野寻踪"湿地课程体系中的基础型课程以单学科学习为主，旨在促进国家课程实施的校本化、优质化。具体来说，在长期的实践过程中，我们以国家课程为核心，基于各学科特点，融合学校独有的湿地资源，贯彻"五育融合"理念，积极开展"自然本位"的学科教学实践，以期促进学生核心素养发展。

一、立足国家课程的湿地课程探索

基于国家课程，课题组以"湿地融入课堂教学"和"进入湿地开展实景教学"两种视角，梳理并编制了近200课时的融合课例，实现11门学科全覆盖。具体呈现为两种学习方式。

1. 单学科横向融合式学习

所谓"单学科横向融合式学习"，就是指学科内部横向的优化与统整，注重与湿地、生活的联结。比如数学学科中，把教材上测量"校园绿地面积"迁移为测量"湿地面积"，通过场景的转换，让学生学以致用，将数学相关知识、能力要素组成一个有联系、有逻辑、有层次的系统。学生走进湿地公园，在教师的带领下，分成小组测量湿地区域的面积，通过等比例绘制图示，运用数学公式测算面积，与真实情境相结合，为学生灵活迁移和运用学科知识奠定基础；再如教学语文《习作五：奇妙的想象》时，教师带领学生走进湿地观察花草树木，枝头的鸟儿，拂动的树叶，伸展的小草，爬动的小虫，都是生动鲜活的存在，紧接着教师引导学生展开想象，给予湿地事物以人类的情感，在真实的情境中编故事、写故事，习作教学一下子变得有趣形象起来；除此之外，思政课、音乐课、体育课、科学课等也都可以利用湿地实景，带领学生在新型学习场域中开展沉浸式的体验活动。表2-4具体呈现了各学科内部横向融合学习的内容。

---

① 庞君芳. "五育融合"下国家课程校本化实施的实践探索[J]. 课程·教材·教法，2023(11)：21-27.

表 2-4 单学科横向融合目录

学科	年级	学期	教材中的关联内容
语文	一	上学期	《明天要远足》
		下学期	《动物儿歌》
	二	上学期	《树之歌》
		下学期	《要是你在野外迷了路》
	三	上学期	《习作：这儿真美》
		下学期	《小虾》
	四	上学期	《蝴蝶的家》
		下学期	《绿》
	五	上学期	《桂花雨》
		下学期	《祖父的园子》
	六	上学期	《夏天里的成长》
		下学期	《古诗词诵读》
数学	一	上学期	《分一分》
		下学期	《认识100以内的数》
	二	上学期	《厘米和米》
		下学期	《数据的收集和整理（一）》
	三	上学期	《认识周长》
		下学期	《面积的认识》
	四	上学期	《简单的周期》
		下学期	《确定位置》
	五	上学期	《解决问题的策略（列表）》
		下学期	《认识圆》
	六	上学期	《按比例分配》
		下学期	《扇形统计图》

续表

学科	年级	学期	教材中的关联内容
英语	一	上学期	Put on your coat
英语	一	下学期	Spring
英语	二	上学期	Autumn
英语	二	下学期	Summer
英语	三	上学期	Colours
英语	三	下学期	On the farm
英语	四	上学期	I like dogs
英语	四	下学期	Drawing in the park
英语	五	上学期	Goldilocks and three bears
英语	五	下学期	Asking the way
英语	六	上学期	What a day!
英语	六	下学期	An interesting country
音乐	一	上学期	《小蚂蚁搬米粒》
音乐	一	下学期	《爱唱什么歌》
音乐	二	上学期	《蒲公英》
音乐	二	下学期	《春天的小河》
音乐	三	上学期	《树叶儿飘飘》
音乐	三	下学期	《春天来了》
音乐	四	上学期	《飞吧，飞吧》
音乐	四	下学期	《绿叶》
音乐	五	上学期	《校园的早晨》
音乐	五	下学期	《田野在召唤》
音乐	六	上学期	《四季童趣》
音乐	六	下学期	《鸟儿多美丽》

续表

学科	年级	学期	教材中的关联内容
美术	一	上学期	《让大家认识我》
美术	一	下学期	《长呀长》
美术	二	上学期	《大树的故事》
美术	二	下学期	《画影子》
美术	三	上学期	《有趣的拼图》
美术	三	下学期	《卵石动物造型》
美术	四	上学期	《我设计的船》
美术	四	下学期	《植物写生》
美术	五	上学期	《创造绿色的生活》
美术	五	下学期	《花鸟画（一）》
美术	六	上学期	《画一幅色彩和谐的画》
美术	六	下学期	《用各种材料来制版》
体育与健康	一	上学期	《走与游戏——节奏走（第一单元）》
体育与健康	一	下学期	《合作走（第一单元）》
体育与健康	二	上学期	《爬行（第五单元）》
体育与健康	二	下学期	《快速变向跑（第一单元）》
体育与健康	三	上学期	《迎面接力跑（第一单元）》
体育与健康	三	下学期	《障碍跑（第一单元）》
体育与健康	四	上学期	《600~800米自然地形跑（第一单元）》
体育与健康	四	下学期	《武术——五步拳》
体育与健康	五	上学期	《原地侧向投掷垒球（第二单元）》
体育与健康	五	下学期	《跳跃——跨越障碍（第二单元）》
体育与健康	六	上学期	《50米×8往返跑（第一单元）》
体育与健康	六	下学期	《民间体育活动——精准套圈（第七单元）》

续表

学科	年级	学期	教材中的关联内容
道德与法治	一	上学期	《美丽的冬天》
		下学期	《大自然，谢谢您》
	二	上学期	《我爱家乡山和水》
		下学期	《清新空气是个宝》
	三	上学期	《让我们的学校更美好》
		下学期	《请到我的家乡来》
	四	上学期	《低碳生活每一天》
		下学期	《家乡的喜与忧》
	五	上学期	《我们神圣的国土》
		下学期	《我们的公共生活》
	六	上学期	《知法守法，依法维权》
		下学期	《地球——我们的家园》

2. 单学科纵向融合式学习

所谓"单学科纵向融合式学习"，就是指学科内部纵向的统整，强调学科知识的联系性和整体性，引导和支持学生建立学科知识网络。比如英语学科开展主题为"湿地里的动物"的综合性学习活动，精选低、中、高年级段教材中的相关知识点，将英语知识、内容和活动相整合，开展研学活动，让文本知识与生活、自然联结；再如语文综合性学习《轻叩诗歌的大门》中，我们借助学生已有的语言积累和创作表达，以"秋韵"为主题，带领学生创作诗集，举行吟诵会，在活动过程中，学生不仅提升了语文素养，更激起了对大自然的无限热爱之情。所以，依托湿地资源，无论是整合教材中的相关知识点展开实践学习，还是借助教材中已有的综合实践来学习，都能够让学生体验知识的综合运用，以此来完善和丰富国家课程的内涵。表2-5具体呈现了各学科内部纵向融合学习的内容。

表 2-5 单学科纵向融合目录

学科	年级	内容	素养能力提升点	教学设想
语文	三上	观察湿地之美	培养学生的观察能力，专注于某一事物的定点定时观察	引导学生观察湿地中景物的变化，感受大自然的美好
	三下	想象湿地故事	培养学生的想象力，感受想象的神奇	走进湿地，发挥想象编写故事
	四上	连续观察湿地景物变化	培养学生连续观察的能力，学写观察日记	用连续观察的方法观察湿地中景物的变化
	四下	轻叩诗歌的大门	了解现代诗的特点，体会诗歌表达的情感	合作编写小诗，举办湿地诗歌朗诵会
	五上	介绍一种事物	了解基本的说明方法，能读懂说明文	用恰当的说明方法介绍湿地中的某一景物
	五下	习作的探险之旅	培养学生的思维能力，激发学生的想象力	根据湿地实景编故事，注意情节的转折
	六上	学写倡议书	引导学生利用关键句学写倡议书，培养保护环境的意识	依托湿地实景，学写保护环境的倡议书
	六下	难忘的湿地印象	采用各种形式把学生对湿地的热爱之情表达出来并永久留存	借助时间轴，记录学生六年来在湿地中的成长历程
数学	一上	湿地果实（丰收的果园）	学生在具体的情境中收集信息、学习用不同的方法解决相应的实际问题，提高学生的运算能力	图片激趣，展示湿地里的果实，学生交流看到了什么。用所学认位置的知识观察物体的位置。用所学知识比较果实的个数，用加减法的知识算一算果实的个数
	二上	用身体的"尺"测量湿地	培养创造性地解决实际问题的能力、估算能力和动手操作能力，培养学生的空间观念	介绍身体上的"尺"（一拃、一步、一庹、一脚长），用身体"尺"去丈量湿地中的树叶、小路、草地等
	三上	周长是多少	学生通过观察、测量等数学活动，获得直观经验的同时发展空间观念	在湿地的草地上比赛跑步，从而引出周长，通过辨一辨、指一指、找一找，进一步认识周长，感知周长的长短，然后出示湿地中的树叶，估一估并测量它的周长
	四上	运动与身体变化	使学生经历收集、整理、分析数据的过程，体会平均数在数据分析过程中的作用，培养初步的数据分析观念	观看运动视频，发现身体变化，从而引出研究"运动与身体变化"，学习测脉搏的方法。走进湿地进行活动，研究不同运动时间及强度给身体带来的变化并做好记录，最后汇报实验结论

续表

学科	年级	内容	素养能力提升点	教学设想
数学	五上	湿地绿地面积	学生围绕需要解决的问题开展查找资料、实际测量、整理数据、分析讨论等活动，在活动中加深对面积计算方法的理解，提高学生的数据收集能力、分析能力、综合应用数学知识和方法解决实际问题的能力	感受湿地环境，体会绿地在湿地中的作用，从而展开对绿地面积的研究，制定一个测量和统计湿地绿地面积的方案，再实地测量并计算
	六上	树叶中的比	从具体情境中体会比的过程，理解比的意义，培养学生的数学抽象能力	去湿地捡不同形状的树叶，探索树叶长和宽的比值
	六下	大树有多高	体会数学在日常生活中的广泛应用，进一步积累探索数学规律的经验，发现数学的应用价值，发展学生的数学思考，培养学生的推理能力	找湿地里的大树，猜猜这棵大树的高度，寻找测量方法并进行实验验证
	六下	湿地旅游计划	通过合理思虑、计算、比较、解决旅行有关的实质问题，能独立采集、剖析与整理各种信息。帮助学生进一步提高综合运用数学知识和方法解决问题的能力，增强数学应用意识	欣赏湿地风景图，初步制订湿地一日游行程安排，制订合理的旅程计划
英语	二下	A plant book（植物手册）	能在教师的帮助下尝试查找资料并用英语书写单词	寻找湿地中的落叶，用英文描述名称、颜色和形状等
	三下	Wetland signs（湿地标识）	培养学生动手能力，树立文明和环保意识	设计湿地标识（环保、安全等）
	四上	An animal profile（动物档案）	培养学生的观察、记忆、想象能力，培养学生根据图片书写简单的句子的能力	认识湿地中的动物，用英文描述名称、形状、特征和能力等
	四下	Wetland life（湿地生活）	形成一定的综合语言运用能力，能与教师、同学就话题交换信息	湿地中的活动（学习、运动等）
	五上	An animal school（动物学校）	通过了解湿地中的动物，培养学生热爱、保护动物的良好品质	了解湿地中动物的活动场所、生活习性等
	五下	Around our wetland（湿地周边）	培养学生的方位感，让学生对制作地图有初步了解	绘制湿地地图，确定学校、商业街的位置，标注特色景点等
	六上	A wetland album（湿地相册）	培养学生的团队合作能力和创新实践能力	制作湿地特色景点卡片，形成相册集
	六下	Being a good student（成就自我）	形成一定的综合语言运用能力，能与教师、同学就话题交换信息	制作湿地环保海报、宣传标语、游览之礼等

续表

学科	年级	内容	素养能力提升点	教学设想
美术	一下	我和昆虫	初步了解自己喜爱的昆虫的名称和习性，知道其结构、外形、颜色、花纹的特点。会用点、线、基本形以及对称的手法表现昆虫形态和动作。能用油画棒、彩笔等工具画出自己和昆虫在一起玩耍的画面	通过对各类昆虫从整体到局部再到整体观察的过程，掌握昆虫外部特征。通过游戏活动、教师演示等方法学习大胆表现"我"和昆虫的画面
		奇妙的爬行	初步认识、了解会爬行的动物，尝试表现动物的动态特征	通过课前调查，培养学生自主学习的意识。在观察体验中，分析生活中爬行动物的特征，学习艺术表现的方法，培养学生的观察感知能力、审美能力和想象创作能力
	二上	摆花样	感知有规律排列组合会使普通造型更具有艺术美感	有选择地将不同形状、颜色的植物籽粒进行排列，组合出自己想表现的图形
		我们身边的痕迹	初步了解拓印知识，选择湿地中随处可见的有凸凹感的物体，体验其特点，感受各种物品拓印留下的不同痕迹的美感	在湿地中，学生开展一系列的拓印体验。小组合作完成拓印组合作品
	二下	吃虫草	了解吃虫草的种类和捕虫的特点，了解自然界的美妙	培养学生热爱大自然和热爱科学的情感，增强学生环保意识
		认识身边的树	了解湿地里各种树的有关知识，以及树木对人类的生存环境所起的重要作用。欣赏以树木为主题的绘画作品，培养学生观察自己身边熟悉的事物，加强对身边环境的了解和认识，增强环保意识	能根据教师提出的要求，搜集有关信息，并在教师的引导下，通过树木的外形对比，找出树的不同特点，并尝试用不同的绘画方法来表现树的不同特征
	三下	画中的线条	了解画家笔下的线索表现出对物象的理解和情感。学会观察、分析作品中的线条，领会线条是绘画的重要艺术语言之一	在观察、分析、讨论、模仿、体验、评价的过程中，逐层领会画家笔下的线条包含了对所表现物象的理解和画家的情感，以及艺术表现风格。教学中可通过情景体验等环节，让学生更好地理解画面内容
		会动的线条	通过观察、体验、感受，了解哪类线条能表现出动感，感悟线的表现力，培养学生的造型能力和创造能力	引导学生在小组学习探究中，相互交流，培养学生的合作、探究意识

续表

学科	年级	内容	素养能力提升点	教学设想
体育与健康	一上	走进湿地	培养学生的合作能力，感受合作的魅力	在湿地中发展学生间的合作能力，注重学生协调性、耐力的提升
	四下	翻山越岭	培养学生的耐力，激发学生坚定的信念与毅力	与数学学科测量脉搏相联系，在湿地里进行探索，培养学生的耐力与毅力
	五上	长征	依托湿地实景，培养学生跑、跳、投的能力	让长征精神深入学生心中，让学生在湿地里感受长征精神，发展其跑、跳、投能力
	六上	"林"波微步	提升学生柔韧性、灵敏度，引导学生在自然中"武"动奇迹，陶冶情操，感受大自然的美好	让学生在湿地里感受大自然的奥秘，让学生"武"起来，培养其柔韧性和灵活度
道德与法治	一下	追随春天湿地的脚步	通过认识湿地植物来欣赏大自然的美，亲近大自然，了解并爱护自然中的小生命	课前让家长和学生一起到湿地观察动植物，并选择最喜欢的动植物进行绘画或摄影；课中让学生介绍喜欢的动植物，课后分享怎样与动植物友好相处
			在爱护湿地动物的同时，懂得如何自我保护	
	二上	寻找湿地冬爷爷的足迹	寻找湿地冬天的信息，感受冬天的季节特征，感受大自然的美	课前让家长和学生一起到湿地或专题网站上搜集资料；课中带领学生一起追寻湿地冬天的足迹，了解湿地动植物的变化，通过多种形式进行呈现
			初步了解冬天的到来对湿地动植物与人类生活的影响，激发观察自然、探索自然的兴趣，提高感受美、表达美的能力	
	三下	说说我们的湿地	进一步了解学校附近的湿地，从而喜欢学校和湿地	课前让家长和学生一起到湿地或专题网站上搜集资料；课中让学生分享对湿地的了解，可以从动物、植物、概况等来分享。说说我们能为湿地做些什么，怎样让它更美好
			培养学生对学习和生活抱有积极的态度，让学生在活动中增强对学校及湿地的亲近感和归属感	
	四下	我为家乡的湿地巧献策	让学生从家乡湿地的变化中，感受家乡的发展	课前组织学生调查家乡湿地前后的变化（可制作成PPT或照片展示）；课中把制作的PPT或照片进行展示与分享。针对湿地的现状，学生分组为湿地的发展与前景献言献策
			培养学生对家乡的热爱之情，培养学生作为家乡的一员为家乡建设贡献自己一份力量的责任感	

续表

学科	年级	内容	素养能力提升点	教学设想
音乐	二下	儿童诵读	学生有节奏地诵读，强弱结合，用自己的声音模仿动物的叫声，提高学生对音的强弱的辨别能力	让学生知道动物是人类的好朋友，人与动物应和睦相处，希望学生能够仔细观察，尝试用动作表达自己想象中的动物神态，并在聆听和诵读中表达出对小动物的爱护之情
	四上	我的编创	音色是音乐的四大要素之一。通过聆听大自然秋虫的声音，运用合适的乐器模仿虫鸣	以"秋天"为背景，以秋虫的虫鸣为元素，通过学生的创编，将节奏型整合成节奏，加入秋虫的虫鸣，并选择合适的打击乐器进行演奏，创设一场"秋虫音乐会"
	五上	音乐游戏	在"视、听、唱、动"的活动中感受秋天大自然的美景，体验秋天丰收之后的乐趣，从而表达对秋天喜爱之情	能根据自己的想象，创编歌词，创编画面，创作游戏，尝试创作的乐趣，"夸一夸秋天"培养学生的创新能力
	六上	律动	积极尝试小小音乐剧的编创表演。根据自己的理解与想象，尝试用不同的艺术形式表现"环保"这一主题，体验编创、表演的乐趣	通过感受歌曲节奏疏密相间、变化有致，在节奏紧密、舒展时创编合适的律动，跟着音乐进行表演，同时表达了学生愿同花鸟鱼虫做朋友，共同建设美好家园的心愿

目前，学校根据"基础型课程"目录已开发并落实了多个单学科与湿地融合的课例研究，累积了30多个经典课例，形成了一定的经验与方法。下一阶段，我们将继续深入推进单学科融合湿地的教育，并启动多学科融合的课例研究，聚焦"学科之间的融合""学科与自然之间的融合""学科与学习者之间的融合"等要点，深度挖掘湿地教学资源，打磨湿地课堂实践，建构国家课程与湿地资源整合实践的多元策略，以实现学校教育教学的高质量发展。

二、立足国家课程的湿地课程实践价值

"绿野寻踪"湿地课程以"湿地融入课堂教学"和"进入湿地开展实景教学"两种视角将国家课程校本化，围绕"五育融合"提升学生的综合素养，以课程整合传递教育的价值追求，助推学教方式转型、落实立德树人的教育发展新路径，为促进全面而有个性的人才培养模式提供了经验。

1. 彰显新课程理念

《义务教育课程方案和课程标准（2022年版）》（简称《方案和标准》）中指出，要强化学科实践，注重做中学，引导学生参与学科探究活动，经历发现问题、解决问题、建构知识、运用知识的过程，体会学科思想方法。加强知识学习与学生经验、现实生活、社会实践之间的联系，注重真实情境的创设，增强学生认识真实世界、解决真实问题的能力。"绿野寻踪"湿地课程将国家课程与自然资源相融合，通过"湿地融入课堂教学"和"进入湿地开展实景教学"，大大增强了学科教学的实践性、综合性，让教学迸发出新的活力，凸显了新课程理念，实现了育人目标。

2. 引领育人方式变革

在教育教学实践方面，"绿野寻踪"湿地课程以国家课程校本化实施助推育人方式变革，且效果明显。学校教育逐步实现了从知识本位走向素养本位，从以教为主转向以学为主，从学科"割裂"走向学科"统整"，从"坐而论道"转向"学科实践"。如语文《学写倡议书》一课中，任务一是搜集资料，了解破坏生态湿地的现象；任务二是班级宣讲，引导学生了解身边的环境；任务三是学写倡议书，号召人们共同保护湿地。在这样的学习过程中，学生在真实任务的驱动下，自主探究，主动学习，不仅提升了语言表达能力，更培养了社会责任感和环保意识，实现了育人方式的变革。

3. 提升教师科研能力

在"绿野寻踪"湿地课程的推动下，教师根据教学需要和实际情况，对课程内容进行重构和设计，学校全体教师不同程度地参与到国家课程校本化的实践队伍中，无论是校级公开课还是市级展示课，学校推出的课堂都充分彰显"湿地融入课堂教学"和"进入湿地开展实景教学"，形成教育教研的示范引领，快速提升社会影响，学校的课程创新能力得到充分展现；同时，教师的育人理念逐步得以转变，部分教师逐步形成了自己的教学特色，教科研能力显著提升，各级各类的课题研究有序展开，逐渐形成丰厚的资源库。

4. 促进学生全面发展

国家课程校本化的实施有力促进了学生的全面发展、快速成长。教师在备课时，依据学生终身发展和社会发展的需要，明确育人主线，加强正确价值观引导，重视必备品格和关键能力培育；精选课程内容，注重培养学生的爱国情怀、社会责任感、创新精神和实践能力，奠基未来。学生在课堂上呈现出更积极、更主动、更活跃的学习状态，实践能力和创新精神得到充分彰显；课后学生通过小组分工合作、实地走访探究、运用数字媒介等方式主动学习、创新学习，越来越多的学生在科学、艺术、体育、人文等方面频创佳绩，展现了世茂学子对知识的执着追求以及对社会的责任和担当。

综上所述,"绿野寻踪"湿地课程在学科内层面发挥了积极作用,推动教师落实"五育并举"的育人理念,贯彻新课程方案的指导思想,对国家教材进行二次开发与设计,有效提升了教科研水平。最为关键的是,这样的教学过程,真正从发展学生的核心素养出发,培养学生适应未来发展的正确价值观、必备品格和关键能力,引导学生明确人生发展方向,成长为德智体美劳全面发展的社会主义建设者和接班人。

第四节 跨学科湿地课程的探索与实践

学校"绿野寻踪"湿地课程是基于学校"湿地公园"等系列资源而研发的,旨在打破学校围墙,超越学校、班级限制,在时间、空间、受众等诸方面实施"开放"学习的课程。该课程构建了基础型、综合性和个性化三大课程体系,其中综合性课程主要采用了跨学科学习方式。下面我们试以"我们一起游湿地"为例具体展示跨学科湿地课程的探索与实践过程。

一、跨学科湿地课程的内在意蕴

跨学科课程是指由一些有着内在联系的不同学科合并或融合而成的新课程,也称交叉学科课程。跨学科课程是在坚持学科立场的基础上打破学科界限,围绕某个主题或者以某个项目为载体,通过问题导向的整体设计与实施,促进学科融合、提高学生的综合素质和能力、助力学生全面发展的教学理念与实践。①

(一)跨学科湿地课程的内涵

有学者认为,跨学科教学是指以一个学科为中心,在这个学科中选一个中心题目,围绕这个中心题目,运用不同学科的知识,展开对所指向的共同题目进行加工和设计教学。② 鲍克斯·曼斯勒提出:"跨学科学习是个人和群体将两个或两个以上学科或已确立的领域中的观点和思维方式整合起来的过程,旨在促进其对一个主题的基础性和实践性理解,该理解超越单一学科的范围。"③ 还有学者认为,跨学科教学即跨越学科之间的界限,在注重各学科内在逻辑的基础之上建立学科间的联系,并将学科进行整合,进而在教学实践中实施整合后的多学科融合教学。④

由此可见,跨学科教学的核心特征表现为:突破学科边界,围绕一个"主题"或者"项目"进行设计,展开融合教学,提高学生对知识的理解和应用能力,实现学生的全面发展。而跨学科湿地课程是在跨学科的基础上,从校内转向湿地,以湿地为主要的学习场域,以湿地的自然科学方面知识为

---

① 任学宝. 跨学科主题教学的内涵、困境与突破 [J]. 课程·教材·教法,2022(4):59-64.
② 杜惠洁,舒尔茨. 德国跨学科教学理念与教学设计分析 [J]. 全球教育展望,2005(8):28-32.
③ 张华. 论理解本位跨学科学习 [J]. 基础教育课程,2018(22):7-13.
④ 于国文,曹一鸣. 跨学科教学研究:以芬兰现象教学为例 [J]. 外国中小学教育,2017(7):57-63.

主要学习内容，为学生提供一个全面、深入、多角度的湿地学习体验。

(二) 跨学科湿地课程的特征

跨学科湿地主题教学兼顾教学视角的"跨学科性"与教学模式的"主题统筹性""项目引领性"。

1. 跨学科性

跨学科教学的跨学科性体现在三个层面：一是知识层面，跨学科教学坚持学科立场的基础，却跨越各学科知识体系，有机整合各学科与湿地自然科学方面的知识；二是空间层面，跨学科教学超越传统的传授各门学科知识的空间场域，以湿地为主要的学习场域，将学生置于真实的情境之中，融通家庭、学校、社会等空间场域；三是目标层面，跨学科教学的目标是拓展学生的跨学科视野，培养学生综合运用各学科的知识解决真实问题的能力，提升学生综合素养，为湿地生态系统的可持续管理和发展做出贡献。

2. 主题统筹性

跨学科教学的主题统筹性体现在围绕某个主题，借助湿地学习场域、湿地自然元素、湿地学习资源等，将不同学科的知识和技能进行融合，以帮助学生从多角度、多层次理解该主题。以特定的主题统筹教学目标、内容、方式及评价等要素，通过问题导向的整体性设计与实施，将学科知识体系与湿地学习资源进行有机整合，实现对真实生活与个体经验的回归，促进学生在意义建构中实现全面发展。[1]

3. 项目引领性

跨学科教学的项目引领性体现在以项目为载体解决实际问题。在项目式学习中，学生通常需要在一定时间内完成一个具有实际价值或应用意义的与湿地生态系统相关的项目，并在过程中不断学习和探索。这种学习方式的目标在于鼓励学生从多角度、多层次思考问题，寻求多种解决方案，培养学生的创新能力、实践能力、团队合作精神以及解决问题的能力，践行湿地生态保护。

(三) 跨学科湿地课程的价值

北京师范大学郭华教授认为，跨学科主题学习是实现课程综合化、凸显课程实践性的积极稳妥的举措，对强化课程协同育人功能、提升人才培养质量具有重要意义。[2]《方案和标准》要求设立跨学科主题学习活动，加强学科间相互关联，带动课程综合化实施，强化实践要求。而通过湿地课程的跨

---

[1] 任学宝. 跨学科主题教学的内涵、困境与突破 [J]. 课程·教材·教法，2022 (4)：59-64.

[2] 郭华. 跨学科主题学习的意义与特征 [J]. 中国基础教育，2022 (12)：17-20.

学科学习，学生还可以更深入地了解和传承湿地文化，从而增强对本土文化的认同感和自信心，更全面地了解湿地生态系统的结构、功能和价值，从而培养起人与自然和谐共生、相互依存的生态观念。可见，跨学科湿地课程的价值主要体现在学生综合素质的提升、文化自信的增强、社会责任感的培养、生态观念的养成。

二、跨学科湿地课程的保障举措

在严格执行并落实好国家课程的基础上，学校在湿地课程建设中寻找践行跨学科课程的契机，以"五建"为保障，助推跨学科课程有效落地。

（一）建立开放的研修机制

为了加强教师对跨学科主题教学的认识，真切、高效地落实跨学科主题教学，学校邀请相关领域的专家、学者参与，为跨学科教师提供权威、专业的指导和引领。这样可以拓宽跨学科教师的视野，帮助教师确立清晰的课程目标和理念，明晰顶层的跨学科主题课程系统设计。学校还开展跨学科专题研讨活动，包括教育理论知识、教学实践经验、跨学科教学方法等，提升教师的跨学科教学能力和水平。同时，学校管理层对课程变革进行整体性的统筹领导，跨学科教师群策群力研发课程实施指南、规范设计标准，自主构建跨学科教学课程体系、评价体系。

另外，学校建设多元化的教研组，利用不同的方式在不同的分科教研组之间建立关联，为不同学科的教师创造沟通的机会，强化团队学习，提升教师的跨界思维。同时建立跨学科的综合教研组，实现各学科平等、均衡、同步发展，各学科联合教研，客观上为跨学科主题教学的蓬勃发展创造了可能。

（二）建设动态的学习资源

学校不断加强校内外合作及跨界交流，实现资源的共享与整合，建设有动态的跨学科教学资源库。在线上学习平台方面，学校开设"绿野寻踪"湿地项目专题网页，内含跨学科教学活动案例；微信公众平台及时推送跨学科教学活动开展情况。在线下学习平台方面，学校图书馆、自然研究室等场馆存放有案例集、研学手册、活动学材等原始素材，供教师随时翻阅学习。

例如，学校科学组教师开发的校本化跨学科教学课程《饮水思源》，以"水"为媒，通过具体的活动联结语文、数学、科学、美术、体育等学科所涉及的知识与技能，实现学生多方面的成长。从观察家乡的水开始，学生初步了解家乡水资源现状，激发对水资源的保护意识；学生走进湿地公园认识自然界的净水系统；再走入社会，参观自来水厂的净水工艺，感知生活之水来之不易。最后，学生根据湿地公园的七级过滤系统、水厂的净水原理，设计并制作净水装置,践行珍惜水资源、节约用水之行。本课程已然形成符合学校湿地课程特色和学生需要的主题鲜明、内容翔实的跨学科主题教学资源包,包括案例、学材、记录单、活动剪影、微信推送、科普视频等,跨学科教学理念得以转化落地。

(三)建全科学的评价机制

跨学科主题学习评价机制应该具有科学性、客观性和可操作性,能够全面、准确地反映学生的学习情况,为教学提供有力的支持和指导。

"SMART 评价体系"(图 2-5)是以培养学生的核心素养为目标,采用多元化的评价策略,旨在考查学生的综合能力,重视在真实情境中创设问题、解决问题的科学的评价体系。学校不断加强"SMART 评价体系"的实践和研究,以"自然生长"引领,形成了"一单、一册、一量表"(趣味研学单、湿地研学手册、湿地观课量表)的学习评价体系,包括评价内容、评价方式、评价结果和评价呈现。

图 2-5 SMART 评价体系

1. "一单"

"一单"指的是"趣味研学单"。课程组立足儿童兴趣、学科内核、个性需求,设计不同规格、不同功能的"研学单"共计 20 多种,使之成为湿地课程的特色评价单。该评价单设有教师评价、同伴互评、自我评价等,使评价方式多角度、全方面。

2. "一册"

"一册"指的是"湿地研学手册"。课程组关注低年级学生良好习惯的培养,从研学准备、知识科普、收获分享等方面出发,用图文并茂、互动问答、沉浸式体验的方式设计制作"我们一起研学吧"湿地研学手册。

3. "一量表"

"一量表"指的是"湿地观课量表"(表 2-6)。教师可利用该表从活动参与、活动兴趣、同伴协作等方面对学生的湿地学习进行全面详细的活动观察，更好地为学生的"学"服务。

表2-6 湿地观课量表

内容	A：★★★	B：★★	C：★
活动参与			
活动兴趣			
提出问题			
解决问题			
同伴协作			
工具使用			
自信表达			

（四）建造全新的学习场域

学习场域包括学习的时间场域、空间场域，学校努力建造全新的跨学科教学的学习场域，使得跨学科教学的时间、空间都得以保障。

1. 时间方面

新课程方案中提出"加强课程综合，注重关联"的要求，即"加强课程内容与学生经验、社会生活的联系，强化学科内知识整合，统筹设计综合课程和跨学科主题学习。加强综合课程建设，完善综合课程科目设置，注重培养学生在真实情境中综合运用知识解决问题的能力。开展跨学科主题教学，强化课程协同育人功能"①。学校的课表上安排了跨学科教学的时间，在特色社团中添加的"小小研究员"社团、每年的"自然生长节"也都为跨学科教学提供时间保障。除了在校学习时间，学校还鼓励教师妥善利用周末、寒暑假的时间组织学生开展跨学科学习活动。

2. 空间方面

学校在湿地课程的推动下积极创新学习的空间场域，借助地域优势、社区资源、社会力量打造"校外+校内"联结的沉浸式学习场域。校内有"三廊、三馆、七营"，"三廊"分布在各楼层，有情境体验长廊、视觉共享长廊、智慧创新长廊；"三馆"分布在最靠近湿地的场所，有自然资源馆、自然体验馆、自然展示馆；学校整个建筑群底楼面积共4 436平方米，打通后设有国学中心、创客空间、心灵驿站、运动场馆、智慧阅读、自然探索、创意手工七大"游艺成长营"，是学生的研究性学习场所。校外有"一公园、

---

① 教育部. 义务教育课程方案（2022年版）[S]. 北京：北京师范大学出版社，2022：5.

一社区、一街区"，校内外相融通、人工世界与自然世界相结合的空间场域，成为跨学科教学的实践基地。

（五）建构任务式教学模式

在跨学科课程开发与实施中，学校将跨学科课程定位为跨学科主题学习和跨学科项目式学习。学校整合 OBE 教育理念、PBL 教学模式及 UBD 教学设计原理，作为构建跨学科教学模式的理论基础。OBE 是"Outcome-based Education"的简称，意指成果导向教育，其核心涵义从顶峰成果入手推演教学活动与人才培养目标的适切性，并就适切程度展开评估和测量[1]。PBL 是"Project-based Learning"的简称，即项目式学习，也被称为基于项目的学习，是一套系统的教学方法，既是探究复杂、真实问题的过程，也是精心设计项目作品、规划和实施项目任务的过程[2]。UBD 是"Understanding by Design"的简称，意为追求理解的教学设计，创立者认为最好的教学设计应该是"以终为始"，从学习结果开始的逆向思考——课堂、单元和课程在逻辑上应该从想要达到的学习结果导出，而不是从教师所擅长的教法、教材和活动中导出[3]。

根据以上三种理论基础，学校也在不断建构、完善跨学科教学模式。（图 2-6）

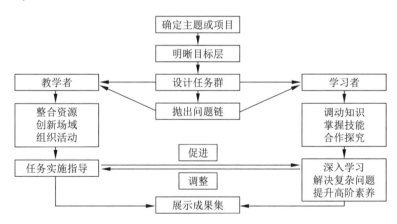

图 2-6 张家港市世茂小学的跨学科教学模式

该模式以主题或项目为载体，贯穿整个活动环节，实现跨学科的整合。目标层是向导，教师通过梳理课程所涉及的学科，提炼核心知识及需要培养的关键能力以明晰目标层，发挥学习的导向作用。然后根据目标层设计任务

---

[1] 郭华. 学校应成为课程管理的主体 [J]. 中国民族教育，2016（C1）：11-14.
[2] 高嵩，刘明. 主题式课程整合的价值、困境与改进 [J]. 教学与管理，2016（34）：1-4.
[3] 江峰. 跨学科主题教学的困境与挑战 [J]. 中国德育，2015（2）：26-29.

群,真实且具有挑战性的任务群是跨学科实践的承载,驱动每一个活动的开展。接下来就要抛出问题链,层层深入。在任务群和问题链的驱动下,教学者不断整合资源、创新学习场域、组织活动,给学生提供真实有效的任务实施指导;而学习者不断调动知识、学习并掌握新的知识和技能、合作探究,经历一个不断深入学习、解决复杂问题、提升高阶素养的过程。教学者的指导能促进学习者的深入学习,学习者的学习表现反过来也将指引教学者适当及时做出调整,给出适合的指导。最后,整理出成果集并进行展示。这是一个提供有效评价的过程,也是深刻学习的过程。

三、跨学科湿地课程的实践案例

下面是学校"我们一起游湿地"跨学科湿地课程案例。

（一）涉及学科

"我们一起游湿地"跨学科湿地课程以"游览湿地"项目为载体,主要涉及语文、数学、科学、美术、信息技术五门学科。（图2-7）

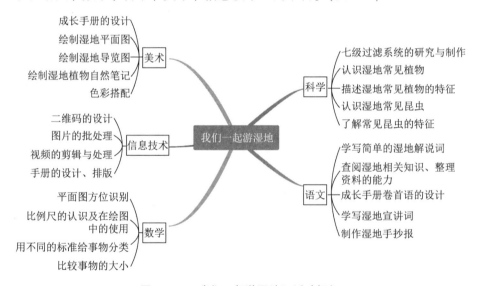

图2-7 "我们一起游湿地"活动框架

（二）核心知识与关键能力

"我们一起游湿地"课程融合五门学科知识,图2-8和图2-9从湿地宣传员、湿地科学家、湿地艺术家、湿地数学家、湿地设计师五种角色视角分析本课程的核心知识和培养学生的关键能力。

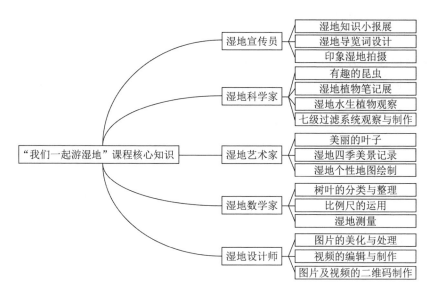

图 2-8 "我们一起游湿地"课程核心知识

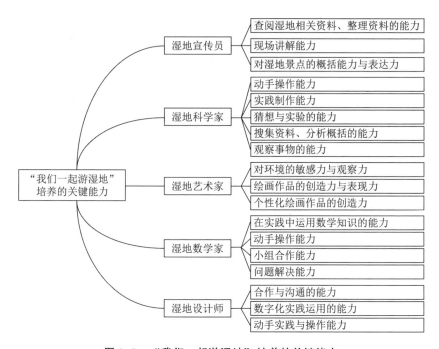

图 2-9 "我们一起游湿地"培养的关键能力

(三) 驱动任务与实施路径

"我们一起游湿地"跨学科教学开展前还需要设计驱动任务、明晰实施路径。

1. 驱动任务

本次课程的任务是完成一份"湿地研学"的成长手册。我们以"我们一起游湿地"为主题，从高年级段毕业班学生的视角出发，以记录自己及学校同学们在湿地这个大自然课堂上的学习和活动为主要内容，完成一本成长手册。这本手册既是对自己在母校湿地课堂的活动总结，又是自己与自然共同成长的记录，更是带领学弟学妹一起游湿地的手册，特别有纪念意义。

2. 实施路径

"我们一起游湿地"跨学科学习的实施路径主要包括前期学习、开题课、分组活动、手册设计、成果展示几个步骤（图2-10）。在前期学习中会安排学生聆听张家港市自然资源和规划局专家介绍、观看世界湿地保护宣传片、参观暨阳湖湿地公园展览馆；开题课中会向学生提出制作毕业湿地纪念手册、归纳手册制作内容、学习手册制作的任务；学生在分组活动中分湿地数学家、湿地艺术家、湿地科学家、湿地宣传员、湿地设计师五组协作完成驱动任务；手册设计部分让学生设计并制作完成手册；最后是成果展示，通过手册展示、扫码观看等方式呈现学习成果。

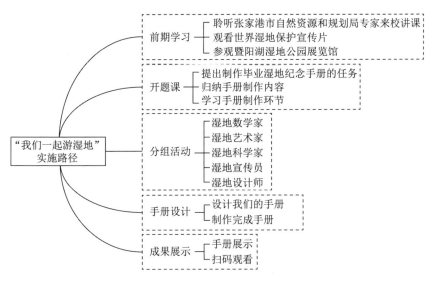

图2-10 "我们一起游湿地"实施路径

（四）课程实施

千里之行始于足下，以终为始，"我们一起游湿地"跨学科湿地课程的实施可以帮助学生更好地掌握核心知识和关键技能，提高学生的综合素质和能力。

1. 前期学习

湿地是自然界生物多样性的摇篮，它拥有强大的生态净化作用，是地球上一种独特的、多功能的生态系统,在生态平衡中扮演着极其重要的角色,有着"地球之肾"的美誉,并具有巨大的环境协调和生物生产能力。暨阳湖湿地公园位于张家港市南城区,是利用集中取土之废基,经人工开挖而成。该湿地公园是地方政府重点打造的城市后花园,是当地重要的生态屏障,它的建成将发挥城市的"肾、肺"等多重生态功能。

如何让师生能够真正了解湿地,尤其是了解暨阳湖湿地公园对于港城的生态意义,我们邀请了张家港市自然资源和规划局专家来校讲课,也邀请暨阳湖湿地公园教育馆的讲解员给大家讲解。组织学生在优酷等客户端观看国际湿地日宣传片及《湿地公约》缔约方大会宣传片,增强学生对湿地与湿地公园的认识和了解。

2. 活动开始

开题课紧扣"关于湿地与湿地公园,你已经知道了些什么?""你对湿地还想了解什么?""在暨阳湖湿地公园,你参加了哪些活动?""作为紧邻湿地公园的学校里的一名学生,我们能为港城湿地做些什么?"四大问题,教师与学生共同探讨内容的设计,明确本次项目式学习的任务是完成一本记录自己参加湿地研学的活动纪念手册,主题是"我们一起游湿地"。

3. 分组活动

跨学科教师团队确定各组指导教师负责人,由各班主任下发学生分组意向表,由指导教师在各班招募参与学生,并统筹安排确定各组学生名单。

(1) 湿地数学家。

美丽的树叶:美丽的湿地公园中有多样的植物,对于低年级的学生来说,自主收集不同的树叶,再给它们分类整理,是比较合理的活动形式。通过分一分、比一比的过程,学生能熟练掌握有关工具的使用方法;通过给树叶分类整理,初步培养学生的统计意识;通过一系列的活动,学生初步学会运用数学的思维去看待世界。

按比例绘地图:要游览湿地公园,必须对地形熟悉。在湿地每个入口处,都有一张湿地公园地形图。出于方便活动的目的,我们需要对这张"大"地图进行缩小并绘制下来。小组商讨后,分别采用不同的方式来缩小地图。有的小组进行拍照并打印照片,有的小组则巧妙地与数学相融,运用"比例"的方法把图绘制下来。学生综合运用学过的图形、比例尺等相关知识,依据实际情况设计出并绘制湿地平面图。

测量湿地公园:学生对于测量方法比较生疏,而且湿地面积较大,形状不一,要想准确测量,有一定难度。而且在测量过程中,根据建筑物特点,灵活、综合地运用所学知识,通过小组合作,甚至各个小组之间的相互合作进行测量,是完成任务的关键。从设计到绘制,从设想到实践,每个学生都能参与其中，充分发挥主观能动性、合作意识、自主探究意识，真正从书本走向生活，在湿地中体验数学的奇妙，感受到数学不仅来源于生活，更可以运用于生活。

（2）湿地艺术家。

树叶拓画活动：学生通过对不同叶形的观察与组合，进而与不同的事物进行奇妙的联想。学生用不同形状的叶子组成新颖别致的造型，并进行粘贴与美化。通过欣赏与制作活动，审美、创造能力以及热爱大自然的情感得到培养。通过组合、剪贴、装饰，学生可以提高想象力、动手制作能力，从中体验美术活动的乐趣及创造的快乐。

湿地公园导览标志设计：湿地公园这么大，万一迷路了该怎么办呢？如果我们需要帮助怎么办呢？能不能运用美术的方法来解决？让学生认识湿地公园导览图上的各种标志，并说一说这样的地方假如由你来设计，你准备设计成什么图案。尝试用美术的方法设计一份个性化湿地公园导览图。

湿地公园四季美景记录：选择一个固定的观察地点，用手中的画笔记录下这处地点四季的变化与美丽。

（3）湿地科学家。

观察水生植物：走进湿地公园，寻找观察水生植物，挑选出自己最感兴趣的三个细节特征，用文字加图画的方式记录在记录单上。结合查阅的资料，说一说这种植物的特点和用途，适合种植在什么样的环境中。

有趣的植物：走进湿地公园，观察各种植物。学生对各种各样的植物进行观察比较，能描述一些常见植物的不同特征，能找出不同湿地植物的相似处，能以图文结合的方式将植物特征记录下来，从而体验到认识植物的乐趣，感受到植物的美，产生亲近自然的感觉，意识到植物也是有生命的，应该珍惜，不损伤一草一木。

好玩的昆虫：湿地除了能够涵养水源、净化环境，还承担着保护生物多样性的重要职能——在湿地环境下，昆虫寻得适宜的栖息之所，因此在湿地中，能看见种类繁多的昆虫在草木间栖息遨游。学生走进湿地公园，通过观察昆虫，查找书籍、报刊资料及网络资料，了解昆虫的基本特征，对昆虫有基本的认识。学生在活动中掌握比较、探究、合作的学习方法，形成对身边昆虫世界的兴趣，探索自然界的奥秘，培养发现和解决问题的能力。

七级过滤系统：暨阳湖湿地公园里镜湖的水，清澈碧绿，那这么干净的水是从哪里来的呢？学生对湿地公园里的七级过滤系统非常好奇。七个湿地观察站的水质也是不同的，站点一的水比较的浑浊，站点七的水最清澈。这究竟是什么原因呢？纯天然的大型过滤系统是如何工作的？学生通过实地考察，对每一级过滤系统的不同过滤物进行了解，然后尝试自己动手制作简易版的七级过滤装置。在实践中增强动手能力，懂得水的珍贵，从而增强环境保护的意识。

（4）湿地宣传员。

湿地公园手抄报制作：为了更好了解湿地公园，学生做了充足的课前准备，他们查找湿地公园的作用、暨阳湖湿地公园的位置大小及建造原因、七个观察站的作用等。在教师的指导下，学生将获得的知识转化为美丽的图画留存下来，一张张手抄报完成啦！通过观察、搜集和整理资料、写作、编绘手抄报，学生随时都在巩固和丰富着课堂上所学的知识内容，增强运用知识的能力。对学生而言，这也是一项难得的综合素质训练。

印象湿地：学生将了解到的湿地知识、实地观察到的湿地公园美景，结合自己的所感所悟，用视频拍摄的方式记录下来。学生尝试自己设计台词，学写脚本，并拍摄。在这个活动中，进一步增进与自然的亲近感。

湿地小导游：通过与暨阳湖湿地公园的合作，学生成为湿地公园志愿讲解员。掌握湿地公园导游词的格式和写法，培养学生语言表达能力、搜集和处理信息的能力。通过创设具体、生动的湿地公园导游情景，引导学生积累语言、运用语言、学习语言，提高语言表达能力和口语交际水平。同时，加深学生对暨阳湖湿地公园的了解，体会湿地公园的魅力，感受自然的美好，形成保护环境的观念。

（5）湿地设计师。

学生用学校的平板，安装视频剪辑 App，下载修图软件，把各组活动的照片进行修饰后，以视频的方式来呈现，并学习为图片和视频设计制作二维码，使过程性资料更加立体和全方位地呈现出来。最后，将所有成果进行整合，完成研学纪念手册的设计与制作。

4. 设计并制作手册

带领学生设计和制作手册是一项重要的任务，本任务的目标是让学生制作一本记录自己参加湿地研学的活动纪念手册，主题是"我们一起游湿地"。教师在任务的过程中需要充分考虑学生的需求和特点，提供清晰、实用和有针对性的指导。

5. 成果展示

项目式学习的成果展示环节是学生展示自己研究成果的重要机会，也是学生与他人交流和分享的过程。明确展示要求和标准、提供必要的支持和指导、鼓励学生创新和创意、提供反馈和建议、鼓励学生与他人交流和分享以及设立奖励和激励机制等措施，可以帮助学生更好地展示自己的研究成果，也可以促进学生之间的交流和合作，扩大学生的知识面和视野，增强学生的社交能力和自信心。

四、跨学科湿地课程的思考与展望

跨学科湿地课程是加强课程综合和课程协同育人的重要途径，是培养学生综合素养的重要载体，在培养学生的综合素质、提升学生的生态意识以及推动社会的可持续发展等方面具有巨大的潜力。

（一）当前思考

目前，学校跨学科湿地课程中的教学案例为跨学科教学的发展提供借鉴和参考，学校大部分教师都已经认同跨学科教学的价值，形成了文化自觉，但是跨学科湿地课程在设计与实践时仍存在一些值得思考的问题。

1. 课程的有机融合

跨学科湿地课程应该以解决某个真实问题为导向，让学生感受到学习的实际价值和意义，激发学生的学习动机，提升学生的综合能力。跨学科湿地课程融合多门学科知识、技能与自然科学产生关联，如何确保学科之间有效融合，发挥教学合力，而不仅仅是简单的叠加呢？

2. 教师的专业培养

实践证明，当以跨学科的方式进行学习，面对真实的待解决的问题时，学生会更加积极地参与学习活动，能够更高效地调动所学知识，他们会更加努力地掌握相关知识和技能。但是学校跨学科教师团队教龄较短，对跨学科教学的理解还不够深入，实践经验少且不足。如何培养具备跨学科知识和教学能力的教师以支持这类课程的实施？

3. 评价的科学全面

有效的评价过程是巩固学习成果的重要一环。现制定的"SMART评价体系"，从"一单、一册、一量表"三个方面能比较全面、准确地对学习过程、学习结果进行评价，且可操作性强，但是缺乏对学生的学习过程全面详细的活动观察。如何设计有效的评价体系，既能评估学生对跨学科湿地课程的掌握程度，又能反映学生的跨学科思维、创新能力和实践能力？

（二）未来展望

针对跨学科湿地课程在设计与实践时遇到的困难，未来学校在推进跨学科湿地课程的建设与实施时可以从以下几个方面做进一步的努力。

1. 加强合作与交流

湿地是全球性的生态系统，课程是跨学科的内容整合，为了促进跨学科湿地课程各学科内容的有机融合，学校将继续邀请相关领域的专家、学者参与，继续举行跨学科专题研讨活动。在此基础上，可以加强不同领域和地域的跨界交流，联合开展综合性教研活动，实现"本校+外校"资源互通，努力办一所打开的同学园，完善跨学科湿地课程教学模式，更高效地落实该课程。

2. 促进学习与发展

学校青年教师团队在践行跨学科湿地课程中发挥着重要作用，他们年轻且充满活力，积极且追求发展，具有较强的团队意识和协作精神。因此，学校将设计不同层次的跨学科湿地课程培训项目，以满足不同年龄段、不同背景人群的学习需求，同时邀请专家型教师加入，培养跨学科湿地课程教学的专业团队，逐步形成相对成熟的跨学科湿地课程教学模式，为学生提供更丰富、更有意义的学习体验，推动湿地课程的普及和持续发展。

3. 融合技术与评价

随着科技的发展，信息技术也成为评价学习过程的一种工具，在评价学生学习的时候运用一些技术手段，可以提高评价的准确性、效率和公平性。未来，可以尝试通过学习分析工具来跟踪和记录学生的学习活动，包括在线参与度、学习时长、任务完成情况等，也可通过社交媒体或在线讨论促进学生的互助学习与评价。期待这些技术为跨学科湿地课程提供更科学、更全面的评价。

第五节 超学科湿地课程的探索与实践

知识本是一体的，知识的各个部分之间没有不可逾越的界限，每种知识都是人的心灵对其感知对象的局部的抽象反映。① 这句话可以这样来解释：客观世界只有一个，所有知识的起源都是人类对世界的认识，不同的学科是对同一世界不同角度的解释。也就是说，在原点上知识是一体的，我们应该力求完整地认识世界。每一位接受教育的公民，在走出学校以后，他们面临的问题也往往不是某一学科内部的问题，而是涉及各领域知识、各方面能力的复杂问题。这提醒我们，教育既需要通过分科学习来高效、简洁地丰富学生各领域的知识、提高学生各方面的能力，也需要通过"超学科"学习来建立学生对整个世界的认识、提高学生在真实的世界中生存、发展、自我实现的能力。

从工作的角度，超学科性的核心思想就是不同学科的学者与各行从业者共同工作去解决现实世界中的复杂问题。"超学科"不是彻底地超越学科，不是让学科消失，而是代表着一种最高层次的不同学科之间、学科与非学科之间的交叉、跨越和融合。"超学科"学习与"多学科""交叉学科"存在明显的不同，无论是"多学科""交叉学科"还是"跨学科"，涉及的都还是"学科"与"学科"之间的事情，但"超学科"不仅指学科与学科之间的交叉融合，也包括学科与"非学科"之间的交叉、跨越和融合，还包括专业内学者与"专业外"的各行各业人士的跨界合作，它代表着一种更高等级或最高等级的"跨学科"②。

张家港市世茂小学的三类课程（基础型课程、综合性课程、个性化课程）中，个性化课程以超学科的方式进行。超学科学习内在意蕴丰富，为了实现"提高学生解决现实世界中的复杂问题的能力"这一根本目标，我们需要实现培养学生的社会责任感、更新学生的思维方式、提高学生的知识整合能力、激发学生的科研兴趣与热情等分目标。基于上面的认识，下面我们来具体介绍一下张家港市世茂小学如何构建超学科课程体系，进而营造湿地育人的"生命场"。

---

① 贾永堂. 大学素质教育的理论建构与实践审视 [M]. 武汉：华中科技大学出版社，2006：56-57.

② 赵奎英. "新文科""超学科"与"共同体"：面向解决生活世界复杂问题的研究与教育 [J]. 南京社会科学，2020（7）：130-135.

一、凸显学校特色，解锁超学科课程密码

特色是成功的秘诀。张家港市世茂小学因地制宜，发现并利用了附近的湿地资源，不仅使自身具备了鲜明的特色，而且也为构建超学科课程体系提供了一个着力点。这种湿地学校是一种新兴的教育模式，将自然环境与教育相结合，为学生提供了一个独特的学习空间。张家港市世茂小学是苏州市首批被授牌的湿地自然学校，在解锁超学科教育的潜力、凸显湿地学校特色的过程中，学校采用了以下多种策略。

1. 美化校园环境

学校的校园设计与周围的自然环境和谐地融为一体，学生在日常的学习生活中就能接触到湿地生态。学校与省级湿地公园仅一墙之隔，充满自然味道和家园气息。校园内有开放式的教室、透明的玻璃房、湿地景物长廊……学生不出校园，就能够直接观察到湿地公园的动植物，学生对自然的观察融入了日常校园生活。

2. 拓展课程资源

学校的课程设置跨越了传统的学科界限，结合生态学、气候学、生物学、环境科学、文化艺术等多个学科的知识，让学生从不同角度理解湿地的价值和重要性。例如，结合语文课本中描写动植物的选文，学生可以了解湿地生物多样性。科学课可以探讨湿地的形成和分布，道德与法治课可以研究湿地的保护和可持续利用。在湿地艺术课程中，教师鼓励学生通过艺术创作表达对湿地的感受和认识，湿地艺术课程可以帮助学生探索湿地在不同文化中的意义和象征，增强学生的文化认同感和多元文化理解能力。

3. 变革学习方式

采用融合式、项目式、体验式的学习方式，在教师的指导下，学生自主选择一个与湿地相关的主题进行深入研究，如"让我带你游湿地""湿地实底探秘""湿地四季行"等主题。在完成项目的过程中，由于自主选择了感兴趣的主题，学生充满了学习热情，主动检索信息，积极进行思考，独立思考和创新能力得以提升。其成果通过学校的宣传栏、个人报告或社区活动等形式公开展示，增加了学生的成就感和社会参与感。

4. 应用创新技术

学校充分利用现代科技，如虚拟现实（VR）、增强现实（AR）和在线教育平台，为学生提供沉浸式的超学科学习体验。例如，通过 VR 技术，学生可以进行虚拟的湿地探险，了解全球湿地的真实状态，与世界各地的学生交流湿地保护经验，明晰不同地区的湿地环境和生物多样性。先进技术的运用能够拓宽学生的国际视野，提高他们的跨文化沟通能力。

通过上述实践策略，学校能充分发挥其独特的教育优势，为学生提供一个全面、多元和实践性的学习环境。这种超学科的教育模式有助于培养学生的综合素养，使他们成为未来能够解决复杂环境问题的领导者和创新者。

二、聚焦综合素养，构建超学科课程体系

聚焦综合素养，构建超学科课程体系是教育创新的关键步骤，旨在打破传统学科界限，促进学生全面发展。超学科课程体系强调跨学科知识的整合与应用，注重培养学生的批判性思维、创新能力、沟通协作技巧以及自主学习能力。

1. 课程目标设定

在当今这个急剧变迁、充满不确定性和高度互联的时代背景下，科学作为解决一系列复杂且持久性问题的关键工具，其重要性愈发凸显。这些问题不仅涵盖了环境领域，如气候变化的加剧与生物多样性的急剧下降，还广泛涉及社会经济发展的诸多方面，包括贫困现象的消除、安全体系的构建以及国家治理模式的优化等。超学科课程体系内在意蕴丰富，构建这一体系的根本目标是提高学生解决现实世界中的复杂问题的能力。为了实现这一根本目标，我们需要激发学生的科研兴趣与热情，更新学生的思维方式，提高学生的知识整合能力，培养学生的社会责任感等。

首先，制定超学科课程体系，我们的课程目标之一是学生能够理解不同学科的基本概念和思维方法，掌握跨学科知识的联系与整合方法。

其次，通过超学科课程的设置，我们的目标是学生具备批判性思维和问题解决能力，具备研究、分析和实验等科学探究技能，增强信息技术应用能力，如数据分析、网络学习资源利用等能力。

此外，我们的课程目标还包括学生对学习充满热情，学生尊重多元文化，学生树立起团队合作意识和承担社会责任的意识，学生具备创造力和创新精神，学生具有自主学习和终身学习的能力等。

2. 课程内容规划

课程规划在专业建设中起着至关重要的作用，核心课程的质量直接影响其未来的发展方向。我们据儿童所处的年段和认知水平，对低年级段、中年级段、高年级段湿地课程进行规划设计。低年级段内容包括以湿地为主要元素的知识、实践、探究性学习内容，如湿地的含义、湿地动植物资源、水循环等，每个知识点都包含多个学科的视角，融合科学、文学、艺术等；中年级段鼓励学生在多学科背景下进行思考和讨论，形成综合性的理解；高年级段提供实地调研、社区服务、企业实习等多种实践活动，利用模拟游戏、角色扮演等方法，让学生在实践中学习与体验。课程整体体现超学科学习的趣

味性、关联性、挑战性和导向性，重点培养学生的高阶思维能力、解决实际问题的能力和跨学科合作能力。（图2-11）

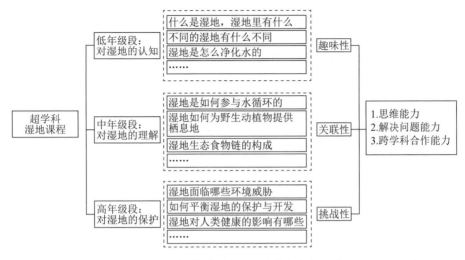

图 2-11 超学科湿地课程分学段内容设计

3. 课程评价多元

超学科湿地课程评价采用多元化的评价方式，包括自我评价、同伴评价、教师评价等；课程实施过程中教师定期提供反馈，帮助学生了解自己取得的进步和需要改进的地方。

评价方式有形成性评价和总结性评价。形成性评价时刻关注学生在学习过程中的参与度、合作态度和创造性表现，使用学习日志、反思报告等方式，记录学生的学习过程和成长；总结性评价通过展示、演讲、项目成果等形式，评估学生的综合能力和学习成果，设计综合性评价任务，如研究报告、设计作品、模型制作等，助力学生综合素养的形成。

4. 湿地资源共享

通过超学科课程体系的构建，师生将在一个开放、多元和互联的教学环境中成长。学生不仅能够掌握必要的学科知识，还能够发展为具有极高综合素养的个体。同时课程为教师提供超学科教育理念和教学方法的培训，这样的教育模式有助于师生在未来社会中能够解决不断变化的复杂问题。

从教师的专业发展来说，本课程建立超学科教学资源库，分享教案、案例、多媒体材料等；从学生学习的过程来说，本课程利用湿地资源，依托信息技术支持，建立全区域内甚至全球范围内超学科湿地课程在线学习平台，支持学生自主学习和远程协作。从各个学段的研学活动来看，本课程体系有助于学生在原有认知的基础上建立起知识网络，更好地迎接和面对未来的挑战。

三、创新实施路径，促进学生思维力的发展

杜威教育学理念的广泛传播，使人们意识到在体验教育里，解决问题的能力和批判性思维的培养比死记硬背和单纯的认知能力训练更加重要。[①] 而解决问题的过程实际上就是儿童思维发展的过程。随着问题难度的加深，学生的思维能力会得到更深刻的锻炼。超学科湿地课程建设是一个将国家基础课程和环境教育、儿童心理教育等多个教育目标整合在一起的课程内容。它旨在通过湿地这一主题，让学生从不同角度理解和探讨自然环境，让学生的生命成长与自然规律相互应和，满足不同年龄学生的发展特点和学习需求。

1. 厘清学段特点，设置具体任务

低年级段（1—2年级）学生正处于认知发展的早期阶段，他们通常对周围世界充满好奇心，喜欢通过观察、探索和模仿来学习新事物。在这个年龄段，学生的语言能力、基本计算能力和社交技能正在逐渐建立和发展。因此，教师应着重建立不同学科之间的联系，帮助他们构建知识网络的基础框架。超学科活动可以让学生同时使用视觉、听觉和触觉等多种感官进行学习，知道什么是湿地，湿地里有什么，不同的湿地有什么不同等趣味性知识；也可以通过简单的学习项目，如植物生长观察结合数学记录等，培养学生的问题解决能力。

中年级段（3—4年级）学生应发展初步的问题解决能力。进入中年级段后，学生的认知能力有了显著提升，超学科课程通过让学生分析和解决实际问题，帮助他们发展逻辑思维和批判性思维。如：湿地是如何参与水循环的，湿地怎样为动植物提供栖息地，湿地食物链的形成等问题，采用团队合作、项目多样化等方式鼓励学生相互协作，共同探讨问题，满足不同学生的兴趣和需求，鼓励学生自主学习。

高年级段（5—6年级）学生已经具备了较为成熟的思考和理解能力，他们能够处理更为复杂的抽象概念，并能够在更多元的环境中应用所学知识。学生具备更强的研究和探索能力，超学科课程能够提供更多机会，让他们进行深入学习和创新实践。设置的具体问题包括湿地面临哪些环境威胁，如何平衡湿地的保护和开发，湿地对人类健康的影响有哪些等。此阶段的学生有能力将不同学科的知识融会贯通，解决跨学科的综合性问题。通过更具挑战性的超学科项目，学生可以在教师的指导下自主规划和管理学习过程，提升自我管理能力。

综上所述，教师应根据学生的年龄特点和发展需求设计不同的课程目标

[①] 祝智庭，孙妍妍. 创客教育：信息技术使能的创新教育实践场[J]. 中国电化教育，2015(1): 14-21.

和实践活动。低年级注重兴趣激发和基础能力培养，中年级段关注思维发展和合作技能，高年级段则侧重于深入学习、创新能力的培养和为未来学习的过渡。通过这样的层次化教学设计，超学科课程有助于学生在不同阶段实现全面而均衡的成长。

2. 关联实际生活，提升思维品质

超学科课程的目标在于培养学生的批判性、创造性、分析性、综合性等思维能力。这些目标贯穿于课程设计的每一环节，每个活动都有助于这些能力的提升。

课程实施过程中设计能够激发学生思考的挑战性问题。这些问题应具有开放性，能够引导学生进行深入探索，并鼓励他们运用多学科知识进行综合分析。如进行"校、家、社、自然"多方联动的研学活动，体悟家乡的文化，感受民俗风情；进行"向阳生长——探索湿地奥秘，共享美丽生态"的湿地行活动……同时，课程提供了一系列问题解决的过程，如教师课堂提问技巧、学生进行探索发现时的研究方法、各种实验数据的分析等，帮助学生掌握解决问题的策略。

超学科课程鼓励学生从不同角度和视角审视问题，有助于培养学生的多元思维能力。教师可以通过引入不同学科的观点和方法论，让学生学会整合这些知识，形成全面的理解。现代技术工具的广泛应用也为超学科学习提供了支撑，在线协作平台、思维导图软件、模拟实验软件等，可以支持学生的思维能力发展。这些工具可以帮助学生组织和可视化信息，更有效地解决问题。书籍、文章、视频等丰富的学习资源，可以帮助学生从多个角度理解问题，促进他们的批判性和创造性思维。

将课程内容与社区和真实世界的问题联系起来，可以增强学生的学习动力，使他们更加关注现实世界的复杂问题。这种联系可以帮助学生将学校学到的知识应用到现实生活中，提高他们的问题解决能力。

3. 实施综合评价，促进学生可持续发展

从综合素养的角度看，超学科教学是一种重要的教育创新，它强调在教学过程中跨越传统学科界限，整合多学科知识与技能，以培养学生全面的素质和能力。因此，传统的考试往往难以全面评估学生在超学科课程中的表现，在评价方式上宜开发新的评价方式，采用综合的评价方式如项目评估、同行评价、自我评价等，以更全面地反映学生的学习成果。具体过程分为形成性评价和总结性评价。

（1）形成性评价。

教师在课程实践过程中，通过观察学生的参与度、兴趣和互动情况，也可以通过检查学生的研学日志、作品集和项目报告进行评价。

第一,持续反馈与改进。建立反馈机制,定期收集学生、家长和教师对超学科课程的意见,以便不断调整和优化课程设计。

第二,实际问题解决。给学生提供真实的社会或科学问题,让他们运用所学的知识共同寻找解决方案,如设计一个湿地水资源循环利用的装置,既涉及科学知识,也需要数学计算能力和社会实践能力。在学生解决问题的过程中,教师、家长共同观察学生解决问题时的情绪与态度,观察学生的时间管理能力、与人合作的能力、综合运用不同学科知识的能力、动手能力、创新能力,并及时给予指导和建议。

第三,自评和互评。教师鼓励学生进行定期的反思,对自己的学习过程和成果进行评价,这一形式能够增强学生的自我意识和自我调节能力,能够提高学生的元认知,提高学生对自身发展的规划、监督、修正能力。同学之间互相评价合作过程和成果,这一形式能够使学生了解别人眼中的自己、完善自己,能够营造和谐、民主、自由、开放、真诚的班级氛围。

(2)总结性评价。

总结性评价在课程或学期、学年开始时进行,或一段课程、教程结束后进行,一般每学期1~2次。其评价内容为各年段湿地课程中必要的预备性知识与技能,以及学生生理、环境等因素。评价为改进学习过程、调整课程教学方案、促进学生进步与发展提供了精准的导向。

第一,通过演讲、展览或演示等形式,让学生展示他们的研究成果,对学生的研究成果进行评价,以创新性和问题解决能力为主要评价根据。演讲、展览或演示不仅是一种评价方式,更是一种学习方式,在这个过程中,学生对所得的知识进行重组,对湿地知识有了新的理解和体会,学生的语言表达能力和人际交往能力也得到了提升。

第二,现场综合评价。选择湿地作为评价场所进行现场评价,依据科学的标准和规范进行,同时结合实地调查和现代技术手段,确保评价的准确性和有效性。

通过超学科的湿地研学活动,学生不仅能够在亲身体验的基础上获得知识和技能,还能够在情感、社交和创新思维等方面得到全面发展。这种教育模式有助于培养学生的环保意识和责任感,为他们成为未来的环保倡导者和创新者打下坚实的基础。

四、结语

总之,在"为了每一个自然生长"理念的引领下,学校以"打开"为实践路径,依托省级湿地研学课题研究,立足"亲自然、乐学习、爱生活"的培养目标,从创设特色环境、完善课程内容、创新课堂实践、改进评价措施等方面进行探索,构建了"超学科"课程体系,营造了湿地育人"生命场"。在这个生命场中,教育学家杜威所提出的"教育即生活""学校即社会""教育即生长"等理念得到了践行,学生在欣赏湿地、研究湿地中产生了对自然的热爱、对世界的整体的认识,提高了解决现实世界中的问题的能力。

张家港市世茂小学努力构建"超学科"课程体系,营造湿地育人"生命场",学生所学习的对象由不同学科的概念、定理转变为自然界中的湿地。每一个研究主题统合起了各种学科和非学科的资源,在分科的同时保有学生对世界的整体观察,有助于培养同时具有人文底蕴、科学精神、责任担当、实践创新、学会学习、健康生活等核心素养的世茂学子。

第六节 湿地课程建设的成效与瞻望

随着课程改革的不断推进与深化，素质教育、立德树人等一些全新教育理念不断涌入，但是如何让理论指导真正作用于课堂，如何开展科学有效的小学教学实践，当前我们仍处于模棱两可的认知状态。对此，学校依托毗邻的省级湿地公园，探索自然湿地场景与学科教学课堂的结合路径，开发"绿野寻踪"湿地课程，并取得成效。本节就学校开展的湿地课程助力教学质量提升和学生核心素养发展的教研成果进行梳理，并提出了学校湿地课程建设的愿景。

一、建设成效

1. 课程体系逐渐完善

湿地课堂课程体系的开发是一个连续、动态的过程，在开发过程中，要充分考虑到地方特点、学校特点、师生特点，要明确开发要点，创新开发模式，合理利用各种资源和科学的方法进行课程的开发。当前学校已经建立起一套涵盖基础型课程、综合性课程、个性化课程的完善体系。课程内容丰富多样，既满足了学生的基本学习需求，也为学生提供了广阔的拓展空间。湿地课堂课程体系的开发利用主要从以下几个方面着手。

（1）着眼育人目标和校园文化。

学校以"为了每一个自然生长"为办学理念，以"立小事、至大道、成茂才"为校训，遵循"儿童第一、共享开放、为学而生"的原则，在以"一所打开的同学园"为办学愿景中，学校为每个孩子搭建自主选择的成长舞台，向下扎根，向上繁茂，开启快乐美好人生。学校文化是课程资源开发过程中校本课程开发的根基和灵魂所在。在课程开发过程中，我们也充分吸取了其他优秀文化的精髓，博采众长，去粗取精，为湿地课程资源的开发增添了生机与活力。校本课程作为一种文化载体，其开发的过程也是一种文化活化的过程。湿地课程资源开发的出发点和落脚点都立足于学生的发展，以本校学生需求为导向，立足于"亲自然、乐学习、爱生活"的育人目标。根据学生身心发育的特点以及个体差异，结合学校校本课程的自主性和灵活性，充分发挥学生的潜能。

（2）重视评价体系的完善。

由于校本教材的开发是一个持续进阶的过程，所以完善的课程评价体系显得尤为重要。在湿地课程开发实施过程中，每一个环节都十分重要，都要通过评价来不断完善和修订，并把前一轮评价结论作为下一轮校本课程实施的依据，使校本课程质量不断得到提高。湿地课程资源在开发利用的过程中，初步建构了"三力"过程性评价和"三性"结果性评价的指标体系，对实施的结果及其发展价值进行评价。"三力"过程性评价使用的评价工具是研学单、成长手册和湿地观课量表，分别适用于三大课程，强调学生的个体差异，注重学生的学习过程和发展。"三性"结果性评价体现趣味性、序列性和操作性，强调对学生学习成果的综合评估，考查了学生对所学知识的综合运用。

（3）实施教学实践，应用课程资源。

学校制定一系列措施，把校本课程资源的利用贯穿于教育教学活动中，制订计划，开展教育活动，让每一个班级、每一个学生都参与到活动中，每期一个主题，每次一个班级。主题形式结合学生的年龄特点和学段特点，丰富多样。在活动开展过程中检验课程资源开发的实效性，并不断完善课程的高效优质性。比如课程体系中的基础型课，是以自然特质为核心的单学科学习，它不仅注重学科内部的知识结构优化与统整，更强调学习内容的精炼与创新。该课程通过"重组"知识体系，"精选"关键知识点，以及"拓展"学习领域，在课程中巧妙地融入自然元素，让学生在亲近自然的同时，优化了学习内容与过程，旨在打造一种更高效、更生动的学习方式，帮助学生更好地理解和掌握知识。课程资源在开发过程中只有充分着眼育人目标，结合学生个体、学校、家庭、社会等各种因素及资源，校本课程才能真正发挥其应有的作用。再如个性化课程，是以学生的兴趣爱好为切入点，针对不同年龄、不同特点、不同特长在湿地实景中开展的课程，强调动手实践和主动探究，改变了传统听、记、背、练等"静态式"的学习方式。目前，学校开发了"地球有我'小卫士'""自然游戏'小达人'""多彩研学'小能手'""科学创新'小玩家'""双语融合'小诗人'"五大主题活动，有效提升了学生表达、合作、创新等多项能力。

2. 湿地课堂教研助推教师专业水平发展

教师在对课程创新融合教学设计的活动过程中，其理论水平也在不断地提升。随着将理论运用于实践，又在实践中总结规律、方法，教师的研究得到逐渐深入，研究能力不断提升，教学水平不断提高，综合素养也不断增强。

（1）教学方法创新。

针对湿地课程教学，学校各学科教研组对已有的一些教材和湿地资源进行课程设计，尝试创新使用教材、融入游戏教学理论、开发"跨学科学习"、创设情境教学课堂等教学路径，注重学生学科素养和核心素养培养的有效性。这些教材和课程设计借助暨阳湖湿地公园的资源，设计生动有趣的湿地情境教学，提高学生的学习兴趣和投入度，以及推动家庭、社会力量的参与。此外，部分教师在实际教学中尝试关注"校—家—社—自然"协同共育路径。例如，针对小学数学教育，已有一些课程设计和教材编写尝试融入情境教学理念，注重学生认知激发、情感体验、思想陶冶的培养。教师借助情感因素，设计出生动有趣的基于数学学科的湿地课堂情境，提高学生的学习兴趣，培养学生的数学思维。

（2）教师培训与专业发展。

在湿地课题研究中，学校组建教师综合素质培训者师资库，广泛开展教研教改活动。邀请或聘用社会各界有关专家、学者，作为学校教师综合素质培训的顾问，并依托本校名师团队、骨干教师，经过专题培训、反思实践、行动研究等，开展提升教师专业能力的培训，促使教师的教育思想、教育观念、知识和技能不断得到增新、补充、拓展和提高，以此建立起一支专兼结合、素质优良的培训者队伍。

（3）教学评优与展示。

在课题研究中，我们团队坚持"研、训、学、教一体化"的原则，努力探索教研、教改与培训有机融合的运行机制，提高"湿地课程开发与建设"课题研究的实效性。如根据课题研究方案的规定，收集整理各个研究阶段的主要资料，如采取的措施、开展的观摩教学、进行的研讨活动等。同时，积极构建课题交流平台，进一步完善共营互惠的教学研究制度。如在学校省级湿地课程的中期视导活动中，组织本校教师参加各种教学观摩、学习、参观活动，也邀请其他学校教师加入，为教研活动注入活力，搭建更为灵活化、开放化、常态化、多元化的教师发展活动平台。

综上，教师通过参与课程设计与开发，提升专业素养和教学能力；并在学校的支持下参加课程评选活动，展示教学成果。另外，教师在课程建设中通过不断更新教学理念和教学方法，提高了教学质量，从而让学生的学习效果得到显著提升，学生不仅在基础学科上取得了优异的成绩，也在拓展和实践课程中展现出了出色的能力。

3. 学生的学科能力和综合素养实现发展

学校注重培养和提升学生的综合素质，通过课程设置和教学方法的创新，促进了学生的全面发展。学生在学科知识、技能水平、情感态度和价值观等方面均取得了显著的进步。

（1）学生的阅读兴趣和主动性得到提升。

学生对角色扮演、知识竞赛、节奏小游戏等教学环节特别感兴趣，湿地课程中会涉及许多上述教学环节，学生在学习过程中都展现出极高的积极性。例如在"湿地音乐课——大自然的回响"中，教师通过"情景化场景创建+角色扮演+演唱"的方法设计音乐学唱，教学过程循序渐进、寓教于乐，学生的参与度高、学习热情高涨。

（2）促进学生良好行为习惯的培养。

在湿地课堂活动中，学生要完成相应的任务就需要提高自身的耐心和自制力，此过程也让学生养成了勤奋刻苦、团结合作和积极进取的良好品格。同时，学生通过有趣的湿地教学活动成功体验到学习的乐趣，也在一次次成功完成任务的过程中树立信心，提升了学习和探索的欲望，激发了学生独立自主的意识，提升了学生的荣誉感、责任感和规则感，推动学生养成良好的行为习惯。

（3）促进学生综合能力的发展。

湿地课堂能促进学生综合能力的发展，包括身体机能的发展，例如通过体力劳动强健体魄。在合作探究式活动中，学生能紧密交流，进而提高了语言表达和沟通能力。学生可以通过体验湿地课堂，欣赏和创造美；同时学生综合实践能力也在以课立德、以课增智、以课强体、以课养美的湿地育人场景中得到锻炼和提升。

（4）树立学生自信心。

个别学生的性格比较内向，通过参与湿地课程的相关教学活动，这些学生能发掘自己的闪光点，看到自己的不同和优势，增强自信心。学生在活动中积极发言，提出问题，也能锻炼他们的自信心。

（5）育人细无声。

学校和教师持续性地开展一个系列的湿地主题课程，课程中不同的主题活动和进阶通关点，带给学生不同的体验和收获。每个主题活动都融入了知识、能力和情感的教育，让学生在不知不觉中实现核心素养的成长。

4. 课程资源有效整合

一方面，学校广泛对接和整合当前教育基地、研学营地、教育学会等政府、企业、社区、家庭及相关教育团队、机构的资源和力量，形成了强大的支持网络，包括人力支持、专业支持、财力支持、场地支持等课程保障资源。另一方面，学校充分利用校内外资源，整合了各类课程资源，为学生提供了丰富的学习机会。例如，学校与社区、企业等建立了良好的合作关系，组织了一系列社会实践活动，如"爱在'义'起·童心向善——跳蚤市场""弘扬雷锋精神，助力文明实践"等趣味社会实践活动，让学生在参与中感受社会的温暖，学会感恩与回馈，增强他们的社会责任感和集体荣誉感。学生的经济意识和社交能力都得到了培养，公益意识和团队合作精神也有了提升，同时他们得到了更多的实践机会和职业发展指导。

5. 课程评价科学

（1）建立科学的课程评价体系并实践。

学校依据"多维多元"过程性评价与"定性定量"终结性评价相结合的原则，在教方面采用"教学情绪+基础知识教学能力+进阶知识教学能力+师风师德"的形式，在学方面采用"基础知识掌握+能力提升训练+综合发展实践活动"的形式，从学生学习习惯、基础知识掌握、知识应用能力、创新能力共四个维度进行考核评价，以学生知识与技能、综合素养等阶段性考核作为量化依据，制定了教学评一体化的"二元四维化"评价模式。整个评价机制采用"五星星级评价+A/B/C/D等级评价"的形式来构建四维评价体系，并采用教师评价、学生评价来保障评价数据的收集，以知识、能力、情感等设立评价内容，从而建立比较客观、全面、科学的课程评价体系，通过多元化的评价方式全面评估学生的学习成果。

（2）科学的评价反馈机制促进教学优化。

在"二元四维"的评价模式下，教师可根据需要，针对某一活动设计子评价表，关注课堂前后学生的能力成长状态，从而让每一门课程的教与学都是一个动态的过程。而多维评价能较全面地囊括师生教与学的认识和了解，因此创新"教学评一体化"的多元评价对教师教授知识和学生学习知识具有积极意义。这恰好可以成为教学效果检测的补充，评价结果不仅为学生提供了明确的学习方向，也为教师提供了改进教学的依据。

尽管已经取得了一些进展，但湿地课程建设仍然处于探索阶段。学校将继续深入探究湿地课堂资源融入学科教学的具体应用，进一步丰富和发展湿地课堂教学的实践模式，为小学生核心素养的培养提供更为系统和实证的支持。通过理论与实践的有机结合，我们期待能够为小学教育课程的改进和优化贡献新的思路和经验。

二、未来瞻望

1. 打造特色品牌课程

未来，学校可以打造特色品牌课程助推学校高质量发展，满足学生个性化学习需求，提高教学质量与效果；同时，推动教育创新，增强社会影响力，促进文化传承与创新。特色品牌课程不仅是学校内涵的亮点，更是学生成长道路上的宝贵资源，有助于培养具有创新精神和实践能力的人才。因此，学校将继续深化课程建设，打造具有本校特色的品牌课程。通过创新课程内容和教学方法，形成具有竞争力的课程体系。

2. 推动课程国际化

为了深度挖掘课程标准、"双减"政策等关于新时代教育课程改革等文件精神，以及湿地文化的内涵与价值，融入国际理解教育理念，提高学校教育国际化水平，学校将持续推进国际理解教育人文素养课程，积极引进国际先进的课程理念和教学方法，推动课程的国际化发展。此育人路径旨在通过"自然环境教育"与国际学校建立合作关系，为学生提供更广阔的国际视野和更优质的教育资源，增进学生对不同文化的理解和尊重，进一步提升他们的国际视野和人文素养。

3. 注重学生个性化发展

新课改强调评价重心逐渐转向关注学生求知的过程、探究的过程和努力的过程，关注学生在各个阶段的进步状况。教师应注意将课程实施过程演绎成学生自我分析、自我对照、自我追求、自我反思、自我肯定的全过程，让成长面向更多人，让不同的学生都能展现自己闪光点。学校将更加注重学生的个性化发展，提供多样化的课程选择和学习路径。通过个性化教学和辅导，满足学生不同的学习需求和兴趣爱好。

4. 加强课程与社会的联系

"双减"政策明确提出：提倡推进"协同育人共同体建设"。因此，协同育人对于学生思政教育具有重要的价值。学校努力推进教育"校—家—社—自然"一体化，通过多方形成合力，从而促进学生核心素养培养。一方面，学校将加强课程与社会的联系，通过社会实践、社区服务等方式让学生更好地了解社会、服务社会。另一方面，学校通过培养学生的社会责任感和实践能力，为他们未来的职业发展和社会生活打下坚实的基础。

5. 持续改进与创新

学校将持续改进和创新，不断优化课程设置和教学方法。首先，在专业力上，课程团队要具备专业素养、专业技能以及专业操守。其次，要做好内部治理，打造高效团队，关注行政方面、教学方面的协同，发挥"1+1>2"的作用。此外，课程团队还需要具备人、财、物等方面资源的整合能力，能力层影响着交互层的最终成果，通过教学研究和教师培训等方式提高教师的专业素养和教学能力，为课程建设提供有力支持。

综上，学校湿地课程给学生搭建了展示自我的舞台，让学生从小舞台走向了社会的大舞台。如今，随着教育改革的持续深入，"跨学科教学"理念在教育体系中也发挥了重要的作用，学校可以借助湿地课程完成理论知识的传授，使学生的学习思路得到拓展，帮助学生取得全方位的进步。而创新教学模式的探索与运用需要注重多方面的建设与完善，从而确保湿地课程的教学品质。

第三章

回归自然：湿地里的课堂变革

第一节 湿地"235"生态课堂的建构与实施

湿地"235"生态课堂模式是在"为了每一个自然生长"理念指引下，以"生本教育"为基础，以学生核心素养发展为目标的一种新型生态课堂教学模式。这种新型的生态课堂教学模式是张家港市世茂小学在课堂实践层面的创新之举，不仅适应核心素养导向的课堂教学新变化，而且贴合小学生的心理发展特征，保障了儿童德智体美劳全面发展的机会。

一、湿地生态课堂的基本特征

借助湿地资源及其文化优势，湿地生态课堂呈现自然性、生本性、建构性、表现性等基本特征。

（一）自然性

自然性是从生态课堂的环境角度来说的。"自然"即"自身的样子"或"本来的样子"，自然性规定了生命的先天存在形式和运动变化规律①。生态课堂遵循教育"本来的样子"，倡导自由、和谐、自主的学习环境，让学生在亲身经历和主动实践运用中丰富感思，充分激活其学习的内生动力与潜能。

（二）生本性

生本性是从课堂实践主体角度来说的。生本性指以学生为本，一切为了学生，为了学生的一切。② 生态课堂以学生发展为本，通过更优的现代课堂教学设计和高效的课堂教学活动，使每个学生的各种潜能都能得到有效的开发，每个学生都能获得最有效的发展，实现教师教学与学生发展的统一。生

---

① 许三珍，夏海鹰，吴南中. 自然性的复归：智慧教学的生命秩序困境与重构——基于典型案例区教师智慧课堂实践的考察［J］. 电化教育研究，2024（2）：27-34.

② 佘万斌，王鹏. 从本体论到生本性：师德建设的价值取向转换——基于列维纳斯"他者"视角［J］. 教育学术月刊，2022（6）：12-18.

态课堂在充分研究、把握学生学情的基础上,凸显学生个性。

（三）建构性

建构性是从课堂实践过程的角度来说的。建构主义学习观认为,学习不单纯是知识由外到内的转移和传递,而是学习者主动地建构自己的知识和经验的过程。生态课堂教学模式以"生本教育"为基础,教学中的驱动性任务和实践性活动是必不可少的核心要素,教师只是学习者在建构自己经验意义过程中的帮助者、促进者。因此,建构性是生态课堂的显著特点。

（四）表现性

表现性是从课堂实践结果的角度来说的。表现性可理解为表现性评价,通常要求学生在某种特定的真实或模拟情境中,运用先前所获得的知识完成某项任务或解决某个问题,以考查学生知识与技能的掌握程度,或者问题解决、交流合作和批判性思考等多种复杂能力的发展状况。[1] 生态课堂的学习具有开放性,学习场域涵盖室内外,学生外在的行为表现可以反映学生的思维状态。因此,表现性也是生态课堂独有的特征。

二、湿地生态课堂的理论基础

湿地生态课堂具有自然性、生本性、建构性、表现性的特点,特别强调学生的独立意义；重视发挥学生的能动作用；注重学生能力的发展；倡导知识与生活之间的连接；关注学生的学习兴趣和身心发展规律。以下理论为学校开展湿地生态课堂教学提供了合理性依据。

（一）生本教育理念：为重塑生态课堂学习观提供依据

生本教育理念最早由生本教育创始人、华南师范大学教授郭思乐提出,他出版的《教育走向生本》一书,系统介绍了他的生本教育理念。该理念的核心是一切为了学生,高度尊重学生,全面依靠学生。生本教育具有以下特征：第一,生本课堂是探究与交流的课堂,学生在课堂上既要独立思索问题,又要积极与他人合作,在思索、交流、讨论、实践的基础上解决问题；第二,生本教育提倡学习开放性,这种开放性不仅包括课堂上的开放,还包括课外的开放,学生可以在课堂内外探讨交流,在思维的碰撞中有所收获；第三,生本教育是学生事先有准备的教育,主张"先做后学""先学后教""以学定教",最后实现"不教而教"的目标。因此教师在教学过程中要变教师主体为学生主体,引导学生主动探索,激发学生学习的积极性,提高学生的学习效率。

（二）建构主义学习理论：为重塑生态课堂知识观提供依据

建构主义是认知心理学派中的一个分支。建构主义学习理论认为,学习

---

[1] 赵德成,卢慕稚. 新课程与学生评价 [M]. 北京：高等教育出版社,2004：69.

过程不是学习者被动地接受知识，而是积极地建构知识的过程。① 建构主义所蕴含的教学思想主要反映在知识观、学习观、学生观、师生角色的定位及其作用、学习环境和教学原则等方面。在建构主义学习理论中，师生角色的定位如下：学生是知识的积极建构者，教师是学生建构知识的支持者。建构主义教学原则包括：把所有的学习任务抛锚在较大的任务或问题中；支持学习者发展对整个问题或任务的自主权；设计真实的任务；提供机会并支持学习者对所学内容与学习过程的反思；等等。由于建构主义学习理论是以学习者为中心的，而且是真实的，因而学习者就更具有兴趣和动机，更能够进行批判性思维，更易于形成个体的学习风格。

（三）情境教学法：为重塑生态课堂教学观提供依据

情境教学法是一种新型的教学方法，是体验式教学模式的一种表现形式，主要是指教师从教学内容、学生的认知以及知识基础出发，利用教学手段或教学活动营造相应的教学场景，使学生能结合场景进行教学内容的学习与理解，从而实现学生思维的激发、学习体验的增强以及语言能力的培养的教学方法。通过对情境教学模式的定义来看，情境教学模式与其他教学模式相比，具有非常显著的教学特征，即直观形象性、寓教于乐性、教育性、主动构建性以及互动交际性等，对学校教育具有非常重要的价值和意义。

（四）"认知—发现"学习理论：为重塑生态课堂过程观提供依据

"认知—发现"学习理论是美国心理学家布鲁纳针对传统教学中"仓库理论"的弊端而提出的一种学习理论。该学习理论颠覆了传统的、无分辨的"传授—吸收"的教学方法。他认为，学习的实质是主动建立或重新组织认知结构的过程。具体而言，认知结构的形成是通过三个几乎同时发生的过程完成的，即新知识的获得、知识的转化、评价。在课堂学习过程中，学生要善于利用已有的知识材料，亲自去发现问题、探究问题、积累经验、总结知识，成为一个"发现者"。尤其在当今知识爆炸的时代，知识类型丰富多样，学习不仅仅是为了使学生获得知识，更重要的是培养学生自我发现、自我探究的能力，发展学生的学习力，帮助学生更好地适应社会发展。

三、湿地生态课堂的模式建构

（一）湿地"235"生态课堂图式

湿地"235"生态课堂中的"2"指抓好两个总体目标（教学目标和育人目标），"3"指三个实施阶段（准备阶段、实施阶段、反思阶段），"5"指实施阶段分为五个步骤（发现问题、分析问题、探究问题、解决问题、成

---

① 毛新勇. 建构主义学习理论在教学中的应用 [J]. 课程·教材·教法，1999（9）：19-23.

果展示),具体见表3-1。湿地"235"生态课堂教学模式环环相扣,对教师教学活动和学生学习活动都做了明确要求,在有限的教学时间里力求教学成果最大化,以实现两大目标。

表3-1 湿地"235"生态课堂的流程

步骤	教师活动	实施流程	学生活动
准备阶段	了解学情,确定目标,整合资源,设计教学方案	课前准备	理解学习目标,研读学习资源,了解学习任务,搜集学习材料
实施阶段	呈现学习情境	发现问题	感受学习情境
	布置学习任务	分析问题	理解学习任务
	安排学习活动	探究问题	开展学习活动
	全程指导学习	解决问题	师生协同学习
	嵌入评价任务	成果展示	完成表现性任务
反思阶段	总结优点,指出不足,进行展望	教学反思	总结学习收获,提出新的问题和疑惑

(二)湿地"235"生态课堂阐释

湿地生态课堂不同于传统课堂,在课堂中,传统的讲台"不见了",取而代之的是教师移动工作台和移动工具箱,教师的教学不再拘泥于黑板和讲台,而是融入实景教学中去,融入学生当中去。也就是说,学习空间不再局限于教师进行课堂教学的场域,而是扩大到任意发生学习活动的场所,使学生的学习无处不在地发生。

湿地"235"生态课堂教学模式是一种基于现实生活、引导学生解决日常生活中熟悉问题的学习模式。该模式注重从学生日常生活经验出发,让学生亲历活动过程,在实景式的实践活动中培养学生解决问题的能力,即把学生面临的复杂问题以活动任务的形式呈现出来,引导学生在教师的指引下,在问题解决的过程中,促进自我能力的提升,这与建构主义学习理论相吻合。这种学习模式强调学习者在学习过程中在经过反复的"同化—顺应"、再"同化—顺应"的过程后,搭建起自己的知识认知结构,从而提高认知水平。

湿地"235"生态课堂教学模式的本质是学生在真实的教学情境中,结合自身的个体经验和自身所具备的知识,在活动过程中不断建构知识、提升学习能力。学生在湿地课堂中通过不断地提问、探究、展示获取的知识,通过教师的引导和主动练习提升能力。教师的课堂教学水平的高低对学校的教学质量有着直接影响。因此,教师一定要以新课改的精神引领课堂,努力打造高效课堂。湿地"235"生态课堂教学模式作为适合湿地课堂教学的新模式，无论是从学生基础知识掌握、分析和解决问题能力的提高，还是教师个人教学水平的长足进步来说，都是非常有成效的。现以学科湿地课程教学实践为例，对该模式的具体实施过程做细致介绍。

1. 教学程序的准备阶段

湿地"235"生态课堂教学模式紧扣学生，"生本"理念贯穿了3个阶段。在准备阶段，教师在设计教学方案时首先要解读课程标准，依据课标要求制定教学目标。然后，通过分析教材及学情，根据实际教学需要及学生发展状况，确定情境主题、设计情境主线及创设问题情境，最终形成完整的教学方案。

（1）解读课程标准。

每个学科都有各自的课程标准，各学科的课程标准都有具体的教学目标和育人目标，新课标也对教师的教学观念、教学方式和学科教学理念提出了新的要求。可见，课程标准是教师开展课堂教学、落实核心素养的"指挥棒"，教师只有透彻解读课标，才能在教学中准确地将核心素养的培养目标落到实处。

（2）确定教学主题与内容。

湿地课堂的教学转变了教学的场域，因此教师要结合场域特点确定教学主题与内容。

（3）制定教学目标。

教师要在充分解读课标的基础上，根据具体的教学主题与内容，制定相应的教学目标。教学目标的撰写形式一般为：通过何种方式，达成什么教学内容要求，养成什么核心素养。

（4）分析教材与学情。

教材分析就是要明确本次教学主题与内容在教材中所处的位置、占据的地位及承载的教育意义。学情分析即学生情况分析。目的主要是根据学生原有的知识情况、认知水平，设计出符合学生认知规律的学习任务。

2. 教学程序的实施阶段

在实施阶段，教师要实时把控课堂，创设问题情境，引导学生在真实情境中发现问题、解决问题。

（1）发现问题。

教师引导学生发现问题，做好预设，根据新进知识的特点选择新的问题，同时引导学生尝试用学过的技能解决新问题，在学生对问题产生强烈的探知欲后导入新课。

（2）分析问题。

教师在创设问题情境导入新课后，要展示本节课的教学目标（知识目标和能力目标)、重点、难点,并提供学习单,出示问题任务,让学生带着问题思考,循序渐进,深入课堂。

(3) 探究问题。

首先,让学生自己根据学习单的任务提示,由目标问题入手,尝试独立思考并完成目标任务。其次,让学生进行分工合作,针对学生在实践探索过程中发现的问题,以小组为单位制定方案,深入实践探索。在动手操作过程中,学生可能会使用到一些学习工具。这时,教师要先为学生讲解工具使用的注意事项,确保实践探究的顺利进行。在解决问题的过程中,要充分发挥团队合作精神,每一位成员都各尽其责,如小组长要发挥带头作用,科学协调组内的任务。如果遇到探究方案不可行的时候,需要教师重新引导,不断调整解决方案,换一种方案再次验证解决。另外需要注意的是,教师引导学生的研究要适度,促使其在学习活动中获得学习经验及勇于探索的精神。

(4) 解决问题。

当结束了探究问题这一环节后,学生已经初步产生了解决问题的方案。接下来就是要动手实践,以检测、验证其正确性。此时教师要进行跟踪辅导,为学生的学习起导向作用,让学生有计划、有目的地完成学习任务。

(5) 成果展示。

完成学习任务后,各小组进行成果展示,实现小组间知识的交流讨论,从而使学生互相学习、共同进步。另外,湿地"235"生态课堂教学模式下的成果展示不只是简单的口头表述,还可以以小组答辩与简报等形式呈现。当教师认真倾听了学生的学习成果汇报之后,可以适时提出合理的活动建议,以帮助小组成员完善自己的学习成果。

3. 教学程序的评价反思阶段

在评价反思阶段,教师要紧扣活动过程,针对学生本次活动的得失进行评价,特别要加强正面评价。

(1) 教师评价。

为了保证课堂教学评价的公正性与客观性,教师的评价要贯穿整个教学过程。为了让评价更加全面与客观,可将定量与定性评价结合,充分发挥教师评价的精准性。

(2) 学生评价。

学生对自己在活动中的表现进行评价,主要是为了让学生意识到自己在活动中的不足与优势,客观、全面地观察自己。学生评价的形式要多样化与多元化,如建立学生评价量表、成长档案等。学生评价标准可从思考水平、小组合作与创新意识等角度出发。除此之外,还可定量评价等级,使用描述性语言,帮助教师实现定量与定性评价相结合,全面评价学生的学习活动。

湿地"235"生态课堂教学模式是对"教师为主导,学生为主体"教育理念的呼应,体现了对学生主体地位的尊重,有助于改观学生被动地、机械地接受知识的过程,教师引导学生围绕真实任务持续探究,在解决问题过程中利用自己的经验不断进行反思、修正,最终解决问题,调动学生学习的积极性和参与性。

四、湿地"235"生态课堂的教学方法

17世纪捷克著名教育家夸美纽斯在《大教学论》中说过:"找出一种教育方法,使教师因此可以少教,但是学生可以多学;使学校因此可以少些喧嚣、厌恶和无益的劳苦,独具闲暇、快乐及坚实的进步。"湿地"235"生态课堂教学模式在正式的课堂讲解过程中融合了目标教学法、问题教学法、协同式学习和跨学科学习,让课堂变得别开生面。通过该模式的运用,越来越多的学生在学习中找到了乐趣,树立了自信,敢于在课堂上展现自我。

(一)目标教学法

目标教学法由目标的制定、实施、达成、评价、反馈五个部分组成,这一教学法在操作上首先基于布鲁姆的"教育目标分类学"及"掌握性学习策略",在实验中吸收了信息科学对认知过程的信息化处理,体现了"教为主导、学为主体、思为主攻、练为主线"的现代教学论思想。[①] 课程目标的生成能够对课堂教学方向进行指导性的总括,教师和学生能够在目标的指引下完成教学和学习任务。这样就避免了教学中的随意性,学生在学习中目标更加明确。

教师采用目标教学法即在备课时通过分析课程标准、湿地情境、各科教材、学生学情确定教学目标,在正式活动时展示并引导学生通过自主探究、小组合作、集中展评等环节来进行的针对性教学。教学目标的设定能够提醒教师在课堂问题设计时紧扣目标要求,做到有的放矢;在活动过程中了解学习目标能够让学生在活动时有重心,找到学习方向,进而主动探索发现,成为学习的主人。教师运用湿地"235"生态课堂教学模式进行目标设定时,要牢牢把握"教学目标""育人目标"两个主要方向,针对本学科性质确定教学目标。

(二)问题教学法

西方关于问题教学法的萌芽最早可以探寻到苏格拉底提出的"产婆术"。中国的与之相关的内容最早可以追溯到孔子的时代,《论语》中记载了"不愤不启,不悱不发"的教学理念。问题教学法的核心是通过"问题"来组

---

① 韩建光. "目标教学法"实施后的总结[J]. 厦门大学学报(自然科学版), 1993 (S2): 344-345, 348.

织教学活动,但是这些"问题"涉及的主体不只局限于教师,还包括了学生。忽视教师或学生中的任何一个方面,都是对问题教学法不科学的、不全面的认识,都会在实际的运用过程中产生一定的误区,削弱它在教学中的积极意义。学习不是教师硬灌、学生死记硬背的过程。教育改革提醒我们,单纯"填鸭式"的教育远远不能满足现代社会对人才的需求,因此教师要学会去筛选问题,评估问题的价值,从学生入手,让学生在教师的引导下主动"学",在对问题的探讨中解决问题并提升自己。

在湿地"235"生态课堂教学模式中,教师和学生不再是单纯的"施"和"受"的关系,教师创设问题情境并根据学生的疑问提出解决方案,通过这种对问题的"发生—解决—再发现"过程,学生逐渐有了问题意识。在这个过程中,教师让学生学会合作学习,自学解决不了的问题要通过讨论解决。教师善于发现学生的问题,并做好针对性的点拨;教师讲解时要注重师生互动,并在师生互动中生成新的问题、解决新的问题。只有这样的课堂才能使学生的能力不断提升,只有这样的课堂才是高效的课堂,才符合新课改的精神。

(三)协同式学习

这是一种有系统、有结构的教学方法,其运作的方式是把不同特质的学生分配在同一小组中学习,教师经由各种途径鼓励小组成员间彼此协助、相互支持、共同合作。因此学生需要熟练地学习和运用人际技能,而小组成员也需要安排时间检讨团体的互动过程,并予以改进。这里的"协同"有合作、协作之意,合作被视为在集体内成员之间同时达成目标的交互作用,协同并不是作业的平均分担或是以成员的均质性为前提,而是以成员之间的异质性、活动的多样性为前提,指的是通过与异质的他人的交互作用而形成的活动状态。早在几千年前,孔子带领他的弟子周游各国,以游学的方式在实际的情境中传道授业解惑,成功培育出了一批以"七十二贤人"为首的能士。

在湿地课堂的教学中,由于教学场域的改变,协同式学习的使用显得尤为常见,在这样的情境下学习,必须变注重个体学习为"个体学习与协同学习",变注重个体竞赛为"个体竞赛与小组集体竞争相结合",通过具体的活动任务布置,调动每个学生、每个小组的学习积极性、主动性,构建师生互动积极、富有激情、严谨高效的精准课堂。实践证明,小组协同式学习能够促进学生相互学习,激发学习动力,提高学习效率。

(四)跨学科学习

跨学科学习是以学科学习为立足点,运用两个或两个以上学科知识或方法,去解决真实世界的问题或理论问题的一种学习方式,其目的是深化和拓展学习者对学科知识与学科方法的理解，以更好地发展学习者的高阶思维技能。[1] 世界本来就是一个整体，知识也是综合的，分科教学容易把学生眼中的世界割裂，特别是割裂了学科与生活之间的联系；而跨学科学习，直面学生在生活中遇到的真实问题，以提升学生的问题解决能力为主线，引导学生综合运用多学科知识，在解决问题的过程中，拓宽学习的领域，培育团队合作、实践创新等综合素养。

在湿地"235"生态课堂教学模式下，张家港市世茂小学变传统的单学科学习为跨学科学习。跨学科学习不仅强调实现学科内部知识的整合，还强调学科间知识与方法的联结，强化课程协同育人功能。因此，在教师备课前，各年级、各学科的学科组长会根据活动的主题任务进行分工，将备课任务进行细致分化，确定每次备课的主要学科牵头人，同时年级、各学科的教师需要对本次活动提出备课思路。跨学科教学备课时，不仅仅要备教法、备学法，更要备学生、备场地，要体现分层教学，力争给每一个学生在活动中提供展示自我的机会，让学生获得学习能力的提升。

五、湿地"235"生态课堂实施案例

好的教学，应该关注的是学生是否在学习，要让学生真正经历学习过程，在湿地实景呈现教学内容，启发学生通过现场观察去探索，使学习不再停留在课本上、文字里。这样，学生对知识不仅记住了，而且理解了。

张家港市世茂小学的师生经过不懈的探索，已经形成并总结了上百个生态课堂案例。学校在多个学科尝试开展生态课堂，如数学学科把教材上测量"校园绿地面积"迁移为测量"湿地面积"；语文、美术、科学联合开展项目化学习活动，以一棵柿子树的四季成长为范例，唤起学生对自然的探索和对生命的守望；英语学科精选年段知识点，开展低、中、高共研习的研学活动，用心了解和记录湿地动植物；还开展了与"长征精神"结合的湿地体育课，以"发现自然之美"为主题的湿地音乐课等。

（一）生态课堂案例：测量"湿地面积"

小学数学五年级的教学中，教师结合教材与实际，提出"如何测量湿地公园的面积"这一主要问题。学生带着问题，离开课堂，到达知识现场。在学习过程中，为唤起学生真实的体验和感受，教师让学生用卷尺量一量、用步测法走一走、用目测法试一试、用比较法估一估，促使学生将数学学科内的相关知识、能力要素组成一个有联系、有逻辑、有层次的系统。这堂课引导学生以问题为导向，开展查找资料、测量计算、整理和分析数据等活动，

---

[1] 万昆. 跨学科学习的内涵特征与设计实施——以信息科技课程为例 [J]. 天津师范大学学报（基础教育版），2022（5）：59-64.

在活动中增强学生的数学应用意识并提高学生解决问题的能力、动手实践能力和小组合作能力。

(二) 生态课堂案例："观察叶"

教师在小学科学一年级上册的教学中，开展"观察叶"生态课堂。师生走进湿地公园，教师要求学生每 4 人为一组，寻找 2 片不同植物的完整的叶子，运用科学的方法，借助放大镜进行观察，并以绘画的方式记录这 2 片叶子的特征，找出它们有哪些相同和不同之处。在学生收集、观察、记录落叶的过程中，教师巡视，并给予学生必要的指导。每个小组派一位代表进行分享，教师给予学生激励性的评价。叶子是学生十分熟悉的事物，将叶子作为观察对象，能够激发学生参与活动的积极性，同时，这节生态课堂能够锻炼学生的观察能力、提高学生的专注力。

综上所述，湿地"235"生态课堂教学模式力求从形式和内容上让每一位师生都能够得到更多的发展机会，让每一位师生都能在自己的舞台上绽放。该模式实行以后，学生的学习动机大幅度增强，每一位小组成员都力争上游，并希望通过自己的不断提高来带动小组成绩的提高。在良性循环下，学生的学习效率大大提高，好奇心得到保护，想象力得到发展，发现问题、解决问题的能力不断提升。

第二节　湿地课堂与儿童情境化学习

随着时代的发展，我们的教育理念也在不断地进步。在当今的义务教育中，越来越强调培养学生的核心素养，实现"真人、全人"的培育目标，而生活化就越成为小学教育教学的一种重要的教学取向。湿地课堂凭借独特的环境、自然元素和生活教材等优势，有助于各学科教师结合湿地资源，开展各项综合素质培养。本节旨在厘清湿地课堂情境建构的基本要求，总结课堂情境类型，探究湿地课堂情境建构的有效策略，对落实"双减"政策和新课标等文件精神、促进学生核心素养发展方面具有现实意义。

一、湿地课堂中真实情境的本然解构

《方案》指出："加强知识学习与学生经验、现实生活、社会实践之间的联系，注重真实情境的创设，增强学生认识真实世界、解决真实问题的能力。"[1] 这意味着创设真实情境是提高课程实施水平，培育学生解决真实问题的必由之路。如何正确理解"真实情境"的内涵并把握其特点，进而有效分类，是真实情境建构的首要前提。

（一）真实情境的内涵

我国基础教育课程改革新方案特别强调要通过创设真实情境来提高课程实施水平。真实情境既来源于真实情境课程，也是新课标背景下学科教学所强调的一种新理念[2]。因此，可以从课程与教学两个层面对真实情境的内涵展开论述。

在课程层面，真实情境以学习活动为导向，以现实社会生活为依托来组织课程内容，从而打破学科学习与生活实践之间的壁垒，引导学生运用学科思维分析问题、解决问题，促使学生将学习活动与已有知识经验相联系。

在教学层面，真实情境作为教学实施的方法论，源自于情境认知理论，是对传统知识观与学习观的挑战。真实情境是课堂教学中培育学生核心素养的重要载体。在教学实践中创设真实而富有意义的学习情境需要锚定学生当下的真实生活，以及未来会遇到的生活情境，重视学生与情境在课堂教学中的共生。

（二）真实情境的特征

学习情境贯穿课堂教学的始终，创设真实而富有意义的学习情境则是教

---

[1] 教育部. 义务教育课程方案（2022 年版）[S]. 北京：北京师范大学出版社，2022：14.
[2] 王鉴，张文熙. 新课标背景下的真实情境教学：内涵、特点及策略 [J]. 教师教育学报，2023（6）：78-86.

学改革的重要追求。真实而富有意义的教学情境主要呈现以下特征。

(1) 生活性。

教育离不开生活，两者之间有着密切的联系。[①] 个体学习的内容来源于生活，他们也感知着生活中的知识。湿地课堂情境的初设强调生活性，本质上是为了重构学科逻辑和生活逻辑之间的关系，开拓理论与实践的统一路径。新课改要求科学世界回归生活世界，因此教师应结合生活开展情境教学，发现和挖掘学生日常生活中的学习资源。其中，需要挖掘的问题、经验等资源，应该是学生日常生活中经常遇到的事件所引发的"线索"。只有在面向真实社会生活的学习情境中，学生才能真正理解知识之于生活的价值。

(2) 探思性。

湿地情境的创设必须注重具体与抽象的结合，具体来说，就是将抽象的理解、感性的认知与具体的知识、实践应用相结合。探思性的学习情境首先要直观、可见、可感，才能有效地帮助学生探索世界，丰富学生的感官知识，促进感官知识向理性知识的转化和升华；同时，探思性的学习情境也应呈现出抽象而又具体的特征，才能够有效地激发学生的联想与想象能力，有助于学生掌握更多的知识，促进学生创造思维和抽象思维的相互发展。

(3) 学科性。

情境创设要体现学科特色，紧扣教学内容。不同的学科各有侧重点，而情境的构建必然要遵循学科特征，只有这样的情境才能有效地阐明学科知识在实际生活中的价值，帮助学生准确理解学科知识的内涵，激发他们学习的动力和热情。另外，强调学科性还意味着要挖掘学科自身的魅力，利用学科自身的内容和特征来创设情境，如利用数学的严密性、抽象性创设数学学习情境，利用语文的人文性、工具性创设语文学习情境。

(4) 实践性。

学习情境一定是内含问题的情境，它能有效地引发学生的思考。[②] 湿地课堂的情境创设呈现出实践性的特征。丰富的素材和真实的场景为回应教学目标、帮助学生理解教学内容和提升活动新颖性等服务，这一切则作用于学生对知识迁移应用的程度，即实践性层面的考虑。实践性的学习情境创设还须注意以下几点：一是情境问题与任务设计的难易程度需要考虑学生学情，如聚焦不同学段或不同班级的湿地课堂情境应具有差异性和针对性；二是情境的回应要与学科教学目标相契合，可以根据课程标准和教学任务来进行具

---

① 余文森. 论情境教学的教学论意义、类型及创设要求 [J]. 中小学教材教学, 2017 (1): 13-17.

② 毕华林, 卢姗姗. 化学课程中情境类型与特征分析 [J]. 中国教育学刊, 2011 (10): 60-63.

体设计；三是情境的创设应是趣味又新颖的，能够让学生有兴趣和动力参与湿地课堂的全过程。

（5）情感性。

陶行知认为，拥有真、善、美三大品质，并将其内化于心、外化于行的人才能被称为"完美的真人"，而每个人的真、善、美的培养应该通过面向现实世界的认知学习、体验活动和群体交流来实现，即通过具体的活动过程和丰富的人际关系经验来理解和学习。因此，湿地课堂通过教学活动、真实而丰富的经历和自然条件来培养、激励、引导和构建学生的社会价值观。通过对某些生活过程的逐步理解，正确价值观与必备品格逐渐在学生的思想和行为中外化，这是践行"真人教育"理想的重要路径。

总体而言，在湿地课堂中，学生需要具有生活性、探思性、学科性、实践性和情感性的学习情境。湿地课堂中真实情境的构建对新时代教学方法的改革有积极的指导作用，也有助于小学课堂教学的变革和创新。

（三）湿地课堂中真实情境的类型划分

（1）湿地感知情境。

湿地课堂丰富且多样的资源，不仅让学生的视野得到拓宽，并且在身临其境的课堂上，学生的感知能力得以锻炼。教师构建感知丰富的情境，可以让学生用眼看、用手摸、用耳听、用鼻闻、用嘴说，非常直观地感受到湿地中的一切事物，建立起对湿地的直接经验和感受。例如，教师依托苏教版音乐教材三年级下册第六单元《八只小鹅》的内容，在暨阳湖湿地开展音乐学习活动，创设"大自然的声音"情境。课堂上，学生以小组合作的形式分别感受五种打击乐器的音色特点与演奏方式，并创编出与打击乐器特色相符的节奏，在湿地中寻找与其相对应的声音，以五种不同的打击乐器为自然景象配乐、伴奏，从而促进学生的观察、联想、创作等能力的综合发展。

（2）启思探究情境。

探究能力是学生思维发展过程中的必备能力。学生通过探究性学习不仅可以使自己的思维更加灵活，而且可以提高学习的有效性。启思探究情境就是教师在课堂教学中创设类似于实验研究的环境，让学生进行科学探究学习，在已有的成果上深入研究，通过验证、讨论、总结等来形成对知识的建构和吸收。因此，教师应该尽可能模拟出一种科学、严谨的课堂氛围，让学生在发现问题与探究的过程中找到答案。例如，教师开展《探寻湿地植物，研究叶子之比》的课堂教学，依托苏教版数学教材六年级上册的活动"树叶中的比"，创设"探究树叶是否具有一样的比例"的情境研学活动。学生通过分组测量、计算、比较等活动，探索和发现一些湿地中植物叶子的长与宽的比，感受叶子形状与它的长与宽的比之间的关系，进一步积累数学活动经验。研学后，学生认识了不同的湿地植物，将这些植物与数学学科融合，在探索和发现植物叶子有关数学规律的活动中，深入感受自然现象的趣味性和多样性，感受数学与湿地、数学与生活之间的联系。

（3）激趣感悟情境。

激趣感悟情境要求教师能够根据教学目标与学情筛选出可以让学生获得良好情感体验的素材。学生对知识课堂的良好情感体验不外乎学习的兴趣得到激发和学习的动力得到发掘，包括课堂的形式、内容、方式受到学生的肯定。兴趣是学生最好的导师，动力则是受学生的兴趣驱使。激趣感悟情境要求情境建设富有新颖性和趣味性，以及寻找和开发学生的兴趣点。教师通过独特的激趣情境和相关教学材料的筛选与改造，积极引导学生对湿地课堂教学内容产生兴趣，不仅能激发学生对学习活动的主动性，还能提高他们学科学习的有效性。例如，教师针对不同年龄、不同特点、不同特长的学生在湿地实景中开展个性化课程，以学生的兴趣爱好为切入点，创设"环境保护多面手"的情境，包括"地球有我'小卫士'""自然游戏'小达人'""多彩研学'小能手'""科学创新'小玩家'""双语融合'小诗人'"五大主题活动，强调动手实践和主动探究，改变了传统听、记、背、练等"静态式"的学习方式，既有效提升了学生的表达、合作、创新能力，又契合了环境与环保教育的主题。

（4）生活应用情境。

对自身已有知识和经验的重构是学生学习的重要因素。学生在学校接受各学科教育之前和之后，都在不停地经历着生活事件，无论是在主动还是在被动的情形下，学生都在不断地积累对知识的经验和认知。在湿地课堂中，教师呈现生活应用的情境有利于加强新知识与学生已有知识和经验的联系，让学生感受知识与自己生活息息相关，从而提高学习的积极性。例如，教师在湿地课堂上构建生活问题情境："同学们在日常生活中被蚊子叮咬后，皮肤奇痒难忍的时候，为什么涂上花露水和肥皂水之后就可以减轻痛痒？"这一情境是学生亲身经历的，贴近学生生活，因而能将学习结果迁移至生活中，促进学生对学习的再感知。

综上，不同情境的建构需要教师依据教材、学情和湿地情况进行调整。在同一节课中也可创设多种情境，但需要注意各情境在教学框架和知识体系的统整性，不要为了创设情境而开展情境教学。

二、湿地课堂中情境构建的实然困境

（一）假而不真

所谓"假而不真"，即学习情境创设的出发点指向的是虚构的社会生活，而非学生当下或将来会面对的真实的生活，从而使学生的学科学习与社会生活实践脱节。究其原因，是教师没有真正理解学科知识的学习对于学生的现实意义，囿于学科知识的孤立视角，故而生硬地在学科学习与学生已有经验、社会生活之间建立虚假的关联。例如，有些语文教师在教授《推敲》一课时会创设情境："假如贾岛的事迹在微博上了热搜，引起了文人墨客们的热议与关注，可能会出现哪些词条？"诸如此类"为古人写热搜""为古人发朋友圈""为宇航员画地图""为鲁迅建纪念馆"的情境都架空了文本，脱离学生的生活实际，忽视学生现实生活的需要。

（二）泛而不实

所谓"泛而不实"，即学习情境创设的落脚点浮于一个装饰性背景，没有在学习情境与学习目标间建立实际关联，主要表现为情境中的事件背景、人物身份、核心事件、沟通对象、任务要求等要素不仅内部支离破碎，彼此割裂，而且缺乏针对性，与教学目标的指向相错位。例如，一些教师常常使用拍纪录片、写说明书、做小导游、写推荐信等"万能情境"，但这些高度同质化的情境创设只是流于课堂形式的表面热闹，实质上根本无助于学生对于知识的理解与应用。

综合上述分析，目前的课堂教学的情境创设主要囿于出发点不"真"与落脚点不"实"两个维度的困境。因而，想要挣脱这样"假""泛"的桎梏，教师也应从出发点与落脚点展开思考：一方面学习情境需要源于学生生活中的真实的需求，另一方面学习情境需要服务于现实生活中的问题解决。①

三、湿地课堂中情境构建的应然样态

在教育教学中，我们坚持不懈地探索、尝试、修正、反思、创新，其目的与追求就是努力缩短现实与目标之间的差距。情境的创设根植于学习活动之中，是学习目标与学生已有经验以及社会生活交互的现实载体。因此，构建湿地课堂中真实有效的学习情境，就需要从缩短目标与学生已有经验之间的差距、缩短目标与现实社会生活之间的差距两个维度展开思考。

（一）移"情"：唤醒学生的情感共鸣

在湿地课堂的学习情境中，移"情"是指学习者可以站在学习同伴的角度、活动组织者的角度、沟通对象的角度思考问题，理解他人的情感状态与心理诉求，进而更加明晰自己所承担的角色的责任与要求。在这一过程中，唤醒学生的情感共鸣可以助推学生深度学习，促使学生将丰富的情感从已有经验中迁移到新的学习内容上，从而帮助学生更深入地理解和掌握知识，形

---

① 魏小娜，王静尧. 语文学习情境的创设：课标解读与实践经验 [J]. 小学语文教学，2023 (25)：4-7.

成自己的认知结构和思维方式。

（二）入"境"：驱动学生的生活应用

在湿地课堂的学习情境中，入"境"不仅是让学生沉浸在特定情境中，更是使学生能够像置身于真实情境中一样去体验、探索问题解决的过程。学生在课堂情境中完成了学习任务，将来在现实生活中遇到相似的问题时，会更加有动力、有信心、有胆量迎难而上，驱动自身将学科知识应用到现实生活中。学生在真实的情境中体验、学习和探索，将抽象的知识转化为具体的实践经验，实现从课堂到生活的迁移，从而更好地将知识内化为自己的认知结构，有助于提升学习效果和实践能力。

四、湿地课堂中真实情境的使然策略

（一）依托湿地资源的情境开发

湿地课堂丰富多样的资源可供不同群体进行学习。在湿地应用方面，情境教学课堂应该更加积极地探索学生自主学习的空间，让学生主动参与学习，形成乐于探究的学习氛围。湿地课堂情境的创设不是教材的简单融合，而是结合教学目标、教学任务和教材特点，创造性地理解教材，将湿地素材与教材相结合，为学生展现真实生活的同时，也能让学生从现实中汲取营养。

湿地是生态环境的重要组成部分，强调湿地环境的保护是湿地课堂必不可少的内容。因此，教师可以引导学生从"自己的行为对环境的影响"的角度思考环保的意义，提升学生的环保意识，也可以带领学生从"环境破坏事件与环境保护成果的对比"中讨论可行之策，增强学生保护湿地的责任感。

（二）根植学习活动的情境加工

教师设计和开展湿地课堂的目的，就是让学生在参与学习活动时能够有更切身的体验，从而更好地展开学习。因此，学习情境的加工应该根植于学习活动之中，创设出能助推活动进程的、辅助学生理解学习活动的情境。首先，湿地课堂应该呈现出师生互动、生生互动、学生与湿地互动等各元素的互动场景，让学生的学习兴趣和学习动力得以增强。其次，学生应该在与湿地中的事与物等湿地元素的互动中，感知生活、积累经验。最后，借助学校所具有的天然实践场地的优势，教师应该带领学生亲身体验，实地操作，开展实验等。

基于学习活动的内容开展的情境加工应该是二者的相辅相成。一方面，基于湿地这个特殊的场景，教师要注意培养学生正确的生态观念；另一方面，关于湿地的生态知识更加要注重科学性和准确性，教师需要结合不同学段、不同学科和不同班级的学生学情，设计相应的学习活动，其中应该涵盖对湿地的相关知识的学习。值得注意的是，同年龄阶段的学生对湿地课堂教学内容的接收能力，以及对湿地课堂的感知度具有差异。因此，教师应该注重学生的学情，开发契合不同年龄和兴趣特点的湿地课程，推动个性化教学实践的发展，用适宜的教学内容和方式来保障湿地课堂教学活动的高效性和持续性。

(三) 联通学科逻辑与生活逻辑的情境整合

在湿地课堂中构建真实情境不仅需要强调学生的自主学习，还要求学生能将课堂中学习到的知识应用于真实生活或未来生活有可能会遇到的场景中。湿地课堂教学要改善学生的学习方式，提高教师的教学效率，就必须改进教学模式，创设情境，以增加学生的社会生活参与度，培养他们发现问题、思考问题、解决问题的能力。同时，要在课堂教学中让学生经历"情境化—去情境化—再情境化"的过程，使得学习迁移真正发生。通过实地探究、角色扮演、协同调查等实践活动，学生可以更好地将知识与实际应用场景联系起来。

湿地课堂要求教师将知识转化为实践任务，让学生通过具体的任务操作过程学习和掌握内容，从而对知识与技能有更深的理解。在湿地课堂中，教师应鼓励学生明确分工，共同合作，善于在小组学习中共同讨论不同方法并实践、总结。这样不仅可以提高团队的协作性，而且可以快速解决课堂问题。在构建学习小组时应当注重以下两方面的问题：一方面，教师在对学生进行分组时不能盲目地乱分，一定要有所依据；另一方面，小组构建完毕以后，运作机制必不可少。制定良好的合作和运行机制，对小组的良性发展具有促进作用。身为教师，更多的是引导学生寻找解决问题的办法，引导学生自己解决问题，这样才能有效地促进学生问题解决能力的提升，还能检验和锻炼学生的知识迁移能力。

湿地课堂中真实情境的整合必须遵循以下要点：一是以学科学习为主线，以真实问题解决为主导；二是以思维训练为重点，促进学生思维能力的发展；三是以文化为背景，湿地课堂情境整合应当抓住当前社会热议话题与主旋律，让学生关注时代背景；四是以审美为表现，让学生在情境中接受智育、美育、德育、体育与劳动教育。

(四) 指向思维发展的情境贯穿

提出问题是辩证思维发展的具体表现和探索知识的推进条件。在传统的教学中，一些教师倾向于用简单明了和形式化的问题来介绍知识点，或者过度干扰学生的学习行为，导致学生不需要想太多就能得到答案，这不利于激活学生的思维。劣构问题的提出与解决是思维发散的良好基础，而劣构问题需要融入于贯穿学习过程的学习情境。因此，构建指向思维发展的学习情境在课堂教学中既要有时间进程上的贯穿，又要有空间立体上的贯穿。

一方面，湿地课堂中的学习情境应贯穿于学生的观察、发现、探究、记录、分享、汇总、展示等一系列行为动程当中。情境的创设既要主题和思维框架前后一致，又要随着活动的深入提升情境的复杂性，从而保障学生思维训练的连贯性与发展性。另一方面，湿地课堂中的学习情境应贯穿于物理空间、社会空间、信息空间的空间交互当中。教师应充分考虑多空间的融合，促进各类空间的互联互通,[1] 从而扩展学生的视野，拓宽他们思考问题的广度。

---

[1] 田阳，万青青，陈鹏，等. 多空间融合视域下学习环境及学习情境探究 [J]. 中国电化教育，2020（3）：123-130.

第三节　湿地课堂表现性任务的设计与实践

一、湿地课堂表现性任务的内涵解析

表现性任务是集教、学、评于一身的综合性任务类型，要求学生通过肢体语言、行为、绘画、口头或文字语言等媒介向外界表露出正在学习或已经学到的知识、技能与理解以及内心世界的感受、想法。

表现性任务强调学生的实际表现行为，并以此作为评价其学习情况的依据。正如华东师范大学王小明老师所认为的那样，表现性任务是学生能力倾向的外在表现，是表现性评价的对象，能够检测学生的学习效果在特定目标上的达成情况。[①] 因此，表现性任务在评价学生的学习效果方面有着天然的优势。

表现性任务通常是开放的，没有唯一的标准答案，不同的表现或任务成果都符合评价标准。同时，表现性任务也强调真实的或模拟真实的任务情境，以激发学生的学习兴趣和提高学习动机，提高学生的身心参与度。

表现性任务常见的形式包括纸笔任务、展示、实验与调查、口头表达与角色扮演、项目等，这些表现性任务可以有效地将学生学习或应用的知识、技能及理解等转换为具体的、可测量的形式。

此外，设计表现性任务也需要满足一些特征和条件，包括设计与现实世界中完全相同或近似的情境、要求学生描述自己的思考过程、学生可以使用各种表现手法完成任务、允许多种解法同时存在等。

综上所述，表现性任务是一种综合性的评价方式，旨在通过学生的实际表现来评估其学习成果和能力发展，考验学生在复杂的情境中综合运用知识和能力解决问题的水平。它鼓励学生发挥创造力，展示所知所能，并促进高阶思维成果的发展，另一方面也体现了更高层次的教学要求。

二、湿地课堂表现性任务的价值追求

新课改提倡课堂教学应以社会情境中的探究性学习活动为主，要为学生创设阅读情境和综合性学习情境，课堂教学要围绕"大单元、大情境、大任务"展开教学，积极开展自主、合作、探究学习。表现性任务正是一种符合新课改需要，融合了多项学习要素，富有结构化，具有挑战性的学习任务类型。

[①] 王小明. 表现性评价：一种高级学习的评价方法 [J]. 全球教育展望, 2003 (11): 47-52.

在实际教学中，表现性任务是在湿地课堂中发展与培育学生核心素养的关键，教师需要适时采用表现性任务来落实"大单元、大情境、大任务"，进一步提升湿地课堂的教学质量。湿地课堂之所以需要表现性任务，主要是出于以下几个方面的考虑。

（一）激发学生的学习兴趣和积极性

表现性任务可以改变传统死记硬背、重复操练、被动的学习方式造成学生学习动力严重不足的现状，转换学生被动学习的状态，激发学生学习的内驱力。

湿地课堂上的表现性任务通过实际操作和展示，让学生能够更直观地感受到湿地的美丽和生态价值，从而增强对湿地保护的意识和责任感。同时，这些任务也为学生提供了展示自我、实现自我价值的机会，有助于激发学生的学习动力和自信心。

（二）丰富学生的知识类型和学习体验

湿地课堂上的表现性任务要求学生在真实的研究过程中，调动已有的知识和能力，能通过实际操作、展示和创造，将所学到的湿地知识付诸实践，如湿地生态项目的设计与实施、湿地生态报告或演讲稿的撰写等。

这些任务要求学生不仅理解湿地的基本概念，还能够将其应用于实际情境中，做到真实有效地解决问题，从而增强学生对湿地课程知识的迁移和实践，促进学生高阶思维的发展，提高解决现实复杂问题的能力，高质量地提升学生对湿地知识的理解和湿地文化的体验。

（三）提升学生的实践能力和创新能力

湿地课堂中的表现性任务通常会在教学中设定一个极具挑战性的目标，并且预设学生在学习过程中遇到的问题和困难，需要学生充分调动已有的知识和能力，完成具体的学习任务或做出相应的表现。

湿地课堂不仅仅是传授知识，更重要的是培养学生的实践能力和创新精神。学生通过将理论知识转化为实际操作，能够亲自动手、发挥创意完成湿地生态项目的设计与实施、湿地创意作品的创作等任务，从而在解决问题的同时加深对学习内容的理解，锻炼其实践能力和解决问题的能力。

（四）培养学生的团队协作和沟通能力

湿地课堂中的很多表现性任务需要学生分组合作完成，如湿地生态项目的实施、湿地模拟实验等。在这些任务中，学生需要与他人协作、分工合作，共同解决问题。这不仅能够培养学生的团队协作能力，而且能够锻炼其沟通能力和人际交往能力。

综上所述，表现性任务有助于实现湿地课堂的多元化教学目标，促进学生全面发展。湿地课堂上的表现性任务不仅能够检验学生的湿地知识掌握情况和应用能力，提升学生的实践能力和创新能力，培养学生的团队协作和沟通能力，还能较大程度上激发学生的学习兴趣和积极性。

三、湿地课堂中表现性任务设计的核心要素解析

湿地课堂中的表现性任务不是一种无目的的灌输，不局限于一个知识点的学习，其展开的活动也不是孤立、缺少关联的。它帮助学生产生深度学习，引发学生的持续性思考和理解，有效规避了将学生智力目标与核心素养相互割裂的负面教学现象。在湿地课堂中设计与实施表现性任务，首先要了解和掌握表现性任务的基本构成要素及各要素之间的联系。

（一）表现性任务的核心要素

表现性任务需要为学生提供真实或模拟真实的情境，要求学生在具体的问题情境下展示其对所学知识和技能的运用，旨在促进核心素养的落地生根。一个完整的表现性任务主要包括五大要素。

1. 真实或模拟真实的情境

表现性任务的真实指向任务与学生自身的相关性，如"你的朋友正在为自己肥胖的体型而苦恼，他/她跑来向你哭诉，问你应该怎么办"。表现性任务越真实，功能越强大，学生动力越大[1]，学生在完成任务时的真实性感受也就越强。

表现性任务可以分为真实的情境或模拟真实的情境，但是其本质特点就是把学习内容转变为具体情境下的学习任务，为学生运用知识和技能提供条件，提高学生的学习内驱力。

2. 挑战

挑战则要求学生理解问题的本质，而不是根据某些特定的提示或线索来回忆毫无关联的知识点。表现性任务要明确指出学生在任务中需要达成什么目的、完成什么挑战，如"向朋友提建议"。

3. 学生的角色

表现性任务要明确指出学生在任务中扮演什么角色，现实生活中的不同角色都可以被学生所扮演，如工程师、艺术家、导游、法官等，而就"向朋友提建议"这一挑战而言，学生的角色就是他们自身。

4. 作品或表现

在表现性任务中，学生通过作品或表现展示自己对任务目标的掌握程度，这也是评估其素养水平的证据，如调查报告、海报、演讲等。如在"向朋友提建议"的任务中，表现性任务可以是一封手写信或一次口头沟通。

---

[1] 希尔. 设计与运用表现性任务：促进学生学习与评估[M]. 杜丹丹, 杭秀, 译. 福州：福建教育出版社, 2019：82.

5. 受众

在表现性任务中，与扮演角色相对的要素是受众，也就是学生的作品或表现是给谁看、为谁而完成的对象，如上述举例的受众就是学生的朋友。

在这五大要素中，真实或模拟真实的问题情境是表现性任务设计的关键，但并不是越贴近现实生活越好，可以是"实际的和真正的"或者"使其真实或看上去真实的"任务，即教师应关注什么样的活动能使学生具备解决现实世界中复杂问题的专家思维和综合素养。

(二) 设计表现性任务的原则

表现性任务的核心要素之间不是互相独立的，而是相互联系、相互影响、相互制约的。因此，在设计湿地课堂中的表现性任务时，应当遵循以下几点原则。

1. 真实性

表现性任务的本质特点就是真实性，即把学习内容转变为具体情境下的学习任务。设计湿地课堂中的表现性任务，需要教师要打破学习的壁垒，积极建立与学校、社会和家庭之间的现实联系，从而帮助学生在高真实性的任务中，感受高强度的参与感和相关性。

2. 统一性

设计表现性任务时要以促进学生的核心素养为根本，不能脱离课程标准和教材。表现性任务要与课程标准所设定的素养目标保持一致，聚焦课程或单元中的大观念、核心概念或技能，从而改变教授零散的知识点的教学状态，使学生能对不同单元、不同系统的知识形成自我的架构，实现真正的贯通式学习。

3. 发展性

表现性任务要落在学生的最近发展区内，既不能太难，让学生感到无所适从，也不能太简单，让学生丧失积极性。表现性任务要尽可能地对学生具有意义和吸引力，帮助学生建立起知识点之间的联系，找到内在逻辑，让学生既能够感受到挑战，又愿意投入其中。

4. 公平性

设计表现性任务应尽可能地对不同背景的学生保持公平，任务中的信息材料对性别、家庭经济条件不同的学生来说都是熟悉的，保证所有学生都能获得完成任务所需要的资源。

5. 可行性

湿地课堂的表现性任务的"指导语要清晰、易于理解，符合学生的认知水平"①。学生可以主动串联起孤立、琐碎、零散的知识点，建立已知和未知之间的联系，在自主、合作、探究的过程中解决真实情境中复杂的问题。在完成任务后，学生也能做到以纲带目，以点带面，形成系统化的知识网络，综合思考、解决问题的能力也逐步提升。

(三) 表现性任务的设计方式

在真实情境中学会的能力才是真实的能力。表现性任务只有整合了各种资源，综合了多种知识和技能，才能设计出特定情境下的真实性任务，才能让学生在真实的情境中解决问题，学会理解与反思，培养解决实际问题的能力。遵循表现性任务的基本原则，湿地课堂中的表现性任务主要有以下几种设计方式。

1. 结合实际，创造真实性任务

如前文所述，新课改提倡课堂教学应以社会情境中的探究性学习活动为主，要为学生创设阅读情境和综合性学习情境，让学生开展自主、合作、探究学习。表现性任务的设计要满足课堂之外的世界的真实需求，或者让学生创造的产品被真实的人使用，如为附近公园的新游乐区提出设计建议。

2. 聚焦学生，确定任务目标

表现性任务应聚焦于有关学生生活的难题、议题或话题，或学生即将迈入的成人世界里会遇到的难题和议题，如讨论如何交友，以及为什么会失去朋友。

3. 制定角色，激发学习兴趣

表现性任务要赋予学生新的身份，引导学生在特定的情境中解决问题，如"扮演护林员的角色，为湿地公园的环保提出建议"。在这样的情境中，学生作为主动的学习者，面对一种具有现实意义的假定场景，即使它可能是虚拟的，也能充分激发学生的学习兴趣。

4. 贴近学科，设计研究性学习

表现性任务可以适当涉及成年人在生活环境中或专业人士在工作环境中使用的工具、任务、标准或流程，如要求学生使用科学的方法和工具测量滑板在各种表面的速度。

在制定表现性任务时，可以选择这四种基本方式之一或同时结合多种方式。无论表现性任务是何种类型，都应要求学生投入一种全新的、复杂的思考过程，使学生拥有充足的机会进行练习、评价、完善和反思，以达到所要求的表现标准。

---

① 周文叶，毛玮洁. 表现性评价：促进素养养成 [J]. 全球教育展望，2022 (5)：94-105.

四、湿地课堂中表现性任务的实施要点

表现性任务的设计、实践和评价是相互关联的。想要有效落实湿地课堂中的表现性任务，促进学生学习与评估，就必须处理好各方面的要点以及彼此的联系。在湿地课堂中，表现性任务的实施要点主要体现在以下几个方面。

（一）保证任务的真实性和情境性

湿地课堂中的表现性任务应当紧密结合湿地生态的特点，模拟真实的湿地环境或情境，使学生能够在实际操作中体验和学习，确保学生能够在实际操作中深入了解湿地的生态系统和功能。

（二）凸显学生的主体性

在表现性任务中，学生虽然在不同任务情境下被赋予的角色有所不同，但仍是活动的主体。教师则总是扮演引导者和支持者的角色，引导学生在特定的情境中解决问题。在这样的任务中，学生成为主动的学习者，通过自主思考、探索和解决问题，提升自己的创新能力和实践能力。

（三）确保任务的多样性和层次性

表现性任务应涵盖多个方面，包括湿地观察、记录、实验、项目设计等，以满足不同学生的学习需求。同时，任务难度应具有层次性，使学生能够根据自身水平选择合适的任务进行挑战。

（四）注重团队协作和交流

表现性任务往往需要学生分组完成，因此团队协作和交流能力至关重要。教师应引导学生学会分工合作、相互支持，培养他们的团队精神和沟通能力。

（五）及时评价与反馈

在任务完成后，教师应及时对学生的表现进行评价和反馈。评价应关注学生在任务中的表现、思考和创新点，而不仅仅是任务成果。通过反馈，学生将认识自己的不足和优点，并产生进一步学习的动力。

（六）强化环保意识与责任感

在表现性任务中，教师应引导学生认识到湿地生态的重要性，强化他们的环保意识和责任感。通过实际操作和体验，学生深刻感受到保护湿地生态的紧迫性和必要性。

综上所述，湿地课堂中的表现性任务实践要点涵盖了任务的真实性和情境性、学生的主体性、任务的多样性和层次性、团队协作和交流、及时评价与反馈以及强化环保意识与责任感等方面。这些要点有助于确保表现性任务的有效实施，提升湿地课堂的教学效果。

五、湿地课堂中表现性任务的实践案例

表现性任务是富有"表现性"和"可测量"的学习活动，表现性任务首先要呈现给学生一个具有挑战性和真实性的任务目标，学生通过综合运用多种指向任务目标的知识和技能来完成复杂情境中的任务，教师则需要使用清晰、明确、可操作的测评工具来评估学生的表现。因而，表现性任务的设计是一项专业的教育活动，教师在进行设计时需要秉持专业精神，遵循系统的、规范的、科学的设计框架，贯彻新课程理念，以具体的、可见的学习活动达成学生核心素养的培育。

GRASPS框架为表现性任务的设计提供了一个实用工具。它的每一个字母对应一个任务元素——目标（Goal）、角色（Role）、对象（Audience）、情境（Situation）、表现或产品（Performance/Product）、标准（Standards），这些要素描述了真实情境中表现性任务的特征[①]。

G——目标：任务要解决的问题与挑战是什么？

R——角色：学生要扮演怎样的角色，以什么样的身份完成此项任务？

A——对象：任务面向的客户与服务对象是谁？

S——情境：任务所处的具体情境是什么？

P——表现或产品：任务交付的产品或成果有哪些？

S——标准：检测产品有效性或评估成果是否达成的指标是什么？

GRASPS框架既是架构表现性任务的行之有效的框架，也是检验任务设计是否具有专业性的测评工具。结合前文对表现性任务设计的核心要素与实施要点的阐述，依托暨阳湖湿地公园的自然资源，本部分我们将借助GRASPS框架对湿地课堂中表现性任务的实践案例进行呈现并展开分析。

（一）案例呈现

1. 案例一：主播带你游湿地

学校获评"苏州湿地自然学校"，为更好地宣传湿地，推动环境教育和自然教育（G），学校拟成立"世茂星主播"工作室，现招募短视频传媒组，拍摄以湿地元素为内容的短视频，进行受众面更广的宣传介绍（S）。

作为短视频传媒组的一名成员（R），为了向广大市民及湿地来访者宣传介绍湿地相关知识（A），你需要通过查找资料、实地观察、访问专家的方式，研究湿地动植物的生长习性和生活样态，并学习掌握短视频拍摄所需要的专业技术。你们小组最终要能够通过资料查阅、内容重组、解说词撰写、文案设计、后期剪辑、制作等方式进行视频拍摄，完成至少一期符合实

[①] 麦克泰格，威金斯. 理解为先单元教学设计实例：教师专业发展工具书 [M]. 盛群力，张恩铭，王陈烁，等译. 宁波：宁波出版社，2020：7-11.

际需要的湿地宣教短视频拍摄,并在学校公众号上发布(P),这一期的视频要获得 5 000 以上的点击量并使观看者对湿地生态有更为深入的了解,增强他们的责任意识与环保意识(S)。

2. 案例二:湿地生态标志设计

暨阳湖湿地公园发起湿地生态标志设计的征集,一枚创意新颖、寓意丰富的生态标志可以唤醒人们的环保意识与责任感(G)。

作为一名湿地爱好者(R),你需要设计出既符合湿地生态特征,又能有效传递环保理念的标志(S),以提升公众(A)对湿地保护的认识和参与度。你需要深入课文文本,回忆标志设计的相关知识,并对标志进行分类,明确标志的构成元素;你需要实地探访湿地公园并绘制湿地标志思维导图。最终你需要与小组同学共同设计出一枚观点突出、新颖美观的湿地生态标志(P),在公园长廊处展出你们小组设计的标志,并能够邀请不少于 5 名游客写下对此标志传达出的环保意识的理解(S)。

3. 案例三:途见湿地

湿地具有丰富多样的植物资源,对湿地奥秘的探寻可以从其丰富多样的植物入手,班级将要为暨阳湖湿地公园绘制植物图鉴(G)。

你作为班级生物兴趣小组的成员(R),需要与小组成员展开合作绘制植物图鉴,使得全校师生(A)能更加了解湿地植物的多样性,发现植物之美(S)。你需要收集资料,概括不同植物的不同特征,并根据这些特征从多个角度将植物进行分类;你需要亲自深入湿地,观察并拍摄植物身上最明显的三个特征,如叶、花、果实、树干、根等,并用文字进行详细概括。最终你需要与小组同伴们一起绘制完成植物图鉴(P)并成功投稿校园报社(S)。

4. 案例四:冬藏

古语有云:"春生夏长,秋敛冬藏。"意思是农作物在春天萌生,夏天滋长,秋天收获,冬天储藏。冬藏时节,貌似"这里的黎明静悄悄",然而正是在这不动声色之间,蕴含着古老而深厚的中国哲学——极暗处在守望光明喷薄,极静处在等待急管繁弦,极淡处在酝酿万紫千红。我们能否在动植物冬藏的智慧中找到值得我们学习和感悟的人生哲理(G)呢?

作为班级成员(R),你需要与老师以及班级成员共同开展实践探究,为全校师生(A)进行"冬藏"主题宣讲,宣传尊重自然、顺应自然、保护自然的发展理念(S)。你需要在网络收集"刈芦"的相关操作,并在安全员的陪护下亲自体验"刈芦"的过程;你需要观察松鼠储存食物过冬的过程,并在成果分享会上用生动的语言对此过程进行描述。最终你需要将自己对于"冬藏"的思考联系生活实际进行总结,并成功举办校园"冬藏"主题宣讲会(P),让参会人员体会到动植物"冬藏"中的人生哲理(S)。

(二) 案例实践要点

1. 依托湿地资源，创设真实有效的问题情境

基于新课程理念的表现性任务的设计要满足课堂之外的世界的真实需求，要为学生创设有意义的学习情境，开展自主、合作、探究学习。学校与暨阳湖湿地公园仅一墙之隔，具有得天独厚的优势，为学校开展项目式学习提供了适宜的学习场所和实验场地。四项案例都依托湿地资源创设任务情境，围绕自然体验、融合适应、绿色旅行、创意表达进行表现性任务设计，促进多学科知识整合与应用，将"真实有效的问题情境""真实世界的迁移应用"与学生的高阶能力形成深度融合。利用湿地资源进行情境创设，一方面培养了学生环保意识和社会责任感，另一方面为湿地可持续发展提供了有力支持。

2. 注重协同合作，给予学生多向度探索空间

在团队合作中，难免会出现意见不合的情况，学生需要与团队成员共同协作，确保团队合作的和谐与高效，在这一进程中可以培养他们的团队合作能力和沟通能力。在呈现的四项实践案例中，每项任务的完成都需要学生展开小组合作，多个主体参与的表现性任务会生发更加多元的思维路径，给予了学生多向度探索的空间，学生在设计过程中不断尝试、探索，培养创新设计思维和实践能力。

3. 明确任务目标，使任务结果可视化

表现性任务不仅使核心问题可操作化，还承担着目标达成的评价功能。表现性任务的评价载体是完成任务后可见的产品或结果，因此教师需要在任务开始前就将评估标准提供给学生，让学生在完成任务的过程中不断修正、调控、完善原定方案，以确保高效地达成目标。所呈现的四项实践案例中都追求"让学习结果可视化"，学生在完成任务后及时整合与提炼已有的作业成果，并积极利用校园平台进行展评，从而获得产品展评的"高光时刻"。

第四节　湿地课堂活动的类型特征及实践要津

随着教育改革的不断深入，湿地课堂作为一种新兴的教学模式，逐渐受到教育工作者的关注。湿地课堂不仅为学生提供了一个接触大自然、亲身实践的机会，也对教师有效组织与实施教学活动提出了新的挑战。在这样的背景下，如何设计和实施符合湿地课堂特质的教学活动，成了当前教育工作者亟待解决的问题。本节通过对湿地课堂活动类型、师生互动形式、实施步骤等方面的分析，旨在为教师提供有效的活动组织策略，以提升湿地课堂的教学质量，促进学生的全面发展。

一、湿地课堂的活动类型阐述

在湿地课堂的教学实践中，活动类型的选择与设计直接关系到教学效果的实现。由于湿地课堂不同于传统的课堂环境，其活动形式也应体现出场所、主体、内容及目的等多方面的特点和要求。因此，深入探讨湿地课堂的活动类型，对于教师如何有效组织和实施教学活动具有重要的指导意义。

1. 基于不同形式的活动类型

从教师开展活动的场所来看，教学活动可分为课内活动和课外活动两种。其中，课内活动主要是指在课堂上开展的教学活动，就是教师为执行教学计划和大纲而开展的各类学科课堂教学活动。课外活动则相对于课内活动，是在教学计划和大纲范围之外而实施的各种教学活动，包含校内课外活动、校外活动等，算是一种补充课堂，也就是常说的"第二课堂"。

课内活动和课外活动二者教学各有侧重。其一，课内活动的教学突出"基础性、知识性、应用性"的优势，侧重对学科知识的教授和学科素养的培养。其二，课外活动的教学突出"创造性、探索性、研究性"的优势，是课内教学的必要补充，与课内活动教学相互配合，能够更好地促进学生的全面发展。湿地课堂在教学场所上不属于传统意义上的校园课堂，活动的组织强调知识性和实践性的统整，关注课内外活动的整合，是推进湿地课堂教学的重要思路。

2. 基于不同学校主体的活动类型

从教育实施的全过程来看，学校主体包含三个方面：一是推动并管理学校正常运行的教育领导主体，二是开展知识教学的教师群体，三是接受知识学习的学生群体。因此，从推动教育实施的不同主体来划分，可划分为学校管理者的活动、教师的活动和学生的活动三类。首先，学校管理者的活动主要指行政工作方面的活动，如校办、教务、安全、后勤等方面。其次，教师的活动指负责并推动学科教学任务的活动，主要侧重于教师的自我学习与发展活动、教师对班级学生的学习管理活动等。最后，学生的活动是指学生在校园中的学习、生活等自我成长和社会交往活动。因此，湿地课程体系的优化和深化，需要依靠不同主体活动的开展、配合和创新。

3. 基于不同内容的活动类型

学校有不同学科，各学科教师为了完成本学科的教学内容，从而积极开展契合本学科教学内容和任务的活动。从内容上看，有德育、智育、体育、美育、劳动技术教育，以及发展个性特长等各种活动。其中智育活动指的是科学知识教育活动，包括语文、数学、英语、科学等学科基础知识的教授。德育活动则是推动学生树立正确"三观"（世界观、人生观、价值观）的各类活动，如爱国主义教育活动、革命文化教育活动等。体育活动则是为了让学生强健体魄而开展的各类身体训练活动，如跳绳、乒乓球运动活动等。美育活动主要是促进学生审美素养发展的音乐、美术等艺术类活动，包括唱歌活动、绘画活动等。劳动技术教育活动则是侧重于劳动技能培养的活动，包括清扫整理、农事体验活动等。虽然不同内容的活动侧重点不同，但是相互之间并不是完全独立的。当前，新课改强调"五育融合"。因此，湿地课堂活动的设计也要重视综合性育人活动，从而促进学生的综合发展。

4. 基于不同教学目的的活动类型

教师针对不同的教学目的，会有针对性地开展教学活动。比如，有时侧重学生对知识的认知，有时侧重学生对知识的操作应用，有时又强调学生的情感体验，有时还强调对学生综合性问题分析与解决能力的培养。换句话说，为了契合目标内容的教学需求，教师会设计和融入不同的活动类型，比如，认知性活动、操作性活动、体验性活动、观察类活动、调查类活动、反思性活动、审美性活动、游戏类活动等。因此，湿地课堂的活动组织也需要教师根据学科任务、教学目标和学生能力培养计划等来综合考虑，既关注学生的个性能力成长，也关注不同活动类型的特点和优势，从而推动教学进程。

综上，无论依据怎样的需要，教师应关注当前班级学生的学情与核心教学内容任务，有意识地选择适宜的活动类型，进而以多样化的活动促进学生思维力、学习力的发展与提升。

二、湿地课堂活动的典型特征

在湿地课堂的教学过程中，活动的设计不仅要注重内容的丰富性和多样性，还必须遵循一定的特征，以确保教学目标的实现和学生能力的全面发展。构建湿地课堂活动,需要教师从问题导向、实践操作、综合应用及育人目标等多个维度进行思考和设计。以下将重点分析湿地课堂活动应遵循的四个关键特征。

1. 问题性

问题是思想的具体表现和探索知识的推进条件。知识学习的目标之一是更好地解决实际问题。因此,问题就意味着师生思维的跳动,设置一个个活动任务,从而驱动课堂活动进程。教师在教学设计时,往往强调以问题切入,强调以主问题统领若干个小问题,形成问题链,步步为营,环环相扣,层层递进。然而,教师需要思考:"这些问题都是谁提出来的?是提出问题重要,是解决问题重要,还是提出并解决问题重要?老师提出问题可以吗?"如果整堂课都是教师在提问题,就会呈现出经常被诟病的"满堂问",这是不合适的。这时,教师应该换一种做法,就是把问题活动化,让问题隐含在活动中,学生在活动过程中去发现问题,解决问题。这样做会更符合新课改的精神特征:综合性和实践性。

2. 实践性

对于教师来说,课堂教学要极其注重科学性和实践性。所谓课堂的科学性,就是要求教师应该具有深厚的专业知识储备,拥有提出问题、解释问题、解决问题的能力,具备相当的学科素养。所谓课堂的实践性,一是要求教师拥有娴熟的教学技能,能够把课堂教学变成一门艺术,把知识深入浅出地传授给学生,并且能够激发出学生的兴趣;二是强调以学生为主的课堂活动,既提高学生的学习兴趣,也强调培养学生的动手能力以及创新能力。湿地课堂强调师生互动,注重实践性活动的开展,可以让学生有效地参与学习活动,提高教学质量。

3. 综合性

美国著名哲学家、教育家杜威认为,教育不仅仅是学校中的学习活动,更是个人在社会生活中与人接触、相互影响、逐步扩大和改进经验的过程。教育应紧密地和生活结为一体,传递人类积累的经验,丰富人类经验的内容,增强运用经验指导生活和适应社会的能力。同时,他还强调学校应成为一个小型的社会,让儿童在其中体验真实的社会生活。教师应把教授知识的课堂变成儿童活动的乐园,引导儿童积极投入活动,在活动中培养良好的品德和获得知识,实现生活、生长和经验的改造。因此,我们应让学校融入社会,让课堂关联生活。然而,现实世界中要解决的问题是多元化的。要解决一个现实的问题,个体或群体往往需要综合运用多学科知识来完成。也正因为如此,教师需要引导学生从多角度思考,进而灵活运用不同范畴的知识和技能来解决问题。湿地课堂独特的多样化资源和多元场景优势,有助于学生对知识的综合把握，从而提高综合素养。

4. 育人性

课堂教学的第一目的不是培养生存技能，而是提高生命质量。也就是说，教育应当把培养优秀的人、培养有质量的生命作为第一目的。或许现阶段，不少教师在开展课程教学活动时忽略了学生情感的发展。重理论而轻实践的教学，造成了大部分学生"读死书"，变成"书呆子"。当前，学生在学校学到的更多是各类学科的文化知识，而人性关怀的教育慢慢减少。因此，湿地课堂活动的组织与实施要摆脱一味强调知识和技能的教学，要注重教育的"真善美"，即优秀品格的培养。

三、湿地课堂活动的师生互动形式

湿地课堂的独特之处不仅仅在于教学内容和环境的特殊性，更在于其师生互动形式的多样性和灵活性。有效的师生互动是促进学生深度学习和理解的重要手段。在湿地课堂上，师生之间的互动不是仅限于传统的教学模式，而是涵盖了多种形式的沟通与交流，推动了教学的多维度发展。下面我们将探讨湿地课堂中各种师生互动形式的具体表现及其对教学效果的影响。

1. 教师—学生群体

从教师到学生群体的互动过程，适用于班级基础性学科知识的教授。例如，数学公式与原理的呈现，语文字词读音的教学，生物现象的规律总结等。这些知识属于学生初次接触、需要掌握和记忆的普适性知识点，该过程是学生单方面接受知识的过程。

2. 学生群体—教师

从学生群体到教师的互动过程，体现为班级学生群体遭遇问题主动寻求教师帮助和辅导的过程，也就是班级学生群体反馈信息、教师接受信息的过程。例如，在《树叶中的比》湿地课堂中，学生对自己手上的不同树叶进行测量，再将测量数据反馈给教师，这一过程是教师接受信息和了解学生学习情况的过程。

3. 个人—学生群体—教师

从个人到学生群体再到教师的互动过程，体现为某一学生个体遇到问题，先找同学讨论，再找教师反馈的过程。这适用于"个人思考—小组讨论—结果展示"的活动环节。

4. 个人—教师—学生群体

从个人到教师再到学生群体的互动过程，即某一学生个体将自己的疑问或方法反馈给教师，教师评估后认为适用于其他学生，从而让班级学生都接收此信息的过程。这适用于"个人总结—教师反馈—班级讨论"的活动环节。

5. 教师群体—学生群体

从教师群体到学生群体的互动过程，不同于传统课堂的教学形式，该场景更多适用于整个班级或多个班级共同参与的大型公开活动。因为这样的活动往往是难度比较大的项目，所以需要不同教师承担不同的责任，进而协作指导学生完成项目。

6. 学生群体—教师群体

从学生群体到教师群体的互动形式，更多适用于学生的普遍性疑问或反馈，教师接收到信息后，进行群体的讨论。

综上，湿地课堂的多样化师生互动形式为教学提供了更加广阔的空间和可能性。湿地课堂活动的推进是在一次又一次的师生互动和生生互动中实现的。传统课堂活动局限于单一教师与整班学生，或单一教师与单一学生，或学生与学生之间的互动，而湿地课堂则可以在教学活动中采取更加多元化的师生互动形式。这些互动形式不仅促进了学生的主动参与，还增强了他们的学习动力和合作精神。通过多层次、多维度的互动，湿地课堂得以充分发挥其教育功能，实现了知识传授与能力培养的有机结合。未来，教师可以继续探索和优化这些互动形式，使湿地课堂成为学生全面成长的重要平台。

四、学习活动的实施步骤与设计要求

在湿地课堂的教学活动中，科学有效的实施步骤和明确的设计要求是确保教学目标顺利达成的关键环节。教学活动的成功不仅依赖于精心的设计，还需要教师在实施过程中遵循合理的步骤，并满足特定的要求。通过明确活动的目标、任务、过程和评价等环节，教师可以更好地引导学生深入学习，提升教学效果。下面我们将详细探讨湿地课堂活动的实施步骤与设计要求，为教师提供具体的操作指导。

（一）有目标

教学目标就是在较短的时间（如一节课）内，学生要完成的目标。而活动目标则是教学目标的又一次细分，也是活动设计思路的起点。根据SMART评价体系（见第二章第四节），活动目标的确立要遵循以下几个基本原则。一是目标清晰，能够让教师和学生理解和读懂；二是目标可度量，强调目标能够被量化和评估；三是目标可实现，目标不应该是空泛的，而是要具体且符合现实的，需要师生双方都认同；四是目标有限性，即需要明确目标达成的时间。教师组织湿地课堂活动首先应聚焦原则确立目标，进而思考后续教学活动的设计与开展。另外，活动目标应关注学生的综合能力发展，包括知识、技能、方法、情感、态度、价值观等多个层面。因此，活动目标要根据实际需要，具体细化，努力达到准确、精细。

（二）有任务

设计活动任务要围绕特定学习主题，确定具有内在逻辑关联的实践活动。"任务提出—思考与行动—任务完成"的过程，是学生将学科知识转化为个人知识的过程。任务驱动的学习活动有利于学生对知识的深度理解。学生在活动中明确分工、共同合作、讨论不同意见，在不断尝试与探索中得出问题解决或完成任务的最佳方案。这样学生不仅可以提高思辨性，而且可以更有效地掌握知识和技能以及形成核心素养。

活动任务的设计需要关注以下几个方面。一是具有针对性，教师结合学生的年龄特点、身心发展规律，针对不同学段，选择不同的内容和任务，分层递进，螺旋上升。二是任务生活化，从贴近学生、贴近生活、贴近社会发展需求的角度出发，充分考虑学生的年龄特点和认知规律，重视课程目标的落实，注重教育的实效。三是任务主题化，教师可根据教育主题、重点节日、生活领域等有意识地选择一个鲜明的活动主题，让学生围绕主题提出问题、分析问题和解决问题。四是任务形式多样化，教师可以通过体验情境、扮演游戏、操作实践、故事或动画欣赏、榜样示范等途径全方位地促进学生核心素养的发展。

（三）有过程

1. 强化情境创设，激发学生学习动力

知识来源于情境，学习在情境中建构。学生学习知识必然也需要在情境中完成。情境学习作为一种培养核心素养的关键途径，着重于知识及其生成的具体情境，并推崇将理论知识与实践活动（包括任务执行）相融合。此模式不仅聚焦于个体在学习过程中的主体性及社会性维度的发展，而且启示我们探索人类学习的本质，促使我们反思传统课堂教学中普遍存在的浅表化学习倾向。此外，情境学习为湿地课堂教学活动的设计与实施提供了新颖的理论框架与实践方法。它能够有效促进学生的知识内化能力、问题解决能力与迁移应用技能的发展，以及社会交往能力的提升，从而为核心素养的培育构建了一个富有成效的环境与实现路径。

2. 多元化策略支持，注重活动中的引导

教师开展湿地课堂教学时，为了提升学生深度学习的程度，必然少不了教学引导。教师作为教学活动的主导者，应当及时并恰当地回应学生在活动中的需求和疑问。在湿地课堂中，教师将有趣生动、形式多样的活动融入教学中，往往更能真切地向学生展现湿地课堂的魅力，进而激发学生的学习动力。教师在鼓励学生自主探索、合作探究的前提下，给学生以适当的帮助是非常重要的，这样不仅能促使学生继续学习，而且能让他们在湿地课堂教学过程中获得成就感和胜任感。因此，强化教学活动的多样性以及改善教师对学生的支持与引导策略的多元化运用，有助于促进深度学习的发生与延展。

3. 给予学生更多自主探究的时间和空间

充足的时间和空间是学生深度学习的良好基础和重要组成部分。首先，教师应当为学生提供充足的时间。深度学习的落实需要学生长时间地沉浸在湿地课堂实践中。而在湿地课堂的深度学习活动中，学生也需要完成观察、发现、探究、反思、记录、分享等一系列学习行为，这些都需要时间上的保障。其次，教师应当尽量保证湿地课堂教学空间设计的充分性和科学性。充足的教学空间可以保障每个学生的学习机会和实践场域，而科学的湿地空间设计，将课堂有效地引入大自然，有利于"打开"学生视野的宽度和思考问题的广度。

（四）有成果展示

教学成果的展示构成了学生对知识应用深思熟虑后的实践体现，同时也是教师获取教学效果反馈的重要途径。实体化的成果是衡量教学活动成效的关键凭证，具有不可替代的作用。教师在激发学生的探索兴趣之余，还需着重培养学生分享与展示的能力。唯有经历"学习—反思—表达"或"学习—内化—迁移应用"这一系列递进式过程，学生才能真正获得成长和进步。通过师生间及学生群体内部围绕成果的深入交流与分享，学生能够汲取他人的创新思维与独到观点，而丰富多样、形式灵活的学习交流与展示活动，更为学生提供了汲取知识精髓、促进自我提升的宝贵机会。

（五）有评价反思

当前教学评价机制存在的问题颇为显著，严重阻碍了湿地课堂教学的深化进程，且不利于学生核心素养的培育。因此，深刻认识教学评价的重要性，并着手改革课堂教学评价机制，已成为当务之急。我们的研究与实践应聚焦于如何让湿地课堂评价切实发挥"检验与改进学生学习成效及教师教学水平，促进学生全面发展"的作用。基于"评价即学习"的新教育理念，我们应积极推进湿地课堂教学评价的多元化。这也就要求我们在丰富教学任务与主题活动的同时，着重强调"过程性评价"，即更多地关注学生的学习过程、探究过程及努力过程，并重视学生在各个阶段的进步情况。此外，也必须丰富教学评价方式和教学评价主体（包含学生自评、生生互评、教师评价、家长评价、社区评价等），构建有效的激励机制，例如，通过"星星"等物质或精神奖励，增加学生的积极学习体验，充分发挥评价监督、维持、促进和导引教学的多种功能。

总之，湿地课堂作为一种融合自然与教育的创新教学模式，不仅拓展了学生的学习空间，也为教师的教学活动带来了新的契机和挑战。通过科学的活动设计与实施，教师可以在湿地课堂中充分发挥学生的主动性与创造力，培养他们的综合素养与实践能力。未来，随着教育理念的不断更新与发展，湿地课堂必将在教育领域中发挥更加重要的作用，为学生的成长与发展提供更加丰富多彩的学习体验。

第五节 湿地课堂的核心诉求与评价维度

自然生长教育理念意蕴深广，是学校课程建设、课堂与教学变革、学生成长、教师专业发展的主导理念。在此理念的指导下，学校初步探索与建构了湿地课堂的行动框架。与传统课堂教学相比较，我们认为湿地课堂应该是充满生气、生动活泼、丰富多彩、积极健康的；应该是平等、民主、友爱、尊重的；应该是热烈坦诚、开放、宽松、富有生命气息的；应该是富有趣味、富有挑战、富有层次的；应该是积极向上的、舒展的、阳光的、自我成就、自我养育的。下面我们以语文学科为例，具体论述湿地课堂的核心诉求与评价维度。

一、湿地课堂的典型特征

就典型特征来说，语文湿地课堂具有完整性、关联性、生态性和实践性四个主要特征。

(一) 生命的完整性

人与生俱来就蕴含着全面发展的人性基因，在《中国学生发展核心素养》的框架里，全面发展的人是"有宽厚文化基础、有更高精神追求的人"，是"有明确人生方向、有生活品质的人"，是"有理想信念、敢于担当的人"。一个全面发展的人才是"完整的人"，此时，他既是一个健全的自然生命，也是一个自足的精神生命；既富有充盈的情感，也具有自由的意志，还拥有丰富的知识。完整性是语文湿地课堂育人观的真实写照。

(二) 知识的关联性

关联性的背后是关联主义或关联思维。所谓"关联"，就是知识与知识之间因为某种关系所建立的联系，这种联系既可能发生于纵向层面，如程序结构与顺序结构之间的关联，也可能发生于横向层面，如分支结构与顺序结构之间的关联。[①] 外在知识只有与学习主体已有认知结构中的知识建立联系后，才能被学习者唤醒、激活与打开，进而集聚成解决现实社会生活中复杂问题的能力。同理，教材内容要想具有活力、显现生气，必然需要与学习者的学习经验（基于已学知识来掌握新知识，涉及学科内的关联和学科间的关联）和社会生活经验（借助社会生活经验理解和内化新知识，既包括所学与个体已有社会生活经验的关联，也包括将所学应用于社会生活世界时所形成

[①] 朱彩兰，陈彤，李艺，等. 关联思维的内涵与形成路径研究 [J]. 电化教育研究，2023 (5)：29-35，43.

的新经验之间的关联）建立联系。陶行知先生有一个精辟的比喻："我们要有自己的经验做根，以这经验所发生的知识做枝，然后别人的知识方才可以接得上去，别人的知识方才成为我们知识的一个有机部分。"① 关联性是语文湿地课堂知识观的真实写照。

（三）课堂的生态性

教育的生态性表现为多元、多样、自然、渐进、质变等。也就是说，"滋荣"语文课堂不求"异口同声"，但愿"同中存异"；不求"同质思维"，但求"多样思维"；不去"拔苗助长"，而是"顺其自然"；不去"生拉硬拽"，而是"循序渐进"；不求学生收获"量的多少"，而求学生学习"质的高低"。在"滋荣"语文课堂教学中，师生是彼此尊重的，问答是交替变换的，互动是积极充分的，教学是共生演进的，效果是有效可见的。自然成长理念下的"滋荣"语文课堂不能过于强化统一进而造成同质化表现，教师要尊重学生，善于倾听，相机指导。生态性是语文湿地课堂教学观的真实写照。

（四）言语的实践性

《义务教育语文课程标准（2022年版）》不仅明确指出语文课程是一门学习祖国语言文字运用的综合性、实践性课程，而且突出强调了四类典型的语文实践活动：识字与写字、阅读与鉴赏、表达与交流、梳理与探究。言语实践性是语文课堂教学的本质特征。尤其对于汉语言文字来说，其表层是符合组织，但深层一定是社会生活。因此，提高学生的语言文字运用能力，不仅需要阅读与表达等传统的课堂内活动，更需要真实情境体验类的课堂外活动。据此关联社会生活世界，实现跨学科主题实践。言语的实践性是语文湿地课堂学习观的真实写照。

二、湿地课堂的价值追求

课堂教学要素众多，有三要素说、四要素说、五要素说、七要素说等。下面主要从教学主体（教师、学生）、教学过程（目标、内容、方法、评价）、教学文化三个维度来论述语文湿地课堂的价值诉求。

（一）从教学主体上看：多元互动，教学相长

语文湿地课堂一定是充分尊重学生主体性和彰显学习中心性的课堂。无论是教师还是学生，都是独特的风景、别样的世界。师生的文化背景、知识储备、生活经验等都截然不同，由如此复杂的群体所构成的师生关系（也包括生生关系）、教学关系无疑也是一种复杂的存在：有可能是从教到学、从教师到学生的单向授受关系，也可能是生生之间的竞争或合作关系，还可能是师生多向互动的教与学彼此促进、相生相长关系。显然，语文湿地课堂在

---

① 陶行知. 中国教育改造 [M]. 北京：东方出版社，1996：124.

教学主体方面强调师生之间、生生之间、师生与教材之间的多向问答和多元互动，力求在一种互相欣赏、彼此接纳、幸福和谐的氛围中实现教学相长、师生共进。

（二）从教学目标上看：关注方法，突显能力

语文湿地课堂强调学生的自生自长，而让学生自生自长的前提是不仅学生可以"学会"，而且学生"会学"和"善学"。《义务教育语文课程标准（2022年版）》提出核心素养的教育目标，而核心素养强调学生真实的学业成就表现。为此，新课标背景下的语文课堂教学就不能只局限于"应知"层面的学习，还要侧重"能做"层面的学习。所谓"能做"，实际上就是关键的学科能力，即阅读、写作和口语交际的能力。从广义知识论的角度看，不能仅关注阅读、写作和口语交际的陈述性知识的学习，更重要的是关注阅读、写作和口语交际的方法性知识的学习。比如，如何借助关键语句概括一段话的意思、如何借助表格去复述一个故事等，这些都指向阅读方法性知识的学习。而方法性知识的具体表现就是一种能力，而善用能力、用好能力就体现为一种具体的素养。显然，习得方法和掌握能力是学生"会学"和"善学"的保障。

（三）从教学内容上看：聚焦言语，承传文化

语文核心素养有文化自信、语言运用、思维能力、审美创造四个维度。《义务教育语文课程标准（2022年版）》强调，语言发展的过程也是思维发展的过程，二者相互促进。语言文字及作品是重要的审美对象，语言学习与运用也是培养审美能力和提升审美品位的重要途径。语言文字既是文化的载体，又是文化的重要组成部分，学习语言文字的过程也是学生文化积淀和发展的过程。[1] 从中不难发现，在这四个维度中，"语言"是基础，是本体，是核心中的核心。所以，可以用"语言+"的形式（"语言+思维"、"语言+审美"、"语言+文化"，甚至"语言+其他"）来更凝练地表达这四个维度的关系，这样也可以避免将语文课上成脱离语言文字的思维课、审美课、文化课。此外，《义务教育语文课程标准（2022年版）》还以"中华优秀传统文化、革命文化、社会主义先进文化"三大文化及其典型作品作为语文课程内容的学习主题与载体形式，突出强调语文课程的文化导向和文化培育功能。简言之，语文湿地课堂中的教学内容不仅要关注汉语言文字的理解与运用，更要彰显汉语言文字所蕴含的中华文化的认同和传承。

（四）从教学方法上看：任务驱动，活动引领

《义务教育语文课程标准（2022年版）》以语文学习任务群的形式来组

---

[1] 教育部. 义务教育语文课程标准（2022年版）[S]. 北京：北京师范大学出版社，2022：5.

织与呈现课程内容，并且强调语文学习任务群由相互关联的系列学习任务组成，共同指向学生的核心素养发展，具有情境性、实践性、综合性。① 在教学建议中，还强调综合考虑教材内容和学生情况，设计不同类型的学习任务，依托学习任务整合学习情境、学习内容、学习方法和学习资源，安排连贯的语文实践活动②。显然，任务驱动与活动引领是推进语文课堂教学最重要的方法。而不管是任务还是活动，都离不开问题情境的创设。在情境中解决问题，既是活动的落实，也是任务的完成。也正是在落实活动和完成任务的过程中，实现了教学目标和生成了教学内容。语文湿地课堂中的学习任务要精炼、有层次和富有挑战性，而言语实践活动要能够激发学生的好奇心、想象力和求知欲。任务驱动与活动引领帮助学生追求语言、知识、技能和思想情感、文化修养等多方面、多层次发展的综合效应。

（五）从教学评价上看：学有所得，评教一体

语文湿地课堂强调学生成长的过程化和可视化。21 世纪以来，随着基础教育课程与教学改革的逐步深化，语文课堂已经发生了很大变化，如学生主体性增强，教学对话性突出，小组合作深入人心等，但在课堂教学评价方面改观不大。课堂中的教学评价一方面指教师的评价语言，另一方面指对目标达成情况的检测活动或对教学活动实施效果的评估活动。以往我们更多地关注前者，比如，适时鼓励和表扬学生，注重启发和调动学生的学习积极性，注重对学生回答的描述而非判断、评价切莫成人化等。而在后者上，语文课堂往往有意无意地忽略了。具体表现为：在语文课上，师生交流充分，研讨热烈，一堂课很快过去了，但学生究竟学到了什么，掌握了什么，学生不清楚，教师也不知道。换言之，在这样的语文课上，教师教了，学生学了，但教与学的效果如何，教师可能不了解，学生可能也不清楚。为此，《义务教育语文课程标准（2022 年版）》在"课堂教学评价建议"中提醒教师应树立"教—学—评"一体化的意识，将评价嵌入教学的整个过程之中。此时，作为一种特殊的教学活动的"评价"不仅能够检测目标的实现情况，同时也能直接反映"教"和"学"的质量效果。此外，部编版小学语文教材总主编温儒敏先生曾提醒广大教师，这套教材按照"课标"的学段目标要求来细化那些体现语文核心素养的知识点、能力点，并将之分布和落实到各个单元和每一课。这样的设计旨在让一线老师使用这套教材时有"干货"可以把握，最好能做到一课一得③。所以，新教材呼唤每一堂语文课都要让学生学

---

① 教育部. 义务教育语文课程标准（2022 年版）[S]. 北京：北京师范大学出版社，2022：19.
② 教育部. 义务教育语文课程标准（2022 年版）[S]. 北京：北京师范大学出版社，2022：45.
③ 温儒敏. "部编本"语文教材的编写理念、特色与使用建议 [J]. 课程·教材·教法，2016（11）：3-11.

有所得，而《义务教育语文课程标准（2022年版）》则要求每一堂语文课都要让学生真正地学有所得，并且通过评价活动让学生的"所得"看得见、摸得着。

（六）从教学文化上看：民主开放，思维激荡

语文湿地课堂不同于一般的语文课堂，有着显著的文化特色。具体表现在四个方面，前两个方面体现了民主开放的教学文化，后两个方面体现了思维激荡的教学文化。第一，它是儿童本位的。正如陈鹤琴先生认为的那样："儿童的世界，是儿童自己去探讨，去发现的。他自己所求来的知识，才是真知识；他自己所发现的世界，才是他的真世界。"① 同时，也要尊重儿童个性差异。第二，它是自然立场的。语文湿地课堂不仅顺应儿童的自然天性，而且遵循教育的基本规律。关注儿童的完整生命，注重儿童的持续生长。这样的课堂，既是一种返璞归真的回归，也是对教育客观规律的坚守，还是呵护儿童健康成长的应然举措。第三，它是互动共生的。语文湿地课堂不是师生某一方的独角戏，而由师生联袂出演的。在这种教学氛围中，师生彼此认真倾听，问答交替，学生具有充分的表现机会。教师的指导不仅仅有维持学生学习的作用，更有调整和促进学生学习的作用。在教师的鼓励和指引下，学生不仅学得有效，而且学得轻松。第四，它是自我反思的。语文湿地课堂不仅关注形象思维、直觉思维和感性思维，更关注学生的逻辑思维、辩证思维和理性思维，力争从语言文字的表层理解过渡到评价鉴赏和迁移运用的高阶思维。通过独立思考、合作探究的学习历练，提升学生思维的灵活性、深刻性和创造性，努力让学生成为一个崇尚真知、勇于探索、具有反思精神的语文爱好者和学习者。

三、湿地课堂的评价标准

建立合理可行的评价标准是确保湿地课堂的学科实践有效变革与核心诉求确切落实的重要支点。湿地课堂的建设根植于自然生长的教育理念，关注学生生命、人格、成长的自主建构与自由发展，如何将这自由探索与自主发展的课堂教学过程可视化呈现并量化评估，成了构建评价标准的核心思考。

评价量表是一种可行且有效的、以量化的方式连接教学与评价的工具。为了更好地开展课程建设、促进课堂与教学变革、引领学生成长、指导教师专业发展，学校设计了自然生长教育理念指导下的湿地课堂评价量表。

湿地课堂评价量表的设计应保持与自然生长教育理念的一致性，其核心内容与各级指标是湿地课堂行动框架的具体体现。课堂评价量表所包含的四个层面的一级指标来源于湿地课堂的价值诉求的三个维度——教学主体（教

---

① 陈鹤琴. 陈鹤琴教育文集（下卷）[M]. 北京：北京出版社，1985：658.

师、学生)、教学过程（目标、内容、方法、评价）、教学文化的有机融合，既避免以孤立的视角观察教学主体与教学过程，又能清晰直观地测量教师课堂表现与学生课堂表现的对接性。评价量表的二级指标为一级指标的测量项目划分多个角度，而三级指标则是对一级指标的完成程度与标准的具体描述。湿地课堂评价量表的层级序列分布，从纵向来看是多个维度交互的并重关系，从横向来看是针对一个侧面分条缕析的递进关系，在横纵交织中构建出多维、立体、全面、融通的课堂评价体系。表 3-2 为学校湿地课堂评价量表的具体呈现。

表 3-2　张家港市世茂小学湿地课堂评价量表

一级指标		二级指标	三级指标	参考分/分	评分
课堂教学目标（10 分）		确立依据	1. 对接学科课程标准的具体要求（课标）；2. 课堂学习内容和重难点明确（教材）；3. 符合学生认知水平和实际需要（学情）	5	
		核心素养	1. 基础知识；2. 关键能力；3. 学科思维	5	
课堂教学过程（60 分）	学生表现	准备	1. 完成预习单；2. 熟悉所学内容；3. 清楚学习目标	6	
		倾听	1. 倾听老师；2. 倾听同伴；3. 倾听自己	6	
		互动	1. 回答问题；2. 提出问题；3. 小组讨论	6	
		思考	1. 独立思考；2. 合作探究；3. 深度反思	6	
	教师表现	态度	1. 浓厚的学习兴趣；2. 持久的学习热情；3. 良好的学习习惯	6	
		设计	1. 教学内容清晰；2. 教学环节紧凑；3. 教学方法多元	6	
		提问	1. 清晰地表达问题；2. 创设问题情境；3. 多提出启发性问题	6	
		指导	1. 维持学习；2. 调整学习；3. 推动学习	6	
		机智	1. 积极回应学生疑惑；2. 灵活调整教学环节；3. 巧妙应对突发事件	6	
		技术	1. 教材；2. 多媒体；3. 移动终端	6	

续表

一级指标	二级指标	三级指标	参考分/分	评分
课堂教学评价（10分）	评价活动	1. 指向目标与教学；2. 评价任务明确；3. 评价标准清晰	5	
	课堂评价语	1. 尊重学生；2. 鼓励学生；3. 引导学生	5	
课堂教学文化（20分）	民主	1. 师生互动频率高；2. 教师认真倾听；3. 学生表现机会多	5	
	思维	1. 问题链驱动教学；2. 关注高阶思维（迁移、评价、创造等）；3. 注重学生的个性化和多元化表现	5	
	一致性	1. 目标与教学一致；2. 目标与评价一致；3. 目标与教学评一致	5	
	特质	1. 体现学科特点；2. 课堂设计有特色；3. 教师教学有风格	5	
课堂教学改进建议			总分	

就表3-2，还有几点设计说明需要明确。

第一，该量表贯彻与落实新课程方案所强调的"目标—教学—评价"一致性课堂设计与实践理念。

第二，课堂教学改革最终会直观体现在课堂教学文化的表征上。该量表在"教学目标、教学过程、教学评价"三要素外，增添课堂教学文化要素，旨在强调"自然生长课堂"的变革追求：（1）充分发挥学生的主体性；（2）关注学生学科思维的发展；（3）专业化地进行课堂教学实践（通过"目标—教学—评价"一致性来提升课堂教学的专业化）；（4）开展独具特色的学科课堂教学（比如语文学科，就是自然生长理念下的"滋荣"语文课堂）。

第三，量表中的一级指标是量化评价，最后一行"课堂教学改进建议"则体现了质化评价。所以，总表是"量化+质化"两种评价方式相结合的结果。

第四，该量表同时也结合了苏州市的模板和学校之前的试用版，特别考虑了"讲练结合、协同学习、技术融合"的要求。其中"讲练结合"体现在"课堂教学评价"中的"评价活动"；"协同学习"体现在学生表现中的"互动"和教师表现中的"指导"；"技术融合"体现在教师表现中的"技术"。

第六节 湿地课堂的学习工具开发与使用

一、湿地课堂的学习工具：研学单

随着新课改的深化，大概念、大情境、大单元、大主题、项目化等一系列的新鲜词充斥着我们的眼球。在课堂教学中，体现学生主体地位的教学方法越来越占据主导地位，研学单也因此应运而生。研学以目标为导向、以任务为载体，推动学生主动学习和自我建构，变"接受学习""机械训练"为"我要学习""我要挑战"，真正意义上实现学习方式的变革。

工具原指工作时作用的器具，后引申为达到、完成或促进某一事物的手段。就学习而言，学习工具是学习者参与完成学习活动的重要手段之一。学习工具与学习活动相互依存、相互影响、相互发展。学习工具影响着学习效率，合适的学习工具会使学习活动的效率更高、效果更好。学习活动反过来又对已有学习工具的改进和新工具的出现起着强大的推动作用。湿地课堂中的学习是以学生为主体，亲身经历探究的过程，旨在让学生在实践中学会探究，在探究中获得知识。但遗憾的是，由于小学生年龄小，探究能力有限，在探究中常常会不自觉地被一些材料、一些现象吸引，偏离学习轨道，而且学生动手不动脑的问题也较为突出。因此，教师通过有目的、有计划地设计各类研学单，搭建科学探究的桥梁，从而培养学生手脑并用，有效提升科学探究的深度。

二、研学单的内涵与特征

（一）研学单的内涵

研学单是引导学生进行自学、互学、共学研究的学习单。简单地讲，就是学生在学习、研究旅程中的一张导游单。研学单能够帮助学生消化、吸收课堂学习的重难点，不仅仅是研学路上的引领者，更是极好的学习抓手。研学单需要教师在充分研读课程标准和教材的基础上，结合学生的现实状况，选择切实可行的学习内容。

（二）研学单的特征

研学单具有明显的目标性、整体性、实践性、评价性特征。

1. 目标性

制定研学单须以教学目标为导向，多方面整合学习情境、学习内容、学习方法和学习资源，有目的、有组织、有计划、有系统地设计多样的学习任务。根据教学实际情况，把抽象的学习任务转化为具体的课堂学习活动，让学生在学习的过程中自己去体验环境、完成任务、发展个性，提升学生的学科核心素养。

2. 整体性

一要关注单元统整。比如，以语文为例，义务教育语文统编教材以语文要素为线索进行编排，几个相同的语文基本要素贯穿于每一单元。教师要围绕这些语文基本要素设计研学单，展开针对性的、多角度的、集中性的训练，使教学形成互相关联、互相促进的结构化整体。

二要关注研学单上任务的统整。学习任务本身要具有逻辑意义，要能够在教学目标的引领下，与学生已具备的知识和能力建立起非任意的实质上的联系。研学单上的学习任务是一个有机的整体，是一个连续的学习过程，这表现在前面的学习任务为后面的学习任务奠定知识、能力和情感基础，后面的学习任务又是前面学习任务的补充和发展。

3. 实践性

研学单将学习情境、学习内容、学习方法和学习资源整合到一起，为学科实践或跨学科实践的活动开展创造了根本条件。研学单上的每一个学习任务都指向学生的实践活动，在实践活动中进一步促进学习方式变革，提升核心素养，也让学习成为美好的心灵体验和活动体验。

4. 评价性

评价是实现教学目的的重要手段，选择恰当的评价方式有助于实现评价主体的多元化，培养主动的学习者，增强学习体验感。研学单充分尊重学生的主体地位，从学生的实际情况和个性特点出发，明确表明了各项学习任务对应的评价标准，并提供有针对性的评价工具。因此，研学单不仅能促进学生开展自主评价，引导他们经过积极思考和探究反思的学习过程，做出自我修正或自我调整，而且能增强评价的科学性和整体性。

三、研学单的基本类型

与研学单意思相近的概念还有"学习单""活动单""导学案""学案"等。在国外，教师也会发给学生用于记录的白纸，学生学习的内容、结果都会呈现在这张纸上，所以研学单又被称为"复印单""任务单"等。一般认为，根据使用时机不同，湿地课堂研学单可以分为课前的预学单、课中的共学单、课后的延学单三大类。

1. 预学单

课前的预学单难度低，一般通过查找资料即可解决，它可以帮助学生了解即将学习的内容。学习是一种有准备的活动，这个"有准备"，不仅指知识的准备，也指情感和意愿的准备。

一方面，预学单能够激活学生已有的与所学内容相关的知识，让学生带着这些储备知识走向学习，积极主动地使新知识与认知结构中有关的旧知识发生相互作用，使旧知识得到改造，新知识获得实际意义，让新旧知识之间建立起非任意的和实质性的联系，使学生更有效地学习新材料；另一方面，预学单能够唤起学生学习的欲望，即学生产生积极主动地把新知识与已有的适当知识加以联系的倾向，为新知识的学习做好情感上的准备。

（1）激活旧知识。

很多时候，学生不能自主解决问题的主要原因是所学知识没有结构化，不能通过新信息与认知结构中已有的有关观念相互作用。学生在面对新知识的时候，无法及时调用适当的旧知识，与新知识进行联系。为解决这一问题，教师在设计预学单的时候，需要为学生提供具有逻辑意义的学习材料，即学习材料本身不仅要在学生现有的能力范围内，也要注重知识点的前后联系，将与本课相关的旧知识纳入预学单中，使学生能够与已有的有关观念建立非任意的和实质性的联系，有效地帮助学生实现知识结构化。

（2）联结新知识。

学生能够自己解决的新知识问题，可以激发学习期待；而不能自己解决的新知识问题，则成为学习需要。迎接新知识的挑战是唤醒学生学习动机的"良药"，是产生学习期待的"助燃剂"。一方面，预学单要从学生的实际情况和个性特点出发，带领"真学"，调动学生学习的主动性，唤醒学生学习新知识的情感与意愿，激发学生的求知欲和积极性；另一方面应遵循学科的逻辑系统原则和学生的认识规律，引导教学步步深入——由浅入深、由易到难、由简到繁，在教师指导下，学生系统地掌握基础知识、基本技能，形成严密的思维能力。

为此，在编制预学单时，我们建议教师将以下几项作为预学单的主要内容：一是学习目标，学生要在课堂上学有所获，必须先了解本节的学习目标。二是教学重难点，知轻重，方能轻松拿捏，学生在知道本节知识的重难点之后，就能抓住主要矛盾，有意识地注意重点，思考并攻克难点。三是知识清单，万丈高楼平地起，要解决问题，须必先熟悉基础知识。四是小试牛刀，设置既适合学生已有的发展水平，又具有一定难度且逐层递进的梯度问题，通过解决问题启发学生获取知识，使他们更积极主动地进行学习和完成任务。

如学校的英语项目式学习活动"Signs in the wetland"中，通过 Chat 和 Act 两个任务，学生自主复习了书本上的标志和规范的语言表达，并借助网络搜集标志，亲身走进美丽的公园，用笔去记录现实生活中的标志（图 3-1）。

图 3-1　现实生活中的标志及英语表达

2. 共学单

共学单是为了帮助学生解决课堂教学重难点而设计的。预学单是"唤醒"与"联结",共学单则是"留痕"与"展示"。"留痕"是指提供一个清单式学习支架,让学生根据一个个任务开展学习,将学习的过程清晰地留在研学单上;"展示"是指开展交流和评价活动,以促进学生更好地学习。

共学单帮助"深学"。"深学"要有深度,要深入浅出。"深学"的关键在于如何培养学生提出问题、分析问题、解决问题的能力。因此共学单的问题设置要以将学生思维引向高一层次为基本理念,指导学生从教材中、实践中、生活中去钻研知识,了解真谛,砥砺品格。

（1）以任务为支架。

共学单基于预学单,根据学习目标,将学习内容任务化。教师要面向学生真实的生活世界,通过整合知识、学习方式与学习方法、课程目标等相关内容,结合学生实际学情给学生提供具体、清晰的课堂学习任务。每一个学习任务都要指向学生的实践活动,让学生在实践中积累和建构丰富的学习经验,形成素养和关键能力,促进学生转变学习方式,形成自主、合作、探究的学习方式。

（2）以评价为支持。

依托共学单开展的学习是一种自主学习,因此,评价显得尤为重要。在整个学习过程中,教师作为一名评价者,以评价引导和督促学生的学习过程。同时,共学单对每一个学习任务都设计了清晰的评价标准,让学生也能参与到评价中来,真正经历整个学习过程。设计评价标准需要注意三点：一是评价要与目标对应。不对应目标的评价是没有意义的，也无法判断学生是否达成了目标。二是学生要看得懂评价标准。要用浅显易懂的语言对评价标准进行表述，让学生一看就懂。三是学习任务要可评可测。

在编制共学单的问题时应注意以下几点：一是问题数量少而精。问题设置不需要多，3~4个即可，可分别从教材、实践、生活等角度去选题。二是问题具有开放性。问题都以解答题形式呈现，目的是培养学生提出问题、分析问题、解决问题的能力。三是问题难度具有层次性。问题以一星级、二星级、三星级难度的形式梯度上升，让学生感觉有挑战性，能深层次地挖掘与应用所学的知识。

如在学校的英语项目式学习活动"Signs in the wetland"中，学生对湿地里真实的标志进行探索。图3-2是本次学习活动的共学单。

图3-2 "Signs in the wetland" 共学单

3. 延学单

延学单是围绕课堂学习的重点设计的练习。它不仅能够引导学生在理解的基础上牢固地掌握课上所学的知识和技能，巩固学习成果，也可以检测学习的效果及学习的迁移和运用情况，而且可以进一步促进学生思维发展与提升。基于预学单的"唤醒"与"联结"，有了共学单"留痕"与"展示"，所以延学单就是"巩固""检测""拓展"。

延学单要贯彻"乐学"思想，"乐学"要有广度，要精益求精。"知之者不如好之者，好之者不如乐之者。"因此，在延学单的问题设置中，要紧紧抓住孩子的年龄和性格特点，遵循教育教学规律，把学习内化为学生自己的行为，让学生在乐中学、乐中做。

(1) 新知识的巩固。

知识巩固作为练习单的功能之一，需要教师结合共学单的实施情况，即课堂教学的实际情况，立足学生学习过程中的薄弱和不足之处，设计相应的练习，从而引导学生在理解的基础上巩固知识。

(2) 新知识的检测。

真实有效的延学单，一方面要指向预学单中的学习目标和学习任务，启发学生自主性学习，帮助学生进行自我建构；另一方面，教师应用真实情境中的任务驱动代替反复讲解、不断提问和简单训练，促进学生在知识的建构过程中全面发展核心素养。

(3) 新知识的拓展。

延学单除了巩固、检测新知识，还承担着拓展的责任，帮助学生更加全面深入地理解新知识，实现知识、技能和思想情感、文化修养等多方面、多层次目标发展的综合效应。除此之外，延学单也注重帮助学生养成积极思考的习惯，提高思维的敏捷性、灵活性、深刻性、独创性和批判性。

在编制延学单的问题时应注意以下几点：一是设置多题型问题。问题种类有选择题、填空题、判断题、解答题、作图题等。教师根据学习内容和特点、学生实际情况和个性特点选择最合适的问题类型。二是区分问题难易度。从学生的实际情况和个性特点出发，有的放矢地、有区别地设置问题。让不同层次的学生拿到延学单后都能动笔去做，都能从中学有所获，学有所感，感受自己的价值。三是问题具有启发性。问题设置要能够激发学生学习兴趣，充分显示教学内容的吸引力，使学生乐于去分析问题、解决问题，从问题的解决中收获学习的快乐。

研学单将课堂分成"三大学""六小学"的模式。"三大学"指课前的预学单、课中的共学单、课后的延学单。"六小学"指利用预学单完成任务启学、展示导学的两个过程，利用共学单完成自主先学、以练测学的两个过程，利用延学单完成反馈正学、当堂验学的两个过程。

"三大学""六小学"这一教学模式在遵循学生身心发展规律和核心素养养成的内在逻辑的基础上，不仅以学生为主体，珍视学生的个性发现，而且重视学生的学习体验，关注学生的学习能力。由此构建的课堂增强了课程实施的情境性和实践性，充分发挥了语文课堂的育人功能，是名副其实的指向学生成长的课堂，是学生展示自我的一方天地①。

如在学校的英语项目式学习活动"Signs in the wetland"中，学生分组进行了探索后，发现了湿地里还可以设计一些合适的标志。图3-3是本次学习

---

① 金立卯. 自主学习能力培养应从课前研学单开始 [J]. 名师在线，2020 (7)：55-56.

活动的研学单。

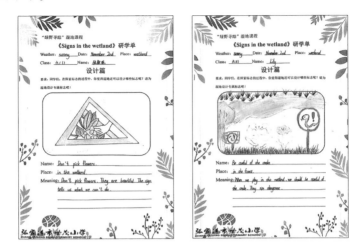

图 3-3 "Signs in the wetland" 研学单

四、研学单的设计原则与步骤

研学单的设计对一堂课起着决定性的作用——既是教的抓手，又是学的驱力。教师应有目的、有计划、有层次、有针对性地设计研学单，通过学生的反馈，及时了解学生的学习状态和学习水平，对教什么和怎么教有更深刻的认识和把握。

（一）研学单的设计原则

研学单的设计既要发挥教师主导作用，围绕课程标准和教材内容，帮助学生便捷、有效地学习知识、发展身心，又要体现学生的主体性，一切从学生的实际情况和个性特点出发，引导学生从做中学，通过合作、探究等活动使学生改组与改造语文学习经验，养成与提高自身的智能和品德。因此，研学单的设计应遵循以下几个原则。

1. 注重"基本思想"

先详后简，循序渐进——注重课标的基本理念。研学案的设计应立足学生核心素养发展，依据课程标准，整体规划学习内容，把握学习难度，合理安排学习内容，组织学习活动。初期和中期研学单的设计，应做到细致周到，形式以封闭（呈现形式以填空为主）和半开放为主；对于后期研学单的设计，可以通过问题来引领，着重突出问题的思考性，形式以开放性（多种渠道的信息）和全开放性（完全没有信息）为主。这样一来，研学单不仅能指导学生有目的、有计划、有系统地掌握系统的知识和技能，还可以有效促进学生知识与能力、过程与方法、情感态度与价值观的整体发展。

2. 源于"基本内容"

教材为主，适当拓展——源于教材的基本内容。研学单的设计要在教材内容的基础上，综合考虑教学内容与生活、其他学科的联系和学生情况，注重听、说、读、写的结合，适当进行简单的变式。研学单还应该突出基础性、实用性，充分显示教学内容的吸引力，合理组织与安排学习活动，调动学生学习的主动性，尽可能让每位学生都能完成、都愿意完成。

3. 重视"基本活动"

面向全体，因材施教——重视活动的螺旋上升。研学单设计应从学生的实际情况和个性特点出发，有的放矢地、有区别地设计问题。所设置的题目既包含每个学生都会做的题（哪怕是看书做的），又要具备值得学生研究和分享的好题，使得每一个学生都能得到充分的发展。同时，研学单中的题目除了要适合学生已有的发展水平，还要有一定的难度，从而激励学生创造性地运用知识来有效地解决问题。最后，研学单所设计的活动内容要有一定的弹性，即设计的活动要具有开放性、趣味性，有利于学生创造性思维的发展[1]。

(二) 课中学习单的设计步骤

课中学习单是最关键的研学单，是教学活动的载体、学生自主学习的支架。教师针对学习重难点而设计的学习单可以有效激发学生的学习兴趣，引导学生主动进行调查研究、动手操作、分析讨论等探究活动，促使学生获得新知识。课中学习单有助于学生培养学习动机，解决学习重难点，培养批判性、创造性思维，提高学习能力。因此，设计课中学习单应遵循以下几个步骤。

1. 从已有认知出发，关注个体差异

学习单的设计应体现针对性，即在尊重学生个体差异、了解和把握学生已有认知和不同学习需求的基础上进行设计，为学生提供及时、准确的反馈和个性化指导，力求让不同的学生得到不同的发展。设计不同类型的学习任务，关注学生个体差异和不同的学习需求，激发学生的好奇心、想象力和求知欲。

2. 从认知规律出发，关注知识形成

教师要依托学习单，合理安排学习内容，把握学习难度，组织学习活动，设计出符合学生认知规律的实践活动。通过设计不同类型的学习任务，引领学生经历知识产生、发展、形成的过程，使学生获得深度体验，实现深

---

[1] 沈凤飞，许茹暖. "三单"协同，让学习过程真实而完整 [J]. 教育研究与评论（课堂观察），2021（5）：27-29.

度学习。

3. 从思维发展出发，关注学习能力

学习单既要引导学生充分经历探究的过程，使其在完成任务、解决问题的过程中积累学习经验，又要有意识地引导学生回顾、反思探究的过程，使学生在掌握知识、感悟思想的同时，提升自主学习能力，全面发展和提升核心素养。

4. 从学习评价出发，关注激励机制

学习单的设计要体现"教—学—评"一体化的意识，具备一定的评价功能。教师应合理利用学习单的评价功能，引导学生对学习过程和结果进行自我强化和纠正，反思和改进学习方法，以提升学习质量。除此之外，多主体、多角度的评价反馈还能使学生在学习活动中获得激励，产生竞争意识，培养学习动机。

五、研学单的使用价值

研学单这一学习工具，提升了课堂教学中学生的主体地位，促进了学习方式的变革，充分发挥了课程的育人功能。运用研学单的课堂教学更加符合核心素养要求，其价值主要体现在教师的转变、学生的转变和课堂的转变三大方面。

（一）教师的转变

第一，研学单提升了教师制定学习目标的能力与水平。研学单的设计与运用要求教师准确理解义务教育课程的基本理念，把握学生核心素养发展的基本规律。在此基础上，教师能依据新课标、教材和学情，创造性地开展教学，制定出可观察、可检测、可解释的学习目标。

第二，研学单帮助教师根据教学目标，整体规划学习内容。教师在教学过程中更加注重"教—学—评"的一致性，以学生为主体，以目标为导向，以任务为载体，设计不同类型的学习任务和活动。教师在设计任务时，多方面整合学习情境、学习内容、学习方法和学习资源，引导学生在学习的过程中提升核心素养。

第三，研学单改变了灌输式的教学模式。教师用真实情境中的任务驱动代替反复讲解、不断提问和简单训练，教师的讲解是指向任务的、启发学生自主学习的方法性讲解，能够帮助学生进行自我建构，为学生提供及时、准确和个性化指导，从而促进学生在知识的建构过程中实现核心素养的全面发展。

（二）学生的转变

第一，研学单激发了学生的学习兴趣和自信心。研学单的学习任务创设了真实而富有意义的学习情境，不仅为学生提供了多层面、多角度的阅读、表达与交流的机会和个性化、创造性学习的条件，而且能激发学生探究问题、解决问题的兴趣和热情，促进师生、生生在语文学习中的多元互动。

第二，研学单提高了学生的自主探究能力。研学单中的每一个学习任务都指向学生的实践活动，改变了传统的以教师讲解为主的教学，更多地关注学生的自主学习，提供了个性化和创造性学习的条件。探究性的学习单使学生获得知识的途径不再只是教师的讲授灌输，更多的是通过自主、合作、探究等方式完成任务、解决问题来积累学习经验。

第三，研学单促进了学生核心素养的全面发展。研学单的学习任务建立在学生学习、社会生活和学生经验相互关联的基础上，既符合学生的认知水平，又遵循了核心素养整体提升和螺旋发展的一般规律。学生在发现、提出、分析、解决问题的全过程中，锻炼了问题解决能力、合作交流能力和语言表达能力，培养了整体意识和创新精神，实现核心素养多方面、多层次的发展。

（三）课堂的转变

第一，创造了平等、想象、展示的课堂。通过研学单，形成了"个体先学—小组讨论—全班展示—总结提升"的课堂模型，课堂成了学生展示所学的平台，成了互学互教的桥梁，成了思辨的舞台。

第二，促进了教与学方式的变革。研学单从学生生活实际出发，创设丰富多样的学习情境，设计多样化且富有挑战性的学习任务，促进学生自主、合作、探究学习，改变语文教学过于强调接受学习、死记硬背、机械训练的现状。

第三，实现了"教—学—评"的一体化。基于研学单的课堂是一种学习要素贯穿其中，以目标为导向，以任务为载体，以评价为支持的切合一体的全面发展和提升学生学科核心素养的课堂。它更加重视评价的导向作用，会根据学习目标和学生的实际情况，选用恰当的评价方式，最大限度上发挥评价促进学生学习、改进教师教学、全面落实课程目标的作用。

第四章

超越自然：湿地里的师生共长

第一节 湿地里的师生关系：走向和谐

学校"绿野寻踪"湿地课程遵循自然教育的原则，致力于发展学生的核心素养，借助得天独厚的地理优势打破学校围墙，在时间、空间、受众等诸方面实施"开放"学习，这不仅有助于改变传统教与学的方式，更构建起了新型的师生关系。

关于师生关系的本质和内涵，研究者们提出了不同的观点。邹泓、屈智勇、叶苑认为师生关系是学校中教师与学生之间的基本人际关系，也是儿童社会化过程中的重要社会关系之一，贯穿于教育的始终，直接关系到学生的健康成长；① 王耘、王晓华、张红川从心理学的角度将师生关系定义为师生之间以情感、认知和行为交往为主要表现形式的心理关系；② 李瑾瑜认为师生关系不是一种单一的关系形式，而是由教学关系、心理关系、个人关系和道德关系共同构成③。综合几位研究者的观点，我们认为师生关系就是指教师和学生为实现共同的教育教学目标，通过教与学的活动而形成的多层次的关系体系，主要包括教学关系、心理关系、人际关系和社会伦理关系四个层面。在以往研究中，对教学关系关注的比较多，缺少对心理、人际、伦理层面的关注。

我国传统的师生关系强调教师权威，即所谓的"师徒如父子"的伦理关系，这是由我国数千年农耕文明的社会基础所决定。随着社会的物质生产劳动方式的工业化甚至智能化，现代师生关系也发生了本质性的变化，民主平等的师生关系不仅符合时代发展的必然要求，而且满足了培养具有主体人格

---

① 邹泓，屈智勇，叶苑. 中小学生的师生关系与其学校适应 [J]. 心理发展与教育，2007 (4)：77-82.

② 王耘，王晓华，张红川. 3—6年级小学生师生关系：结构、类型及其发展 [J]. 心理发展与教育，2001 (3)：16-21.

③ 李瑾瑜. 关于师生关系本质的认识 [J]. 教育评论，1998 (4)：36-38.

的学生这一教育目标的根本需要。在湿地课程的实践过程中,湿地里的师生关系,尤其是从心理、人际、伦理的角度审视,正逐步由"权威"走向"和谐",实现了以教师为中心或以学生为中心的二元对立的师生关系的全面断裂,真正意义上建构起平等的"人"与"人"和谐共处的现代新型师生关系。

一、湿地里师生关系的特质

"好的关系就是好的教育",这句话近年来被越来越多的教育者所认同,良好的师生关系是教育教学活动顺利进行的基本保障,是学校教育无法避开的恒久话题。学校在湿地课程的实践过程中形成了独具特色的新型师生关系,这种符合时代发展需要的新型师生关系,不仅能改善学生的问题行为,帮助学生养成良好的行为习惯,有助于学生的自然成长,促进教师的专业发展,更能形成积极的师生互动,提高师生关系的质量,从而让师生获得更强的幸福感。下面我们就湿地里师生关系的特质进行详细阐述。

(一)教学关系:教学相长,共同探索

教学关系是师生关系最基本的表现形式,是以教学内容为媒介的"教"与"学"的工作关系。① 教学关系中,教师和学生分别承担着不同的社会角色,履行各自不同的职责。教师除了是"传道、授业、解惑者",更是"组织者"和"研究者";学生也从"顺从者"走向了具有主观能动性的"建构者"。

随着党的二十大的召开,创新人才的培养被推到了前所未有的高度,创新教育作为一种新的教育趋势,愈来愈受到重视并形成共识。然而,在小学实施创新教育的实践中,我们不难感受到实际操作起来难度很大,收效甚微。造成此困境的原因是多方面的,其中师生角色意识的模糊与混乱是阻碍小学生创新精神和创造能力发展的不可小觑的因素之一。

"绿野寻踪"湿地课程突破了传统学校教育的壁垒,更加综合化、情景化、生活化,推动了师生角色时代性的转变。在课程实践过程中,教师不再是专断独行的教育者,而是从知识的传授者转变为学生学习的组织者;学生也不再是逆来顺受的被教育者,而是从被动接受知识的容器转变为自我建构知识的教育活动中的主体。这种新型的师生关系打破了传统的"权威型"的师生关系的僵化格局,实现了师生之间的教学相长、共同探索。《学记》中说:"学然后知不足,教然后知困,知不足,然后能自反也,知困,然后能自强也,故曰教学相长也。"由此可知,"教学相长"的本义是指教师个人的学习与发展,后来逐渐扩展为师生在教学过程中相互学习、相互促进。"绿野寻踪"湿地课程强调师生共同探索未知的领域,不受固定答案的约束,

---

① 孙喜亭. 也谈教学中的师生关系 [J]. 教育理论与实践, 2000 (10): 37-38.

学生无拘无束地听课、阅读、问答、辩论，积极思考，踊跃交流，最大限度地加快知识的转化和应用，让每一个学生都有发挥自己特长和潜能的机会，都能品味自己成功的感受。在这个过程中，学生可以超越教师，教师能够向学生学习，师生之间不再是单向地教师向学生灌输知识的关系，而是双向的互相成长的互动关系。

例如，在教学基础型课程——五年级数学《测量面积》一课时，教师提前确定好地点，将测量区域确定为湿地公园中的一块场地。正式上课时，师生带好工具，实景测量，共同探索，教师适时地提出疑问：如果遇到不规则区域，该怎样又快又准确地测量？这种真实情境中的问题更能够激发学生的学习兴趣，考查学生的综合实践能力，帮助学生体验成功解决问题的快乐，增强学习的自信心。在体验式的学习过程中，教师不再是传统意义上的"教书匠"，而是和学生统一战线，共同探寻未知的知识，收获求知的快乐。传统的权威型师生关系的教学过程强调客观知识的传递，教师容易陷入照本宣科的泥淖之中。而和谐型的师生关系的教学过程，则是师生合作建构对知识的意义理解的过程，这对教师的专业素养提出了更高的要求。

（二）心理关系：宽容理解，和谐融洽

师生之间的心理关系是指师生通过教育教学活动中的实际交往而形成和建立的人际情感关系。[①] 师生在教学和日常的互动中不可避免地会形成极为丰富而复杂的情感，良好的师生关系会在师生间产生积极的情感，不仅能够增强教师的教学效能感，也能激发学生的学习积极性；而不良的师生关系也会导致教师的职业倦怠和情感枯竭，进而对学生的身心健康造成负面影响。教学过程不是教师向学生机械地传递知识的过程，其中同样包括教师和学生之间的情感交流。师生互动中的情感体验直接影响到学生对知识本身的接纳程度，这就是典型的移情现象。

湿地课程中的教师走下了三尺讲台，卸下了权威的"盔甲"，引导学生走向没有屋顶的"教室"——大自然，在大自然中主动地与学生建立起和谐融洽的师生关系。在综合性课程实践中，教师和学生席地而坐，平等开放地聊天，学生会争先恐后地和教师分享身边的小事，分享喜欢的零食。教师和学生绘制拓画，制作鸟窝，灿烂的笑容在教师与学生的脸上弥漫开来。对学生而言，这样的活动让学生认识到教师是自己的知心大朋友，在之后的学习和生活中更愿意向教师敞开心扉。由于移情的作用，学生也会因为和教师之间和谐融洽的关系而积极主动地跟随教师引导去探索知识，这就是所谓的"亲其师，信其道"。对教师而言，开阔的自然环境、民主的沟通氛围让他们

---

① 李瑾瑜. 关于师生关系本质的认识 [J]. 教育评论，1998（4）：36-38.

认识到学生的多面性和差异性,更能去宽容和理解每一位学生,成为学生成长路上的"灯塔",收获教书育人的价值与快乐。

(三)人际关系：尊师爱生,相互配合

师生在学校组织中所产生的关系是一种正式关系,但师生间同时也存在非正式关系,人际关系即教师和学生个体之间由于情趣相投而形成的非正式个人关系①。苏联教育家马卡连柯说过："要尽量多地要求一个人,也要尽可能地尊重一个人。"② 教育的前提是尊重,无论是基础型课程、综合性课程还是个性化课程,不管是课堂内还是校园外,"绿野寻踪"湿地课程始终指向师生的自然生长,强调师生间的相互尊重和相互配合。教师对学生的尊重表现为尊重质疑、尊重发现、尊重探索、尊重创新、尊重成长；学生对教师的尊重表现为尊重较高水平的认知,尊重教师的威严。敬而不畏,亲而不随,和谐的师生关系就此巩固。湿地公园优美和谐的自然生态环境有助于强化师生的积极情感,爱护学生是教师的天职,教师只有尊重、爱护学生,公平公正地对待每一位学生,才能赢得学生的爱戴与尊敬；而学生的尊师重教也会反过来激发教师热爱教育事业、热爱学生,由此教师和学生在自然的浸润下就渐渐地形成了尊师爱生的良性循环。

在创新的自然生长课堂中,学生对新授知识预学分享、主动质疑,教师在尊重学生学情起点的基础上,通过创设问题的情境,使学生能够在答案和更广泛的问题之间建立联系。学生在研究中学习知识,在学习中发展自己的批判意识。因此,教师在课堂上要根据对各个学生的观察来采取行动,有区别地对待他们。只有做到从学生的需要出发,引导、完善和发展其需要,尊重学生的差异性,才能使每位学生的人格都得到充分发展。

当课堂突破传统场域,拓展到广袤的大自然间,一花一草、一景一物便是最好的学习资源,更是最佳的教学导师。在教授科学学科"过滤装置"一课时,我们将课堂搬进了大自然,师生在湿地里找寻小石子、泥沙等素材,并共同协作搭建装置,最终将污浊的水源过滤干净,学生在充分实践后,收获了成功的喜悦,同时也意识到大自然的奇妙与伟大——暨阳湖湿地公园的七级过滤系统的确能将水源过滤得如此干净！师生间的互相尊重便被赋予了更高层次的含义：尊重自然、尊重生命。

(四)社会伦理关系：民主平等,和谐亲密

社会伦理关系是指以社会道德规范为基础的、师生共同遵守和学习的道

---

① 李瑾瑜. 论师生关系及其对教学活动的影响 [J]. 西北师大学报(社会科学版), 1996, 33 (3): 62-66.

② 马卡连柯. 论共产主义教育 [M]. 北京：人民教育出版社, 1954: 270.

德经验，以及各自履行的道德义务的伦理关系，对其他的关系形式起着规范和约束的作用。① 传统的师生伦理关系往往呈现出"师徒如父子"的形态，在师生关系的构建中，教师由于在知识、能力、阅历等诸多方面的优势，必然发挥着主导作用，而现代的师生社会伦理关系则需要师生双方平等对话，共同努力。

师生之间应是"人"与"人"的关系、是"我"与"你"的平等的主体间性关系的观点成了当前师生关系的主流思想。这种观点把师生双方都当作具有独立人格的个体，放到了同等的地位上，强调了师生之间的民主和平等。同时，师生之间交往的主要形式是对话，对话不仅仅指二者之间狭义的语言谈话，更指双方的"敞开"和"接纳"，是师生之间的一种教育情境和精神氛围。② 湿地里的师生关系突出体现了"平等对话"的特质。

湿地课堂上，教师鼓励学生用"我认为……""我有不同的想法……""我还有补充……"等表达方式畅所欲言，无论是从学生心理还是从课堂实际，学生都能成为独立的个体，与教师平等地对话。在此过程中，教师也表现出极大的包容性，在一次次的课堂实践中生成课堂机智，以"学习伙伴""大朋友"的身份参与学生的学习，给予恰当的帮助与引导。尤其是在综合性课程和个性化课程中，师生间平等对话的关系更是体现得淋漓尽致。在自然游戏中，教师带领学生走进湿地，与学生一起蒙住双眼，触摸树叶的纹路，聆听大树的心跳，师生围坐在一起平等地对话，敞开心扉，互相接纳，在看、听、闻、摸、猜的过程中，分享自己最真切的感受，享受大自然最质朴的疗愈，师生关系更加和谐亲密。可以说，平等对话的师生关系在湿地课程的实施中不断地形成并强化。

二、湿地里师生关系的价值

"绿野寻踪"湿地课程所形成的教学相长、宽容理解、尊师爱生、民主平等的师生关系对教师、学生以及师生互动都产生了重要的影响。于教师而言，平等和谐的师生关系突破了长久以来的权威型师生关系的束缚，有利于转变教师教育观念，促进教师专业发展；于学生而言，良性的师生关系是优化学生学习心理、推动学生个性社会化的重要保障。此外，湿地课程中的师生关系还助推了积极的师生互动的形成，进而提升师生幸福感。

（一）转变教师教育观念，促进教师专业发展

湿地课程中的师生关系强调学生的主动性，教师更多地发挥着学习促进

---

① 李瑾瑜. 论师生关系及其对教学活动的影响 [J]. 西北师大学报（社会科学版），1996, 33 (3)：62-66.

② 邵晓枫. 十年来我国师生关系观述评 [J]. 教育学报，2007 (5)：13-19.

者的作用，这是对传统教师主导的教育观念的颠覆，因而教师转变教育观念是适应现代新型师生关系的必要之举。

首先，新型师生关系推动教师树立正确的学生观。学生具有鲜明的主体性和独立性，湿地课程给予了学生最大限度的自由，教师充分放权，学生积极主动地探索未知的领域，拥有了独立发挥自己能力的机会和空间；学生具备一定的生活经验和体验，湿地课程中所设置的探究性活动贴近学生的生活，把枯燥的书本知识变成日常生活中亟待解决的实际问题，激发起学生学习的兴趣和积极性；学生之间存在差异性，湿地课程中的教师放弃了对僵化的标准答案的追寻的教学过程，而是引导学生在自主的探索和建构中形成自己独一无二的见解，尊重每一位学生的独特思考，做到了因材施教。

其次，新型师生关系强调发展性评价观。不同于以学生学业成绩为导向的传统评价方式，湿地课程中的教师往往轻结果、重过程，着力于师生共同探索、教学相长的过程，用发展的眼光看待每一位学生。

最后，新型师生关系要求教师具有终身学习观。终身教育贯穿于人生的每一个阶段，教师要坚持终身学习的理念，与时俱进，不断地提升自己的专业能力。湿地课程中师生教学相长，共同探索，教师不再是知识的灌输者，而在与学生的交流和探索中也有所学习和收获。

良好的师生关系对教师的专业发展具有促进作用，湿地课程中教学相长、尊师爱生、民主平等、宽容理解的师生关系不可避免地对教师专业素养提出了更高水平的要求。

第一，新型师生关系要求教师完善专业知识。教师专业知识包括学科专业知识、教育理论知识、实践性知识和社会文化知识，其中实践性知识是指教师对教育教学活动实践的经验总结，社会文化知识是指一般性的文化常识。湿地课程创新性的活动形式和具有探索性的问题对教师来说是不小的挑战，教师一方面要完善学科专业知识和教育理论知识，这是保障教育教学活动顺利进行的基石；另一方面也要具有渊博的学识和组织实践活动的经验，以应对学生在探究时所面临的问题。

第二，新型师生关系要求教师提升专业技能。教师专业技能是指教师进行教育教学活动必备的基本素质和基本能力。湿地课程以大自然为课堂，以湿地资源为素材，将书本知识与实际运用相结合，不仅需要教师具有极强的教学管理能力，而且需要教师具有一定的教育创新意识和教育科研能力。

第三，新型师生关系要求教师增强专业情意。教师专业情意是指教师个体对于教育事业具有责任感和认同感，愿意终身奉献于教育事业。良好的师生关系给予教师更多的职业成就感和奋斗的动力，进一步推动教师热爱学生，热爱教育事业，为进一步形成良性师生关系的循环创造了必要条件。

(二) 优化学生学习心理,增强学生自主学习动力

学生的学习心理包含学生的学习效能感、学习动机、兴趣、学习坚持性、焦虑程度以及成败归因方式。有研究表明,师生关系对学生的学习心理起着重要作用,其质量与学生的发展水平之间具有相互影响、互为因果关系的密切联系。

小学生的学习动机在很大程度上取决于其附属需要,即为了获得成人尤其是教师的赞赏、奖励而努力学习的需要。因此,小学生往往十分重视教师的评价,对感到亲近的教师所教的学科会产生更多的学习兴趣,更愿意通过自己的不懈努力在学业上取得成功,从而获得教师更多的积极评价。[①] 湿地课程所形成的师生关系,能在极大程度上拉近师生距离,让学生愿意亲近教师,激发起学生的学习动机,从而有效提升教学质量。

例如:在每月一次的自然体验课中,五年级的小毛同学被选去参与爬树体验,他非常兴奋。因为他虽然是一位攀岩高手,但学业上的懒惰,让他常常被教师批评和忽略,所以,面对这样一个来之不易的机会,他显得十分雀跃。在爬树体验中,小毛铆足了劲,爬得比其他同学都要灵活。任课教师十分惊讶,及时表扬了小毛,在教师的连连赞叹声中,小毛的眼神中闪耀出了久违的自信。这次体验课之后,小毛在学习上明显努力了起来,特别是在该教师主上的语文学科中,小毛进步巨大,而教师后续的肯定,又给了小毛继续前进的动力,小毛在班中的存在感越来越强,学业成绩也愈加优秀。可以说,那一次的自然体验课成了小毛学习生涯的转折点。从这一真实事例中,我们可以看出教师对学生的积极评价和良好的师生情感关系将会激发学生的学习动机,改善学生的问题行为,进一步优化学生的学习心理,促进学生的学习。

"绿野寻踪"湿地课程营造了轻松、活泼、自由、和谐的师生氛围,学生获得了更多表现自己的机会,迸发出独特的闪光点,教师积极的反馈不仅给予了学生主动学习的动力,而且也提高了学生人际交往的自信心,推动了学生个性的社会化。首先,良好的师生关系对儿童自我意识的形成和发展有着重要的意义。湿地课程的教师对学生的行为能够及时进行正确的评价与反馈,学生也在自然的滋养和良师的引导下学会正确地认识和评价自我,进而促使自我意识朝着健康的方向发展。其次,良好的师生关系促进学生个性化发展。民主平等的师生关系更容易让学生发挥各自的才能和特长,真正意义上助推学生的自然生长。最后,良好的师生关系能够帮助学生学习社会规范

---

① 单志艳. 小学生师生关系、自我效能感和自主学习策略的关系研究 [J]. 教育理论与实践, 2012 (29): 24-27.

和形成正确的价值观念。湿地课程中,学生与学生之间,教师与学生之间的良好交往都能够使得学生形成团结合作、相互尊重的品质,加速学生社会经验的积累,为学生更好地适应社会环境做好准备。

(三)形成积极的师生互动,提升师生幸福感

师生关系以情感交流的方式影响着师生互动。融洽的师生关系能够激发教师的教学积极性、创造性以及学生的学习热情,整个教学过程自然会顺利进行。在积极的师生互动中,教师和学生都受到了情感的反馈和激励,幸福感便油然而生。

湿地课程中,教师与学生共同学习,教学相长。教师设置目标明确的学习任务,采取有效的教学方法,掌握合理的教学难度,学生自主发现和探索,积极主动地进行学习,由"苦学"转变为"乐学"。例如,在教授五年级语文《刷子李》一课后,有学生就提出:"老师,您能和我们共读冯骥才的《俗世奇人》吗?"教师欣然允诺,学生能向教师大方地提出自己的想法,正是因为师生之间有着良好的师生关系。在共读分享之后,教师与学生共同策划举行了"奇人卡展示墙""身边奇人分享会"活动,师生约定将最打动自己的俗世人物制作成卡片,并粘贴在班级走廊的文化墙上,引得周围班级的学生们踊跃欣赏。除此之外,学生还模仿冯骥才的笔触,描写身边的俗世奇人,看着学生高涨的热情,教师乐此不疲地帮学生修改文章、收集整理并予以展示,积极的师生互动又进一步推动了良好的师生关系。

湿地课程中,教师与学生平等交流,亲密无间。无论是拓展型课程还是提升型课程,师生都能在融洽的氛围中共同探索并解决问题。例如,在"湿地里的童年印记"实践活动中,学生分成小组,提出问题、确定内容、设计脚本、录制视频,整个过程师生积极互动,既有教师的适时点拨,也有学生的主动学习。在融洽、高效的师生互动中,学生解决问题的能力全面提升,教师也成功完成了从"知识传递者"到"学习促进者"的角色转变。在1 284份学期末学生调查问卷中,学校学生对教师的测评满意度高达95%以上,多数学生都有多名喜欢的教师,"大朋友""好伙伴"成了学生对教师的亲昵称呼。

通过湿地课程所建立起来的和谐平等的师生关系,不仅有效地促进了师生间积极的互动与交往,而且进一步提升了师生的幸福感。已有研究表明,建立了积极的师生关系的学校教师幸福感水平较高,教师通过改善学生的问题行为,帮助学生养成良好的行为习惯,形成积极的师生互动,提高师生关

系的质量，从而让师生获得更高水平的幸福感①。可见，师生关系是影响师生幸福感的重要的外部环境因素。良好的师生关系让学生对教师产生信任和爱戴，而教师也会对学生生出喜爱和包容的情感，进而愿意为学生付出更多的心血，这样一来，师生相处时就会产生满满的幸福感。

在一位教师执教的《探寻湿地色彩的和谐"密码"》美术课程中，学生置身美丽的湿地公园，观察自然景物，寻找相似的色彩，发挥创造力创作出和谐色彩的画作。整个过程中，教师没有过多地干涉学生的想法，而是让学生在自主探索中创作独特的画作。学生在自然的空间中，摆脱了以往在教室中的拘谨，寻找落叶、拾捡枯叶、采集标本，每个人忙得不亦乐乎，整堂课都充满着欢声笑语。在画作品评环节中，师生们欢聚在一起，学生兴高采烈地介绍自己的画作，教师耐心聆听，及时地给予鼓励，人群中时不时激起一阵笑声，幸福感自然地充盈在树木、花草和师生之间。学生纷纷表示非常喜欢任课教师和这节特别的美术课，除了这位教师独具匠心的教学设计以及湿地公园的美丽环境加持，良好的师生关系也是让一切美好相随、让满满幸福四溢的关键要素。

构建新型的师生关系是一个系统工程。我们以课程与教学为引领，将美好的目标与愿景都演变为一种文化而渗透于学校的方方面面时，新型师生关系的建立也就成为一种自然而然、水到渠成的事。经过五年的实践研究，我们发现"绿野寻踪"湿地课程所构建起的新型师生关系，在极大程度上转变了教师教育观念，促进了教师专业发展；优化了学生学习心理，推动了学生个性社会化；形成了积极的师生互动，大大提升了师生的幸福感，这是对"师生关系"这一大课题的有效研究。

在《窗边的小豆豆》的作者黑柳彻子笔下的"巴学园"中，教师亲切、随和的教学方式让问题学生小豆豆变成了小林校长口中的好孩子。当教师真正走进了孩子们的内心世界，孩子们也就真正发自内心地接纳了教师，那么，成长自然会如期而至。张家港市世茂小学这所绿色环绕、开放自由、师生和谐的"同学园"不正如"巴学园"一般，正悄然启迪着一颗颗"小豆豆"吗？

---

① 田瑾，毛亚庆，田振华，等. 变革型领导对教师幸福感的影响：社会情感能力与师生关系的中介作用 [J]. 教育学报，2021（3）：154-165.

第二节 在湿地课程实施中培育学生思维力

思维力是基础教育及心理学研究中一个较为热门的词汇，我们在中国知网上搜索"思维力"这一关键词，共检索到学术期刊963篇，其中"北大核心""CSSCI""CSCD"核心期刊有153篇，与初等教育相关的有60篇，与"教育理论和教育管理""心理学""初等教育"三者都相关的共有25篇。国内外的相关研究均表明，思维力是核心素养的重要组成部分。义务教育阶段的语文、英语、数学等学科都将"思维"列为学科核心素养的重要组成维度。

林崇德教授明确指出："思维是智力的核心成分。"① 思维力在学习和创造活动中起着极为重要的作用。首先，它在智力诸因素中起着主导作用，观察力获取的信息、记忆力储存的信息，只有通过思维力的加工制作才会被大脑吸收，转化为学习者个体的精神财富。其次，思维力是智力活动的组织者，在学习中，智力的其他诸因素都必须受思维力的支配，都必须有思维力的参与，离开了思维力，智力的其他诸因素也就失去了自身的存在价值。可以说，思维力制约着智力的其他诸因素，主导整个智力活动。

思维可从不同的角度进行分类。比如，依据思维赖以定向的材料性质，可分为经验思维和理论思维；依据个体发展的阶段水平，可分为动作思维、形象思维、形式逻辑思维和辩证思维；依据人对思维过程产生结果的意识度，可分为直觉思维和分析思维；依据思维结果的创新性，可分为常规思维和创造性思维；依据思维方式的特点来分类，主要可分为直觉行动思维、具体形象思维和抽象逻辑思维②。

一、学生思维力培养的现实困境

在传统的学校学习中，教师常常占据课堂的主导地位，学生在课堂中跟随教师的教而学，常常会出现以下这些情况：第一种叫"假学习"，学生似乎在学习，其实他只是"小和尚念经，有口无心"，很多课堂上的提问、回答，其实并不是真正在学习，没有思维含量，这就是"假学习"；第二种叫"浅学习"，就是教师所提的问题，学生所回答的内容，缺乏思维的深度，是在学生已有水平上的"滑行"，在语言文字表面"滑行"，这个现象比较普遍，用我们的话讲，就是把课文捋一遍就结束了；第三种叫"被学习"，即

---

① 林崇德. 我的智力观 [M]. 北京：北京师范大学出版社，2021：2.
② 王源生. 思维分类之我见 [J]. 广西社会科学，2003 (11)：26-27.

教师不停地问，学生跟着问题去回答，缺少主动学习和思考。正因为存在着"假学习、浅学习、被学习"，学生学习的思维品质不高，而思维品质与学生学习密切相关，经过观察，我们发现目前学生的思维力存在以下几个突出问题。

1. 思维狭隘

思维狭隘表现为缺乏开放的视野和宽广的思维。学生往往只会固守自己的观念，不愿意接受或尝试新的事物。在解决问题时，他们总是思维狭隘，无法从多角度去考虑问题，导致问题难以解决。他们的思考方式仅限于自己的经验和认知，不愿去了解更加广泛的信息和知识。例如，在学习语文修辞手法中，学生一下子就会想到比喻、拟人。但其实修辞手法有多种：比喻、比拟、借代、夸张、对偶、排比、反复、设问、反问等，但长期的狭隘思维，使得学生形成了思维定式，不利于长远发展。

2. 思维浅表

思维浅表表现为想事情只看表面，没有深度分析，不能全面地看待一件事情。在解决问题的过程中，学生只能根据事物的表象去思考问题，无法通过表象去发现更深层次的规律，浅表化的思维方式让学生的学习只能停留在表层。例如，学生会在寒冷的冬天，去湿地公园里放置鸟窝。从表面上看孩子的做法很有爱心，可以给鸟儿一个温暖的家，但深层次地思虑就会发现这一行为是不妥当的，会破坏鸟儿的栖息规律，影响生态平衡。

3. 思维固化

思维固化是指个体在思考问题时，习惯性地沿用相同或相似的思维模式，而缺乏创造性和创新性的一种现象。它是一种思考能力减弱的表现，通常由于个体长期处于某种环境或思考方式而形成。思维固化可能会限制学生的视野和思考深度，使得学生难以应对复杂的问题和挑战。思维固化常常表现为人们在解决问题时的固定思路和模式。例如，学生可能会在遇到新问题时，不自觉地应用过去的经验和方法来解决问题。他们可能会忽略问题的独特性，从而无法提出更好的解决方案。此外，思维固化还可能表现为人们在思考问题时的惰性和惯性，缺乏主动性和积极性去探索新的思考方式和创新性的解决方案。

二、突破学生思维力发展困境的应对之策

对于学生思维狭隘、浅表、固化的现象，可以通过"亲近自然，丰富视野""关联生活，深入思考""设计活动，加强对话"的方式来逐步改善。

1. 亲近自然，丰富视野，提高思维力的开放性和敏捷性

人类来自大自然，也属于大自然，我们自身的生存与大自然的存在有着

错综复杂的联系，自然世界繁杂多样的构造、气息和材质，形态各异的动物和种类丰富的植物，为学生培养发散思维提供了最佳的场所。

学生在大自然中往往会学到课本中无法学到的东西。比如，观察脚边爬过的一只蚂蚁，学生就会好奇"蚂蚁的构造是怎样的"，从而再思考"蚂蚁怎样觅食"，紧接着再联想到"蚂蚁的社会分工"等，这足以让学生思考一整天。再如，学生在大自然中迷了路，可以通过苔藓的喜好和生长环境，找到背阳处的方向，从而辨别出该方向是南方。除此之外，太阳的方向、树的年轮、雪的融化速度等都可以帮助人们辨别方向。亲近自然，能有效提高学生思维力的开放性和敏捷性。

2. 关联生活，深入思考，增强思维力的批判性和深刻性

思维力的训练要与真实生活相联结，这样才能透过表面，发现事物的内在规律与联系，有助于学生在学习过程中大胆质疑、大胆探索，全面、深刻地思考问题。

例如，五年级语文教材中有《自相矛盾》一课。当卖盾与矛的楚人，分别夸赞拥有无坚不摧的矛和坚不可摧的盾被质疑后，得出一个结论：夫不可陷之盾和无不陷之矛，不可同世而立。学生如果浅表性地读古文，就会记住这一结论，觉得相矛盾的事物是不可能同时存在的。教师在教学时可以联系生活，追问学生：夫不可陷之盾和无不陷之矛，不可同世而立？学生在惊讶声中开始思考："现实生活中，矛盾的事物是否可以同世而立？"通过查阅资料了解到潜水艇、航空母舰等，原本存在着矛盾的事物，通过科技创新就能"化不可能为可能"。关联生活，能有效提高学生思维力的批判性和深刻性。

3. 设计活动，加强对话，提高思维力的辩证性和创造性

通过创意且高效的学习活动、积极且恰当的对话引导，教师能引导学生自己发现问题、思考问题、解决问题，而不依靠现成的答案和方法，用辩证统一的思维去思考问题，并且敢于独辟蹊径，善于发散创新。

例如，在教授六年级上册《竹节人》一课时，教师可以设计语文综合性活动。首先，学生要独立完成一份"竹节人制作指南"，要求言简意赅且图文并茂；其次，还要手工制作"竹节人"，并且与他人的竹节人进行"比武"；最后，举行"竹节人汇报会"，谈谈自己的活动感受。在活动中，学生展现出了极高的思维能力，特别是在学习制作步骤的过程中，学生与教师你一言我一语，展开了热烈的对话："除了用毛笔杆，还能用什么材料？""穿线的时候是否有什么讲究？"一改传统教学中学生思维固化的现象，课堂上问题层出不穷，讨论声此起彼伏。而在后续的成果展示中，学生用"竹节人思维导图""竹节人名片"等完成了制作指南，还制作出了"卷纸竹节人""塑料卷竹节""吸管竹节人"，用鞋盒制作了"擂台战场"，展现出思

维力的辩证性、创造性。

三、在"绿野寻踪"湿地课程中提升学生思维力

1. 学生思维力活动观测表

"绿野寻踪"湿地课程的学习是"以学习者为中心"的学习，我们支持学生选择自己感兴趣的学习内容，鼓励学生尝试不同的学习方式，尊重不同学生的学习风格，通过项目式学习、融合式学习、体验式学习实现意义的建构。"绿野寻踪"湿地课程是利于学生思维成长的课程，那么，通过"绿野寻踪"湿地课程，学生的思维力又将发生什么样的变化呢？为了更好地观测学生在湿地课程实践过程中思维力是否得到提升，我们结合具体活动设计了"学生思维力活动观测表"，具体见表4-1。

表4-1 学生思维力活动观测表

观测维度	思维力观测点	具体观测内容	观测记录
思维内容	学生对活动是否做好准备	（1）活动材料的准备 （2）活动的前期预习 （3）活动内容的梳理	
	学生对活动是否全面了解	（1）能否转述活动任务 （2）能否投入参与活动	
	学生是否能完成学习任务	（1）能否联系已有知识 （2）能否运用恰当的方法 （3）能否完成学习单	
思维工具	学生能否梳理学习内容	（1）梳理信息全面 （2）梳理重点突出 （3）梳理富有逻辑	
	学生是否能使用思维导图	（1）选择合适的导图工具 （2）绘制贴切的思维导图 （3）能清晰讲述导图内容	
思维迁移	知识的迁移	（1）同学科知识的迁移 （2）跨学科知识的迁移 （3）超学科知识的迁移	
	方法的迁移	（1）同学科方法的迁移 （2）跨学科方法的迁移 （3）超学科方法的迁移	
	价值观的迁移	（1）感知活动背后的情感与价值 （2）获得人生哲理与感悟 （3）塑造学生精神与品格	

续表

观测维度	思维力观测点	具体观测内容	观测记录
思维评价	思维的深刻性	（1）透过现象，看到实质 （2）富有逻辑，层次分明	
	思维的批判性	（1）独立思考，勇于发现 （2）学会质疑，敢于批判	
	思维的敏捷性	（1）灵活分析，善于变通 （2）思考快速，反应灵敏	
	思维的独创性	（1）善于迁移，思维广阔 （2）思维发散，力求创新	

借助学生思维力活动观测表，在开展湿地课程之前，教师就可以有意识地以学生的思维发展为基点，通过创设真实情境，让学生在挑战性学习任务的驱动下，采用丰富的学习工具和资源，学习基础知识和技能，形成对外部世界的直接体验。在此过程中，学生形成基础思维，紧接着根据情境任务，将知识迁移和重组，向更高阶的思维迈进。

2. 学生思维力提升的表现

通过"绿野寻踪"湿地课程的实施，我们发现学生思维品质日渐提升。首先，通过基础性课程实践，教师在教学过程中更加注重学生的学，有意识地鼓励学生提问、探究和深入思考，由此学生的思维力得到持续的发展和稳步的提升；其次，通过一系列综合性课程和个性化课程，学生走出教室，进入暨阳湖湿地公园，充分拥抱大自然，在实践和探索中，进一步提升思维力。具体表现为以下几个方面。

（1）思维更加开阔、更加发散。

学生能更加全面地分析、判断问题，既能抓住事物的整体、全貌、关键性问题，又能对个别的、重要的细节做细致的考察。[1] 例如，在学习科学学科"过滤装置"一课时，学生走进湿地这一大课堂，了解湿地水资源的七级过滤系统，同时搜集湿地里的小石子、植物等模拟制作七级滤水装置，从而对大自然中的水循环有更加全面的了解。这样一来，学生对知识的思考不再停留在书本文字和浅表学习上，对"过滤装置"有了更全面、更直观的认识，并且能够将知识迁移到生活中这一类问题的探究中，思维更加开阔。

此外，这样的学习过程还能促发学习者在不同的知识领域内进行创造性思维，增强思维的发散性。《方案》明确提出义务教育阶段的各门课程原则上至少要用10%的课时设计跨学科主题学习[2]。"跨学科"实践是新课改的

---

[1] 连立荣. 简论思维力与学习[J]. 中国成人教育，2002（1）：45.
[2] 教育部. 义务教育课程方案（2022年版）[S]. 北京：北京师范大学出版社，2022：11.

鲜明导向，指向学生核心素养的提升，具有综合性和实践性的特征。"绿野寻踪"湿地课程为学生建构了跨学科实践的平台，助力学生的创造性思维发展。例如，学校开展的"'柿'说新语"跨学科主题活动，就是将语文、科学以及美术学科相融合，以柿子树的一年四季为观察对象，让学生用语言文字描绘出柿子树变化的过程，运用线条勾勒柿子树，并了解植物一年四季的生长规律，最后，学生综合运用多学科知识，创编出"'柿'说新语"诗画集。由此可见，"绿野寻踪"湿地课程不仅能够增强学生思维的广阔性，更能够激发学生思维的发散性、创新性。

（2）思维更加独立。

学生能自己发现问题、思考问题、解决问题，而不依靠于现成的答案和方法，也不接受别人的暗示。思维的独立性以批判性为前提，有助于学习者在学习过程中大胆质疑、大胆探索，不人云亦云，不盲从于书本和权威的结论，对自己的学习效果做出符合实际、恰如其分的评估，最终实现独立自主、自求通达。

学校课堂教学中包含"课前预学"这一环节，旨在让学生通过自主预习，提出疑问，对所学知识有初步的认识。质疑的过程是学生进行独立思考的过程，学生的问题常常会涉及教师课堂中没有教授的内容。学会质疑是培养学生思维力的关键所在，也是未来创新人才不可缺少的能力。例如，在学习五年级语文《威尼斯的小艇》一课时，学生通过预习发现作者马克·吐温是一位美国作家，但他描写的是意大利威尼斯的风光，足可以见威尼斯的举世闻名。通过进一步的资料搜集，学生又发现如今的威尼斯水域已经大大减少，这里又涉及全球气候等多项问题，通过独立思考，学生能学到许多课本中并没有涉及的内容。独立思维大大提升了学生学习的自主意识以及批判意识，让学生成为一个更加独立自主的新时代小公民。

（3）思维更加敏捷。

学生思维的敏捷性体现在变通能力以及反应速度。具备敏捷性思维品质的学习者，在思考问题时不固执于已有的结论，能根据客观情况的变化而及时修改原有方案，并从新的观点出发，对同一问题从不同的角度、方面，采用不同的方法，全面而灵活地进行分析，从而得出正确的结论，具备较强的变通能力；还能够在问题解决的过程中，迅速而准确地做出反应，从而提高学习效率。在教学三年级语文"想象"单元的习作时，教师带领学生走进大自然，观察大自然中的细小景物，凭借想象，将其赋予生命力，编出童话故事。这需要学生有很强的变通能力和反应速度，能根据现实景联想，并借助生活实际，再加上合理想象，将故事编得生动且有趣。我们发现，大自然能极大地激发学生的想象力，在轻松愉悦的环境中，学生的思维更加敏捷，由此，我们还编撰了《湿地里的习作》这一校本教材，收获了较好的效果。

（4）思维更加深刻。

思维的深刻性体现为思考问题更加深刻、更有逻辑。学生在学习创造和其他活动中，善于透过表面现象，认识事物的本质和规律，抓住事物的核心和关键，揭示事物的根源与结果，从多方面的联系和关系中去理解事物。如在"谁是最后的赢家"这一游戏中，学生模拟大自然中的食物链，通过追逐捕食、模拟连线的方式，收获游戏快乐的同时，也体会到了大自然中食物链的关系，以及人与自然和谐相处的重要意义，该游戏由表及里，促使学生的思维变得深刻。

同时，学生在学习过程中按照严格的逻辑顺序思考问题、讨论问题、表达问题，思维连贯，层次分明，条理清楚。在开展"重走长征路"这一综合性课程活动时，我们鼓励学生综合运用多个学科的知识，通过小组研讨、集体策划，绘制路线图，将学校通向暨阳湖的五公里路程设计为打卡点一——穿越丛林；沿途的草地设计为打卡点二——匍匐草地；将暨阳湖湿地公园内的一座长桥设计为打卡点三——飞夺"泸定桥"；将穿过暨阳湖设计为打卡点四——勇渡"赤水河"；将最后的会合地点设计为打卡点五——三军会合，以路线图的方式明晰活动流程，撰写活动方案并在班级内介绍，充分体现了学生思维的逻辑性。

综上可见，思维力对学生学习效果的影响极大。通过"绿野寻踪"湿地课程的实施，学生的思维更加开阔、更加独立、更加敏捷、更加深刻，能更好地提高学习质量，有助于学生成长为具备综合素养的时代新人。下一阶段，学校要探索与建构更加多样的课程，举办更加多彩的活动，给予学生更多探究学习的机会，进一步发展与提升学生的思维力。

第三节　在湿地课堂实践中发展学生学习力

21世纪的学习架构于信息化基础之上，信息技术的飞速发展推动着学习从形式到内容的一系列根本性变革，"学会学习"已成为信息社会衡量人才的重要标准，成为当今社会人类生存的基本需求。"学习力"（Learning Power）作为培养学习能力的有效途径和判断标准，潜在影响着学习活动的进行，是学习质量高低的决定因素。学习力正成为学习研究领域的一个热点话题。

关于学习力的内涵，国内外学者从不同的研究角度提出了不同的见解。例如，学习力是现代人基础性的文化素质[1]。学习力是对学习者的学习动力、能力与品质进而实现自我改造、创新与发展等的一个综合性描述，要回答人类为什么学习、学习什么、如何学习以及靠什么来学习等关键性问题[2]。学习力是通过获得与运用知识，最终改变工作和生活状态的能力或动态能力系统[3]。

为了更好地研究学习力，通过已有研究的分析和我们的实践探索，我们尝试将学习力的构成要素概括为学习动力、学习能力、学习品质三个方面。其中学习动力是指学习的内驱力，更多受到兴趣、价值追求的影响；学习能力是指学习者在学习过程中所表现出来的解决问题的能力，包括与人沟通的能力、独立思考的能力、自主创新的能力等；学习品质是指学习者在学习过程中所表现出来的学习发现、学习心情、学习态度、学习行为[4]。

随着课堂教学改革的深入，课堂教学的关注点从"教师的教"转变为"学生的学"，研究问题从"教师教什么、怎么教"转变为"学生学什么、怎么学"。学生是学习的主体，而"学习力"是学生在生命成长中所需要的最根本的能力，是发展核心素养的驱动力和生长基点。学习力强的学生在学习过程中表现出充足的学习动力、超强的学习能力、优秀的学习品质，这样的表现往往又能促使学生在学习过程中提升学习能力、优化学习方法、蓬勃

---

[1] 吴也显, 刁培萼. 课堂文化重建的研究重心：学习力生成的探索 [J]. 课程·教材·教法, 2005（1）：19-24.

[2] 贺武华. "以学习者为中心"理念下的大学生学习力培养 [J]. 教育研究, 2013（3）：106-111.

[3] 瞿静. 论学习力理念从管理学向教育学领域的迁移 [J]. 教育与职业, 2008（3）：64-66.

[4] 蒋志辉, 赵呈领, 周凤伶, 等. STEM教育背景下中小学生学习力培养策略研究 [J]. 中国电化教育, 2017（2）：25-32, 41.

学习状态、强化学习行为、增强学习效果、增加学习动力。这样学生就能更快地养成勤思善学的优良习惯，更好地适应飞速发展的智能时代，更有效地实现个人的发展。学习力弱的学生则反之。

由此可见，学校在完成教书育人的使命过程中更要注重培养学生的学习力，提升学生的学习力应是教师的责任，也应是学生孜孜不倦的追求。于是，学校在践行湿地课堂的过程中，设计了学生学习力活动观测表，观测湿地课堂中学生的学习力表现与传统课堂中学生的学习力表现有何差异，探索湿地课堂对学生学习力的影响，寻求核心素养视角下提升学生学习力的有效路径。

一、传统课堂中学生的学习力

传统课堂中的学习是教师遵从教材的编排所设计的，以学生为学习主体的，普遍以教室为学习场域开展的系列认知活动。传统课堂中学生的学习力主要有以下一些表现。

（一）学习动力不足

传统课堂中学生的学习动力不足，主要表现学习兴趣不高、学习积极性较低、学习的价值追求不清晰几个层面。

1. 学习兴趣不高

传统课堂中的教学活动依赖于教师，侧重于解决教师怎么教的问题。教师教育观念窄化，"为教而教、为考而学""题海战术"的现状严峻，极大地透支了学生的学习兴趣，很多学生在课堂上容易走神、专注度不高，这样的表现透露出的是学习动力不足的问题。

2. 学习积极性较低

学生是学习的主体，但是学什么、怎么学都是教师提前安排好的。学生无法选择自己喜欢的学习内容，也无法选择适合自己的学习方式，置身于被动学习的状态中。不管是否感兴趣，学生只能跟着教师走，教师教什么就学什么，按部就班地完成学习任务。教师花大把的时间传道授业解惑，天天追着学生交作业，课间也要盯着学生写作业，但结果是学生作业完成率不高、作业质量不高的现象日渐严重。可见，被动学习状态势必影响学生学习的积极性。

3. 学习的价值追求不清晰

学习是人类进步的动力，学习的价值追求在于丰富认知、满足好奇心和求知欲、建立良好的人际关系、促进社会的发展与进步等。但是，当学生被问及"为什么学习""学习有什么作用"等问题时，他们往往会表现出迷茫与困惑。"父母让我学""老师要我学""别人在学我也要学""考个好成绩，获得奖励"等不正确的认知层出不穷,"读书无用论"甚至成为学生的托词,可见学生对学习的价值追求不清晰。

（二）学习能力不强

传统课堂中学生的学习能力不强,主要表现与人沟通能力较弱、处理信息能力欠缺、创新实践能力不足几个层面。

1. 与人沟通能力较弱

传统课堂中的沟通主要表现为生生之间的讨论、师生之间的问答,这是一种为了达到预期的教学目标而引发的有意识的沟通行为。相比于课间活动中学生无意识的自发的沟通行为,课堂上常出现学生表述不准确、表达不清晰、语言不流畅等问题。很多教师也表明,低年级的学生都很乐于表达,课堂上大部分学生都处于踊跃发言的状态,而到了中高年级,学生慢慢地就不愿意表达了,课堂上还会出现问题提出后全场鸦雀无声的现象。可见,传统课堂模式在逐渐削弱学生与人沟通的意愿,这是不利于学生发展与人沟通能力的。

2. 处理信息能力欠缺

互联网技术发展与教育信息化普及,使得教育技术在课堂教学和学生学习过程中得以普遍应用。[①] 技术工具的便捷性降低了知识获取的难度,教师准备好丰富的学习资源,学生很少经历自主获取有效知识的过程,课堂上也没有充足的时间让学生思考、整合已获取的信息,课堂上学会的知识与技能也很少能应用到生活中去解决生活中真实存在的问题。综上,传统课堂中学生的处理信息能力没有得到充分的发挥,导致信息处理能力欠缺。

3. 创新实践能力不足

传统课堂的教学内容局限于教材,桎梏于编写者所设定的内容。国家课程是最重要的学习资源,教材是国家课程的具体落实,必须承认国家课程的普遍性与重要性。但学生作为一个独立的、特殊的个体,其发展必定具有独特性,必然需要除国家课程以外的一些可供学生自由选择的个性化课程。然而传统课堂教学平庸化,忽略学生的个体差异,忽视不同的学习风格,呈现出统一的学习步调,导致学生个性被压抑,学习缺乏创新,创新实践能力不足。

（三）学习品质不高

传统课堂中学生的学习品质不高,主要表现为学习心情压抑、学习状态不佳、学习行为消极几个层面。

---

① 李海燕,仲彦鹏,孙玉丽. 核心素养视角下学生学习力的培养［J］. 教学与管理,2019（1）: 17-19.

1. 学习心情压抑

传统课堂中，教师注重创设学习情境，激发学生的学习兴趣，活跃学习氛围。但是，由于学习活动单一、学习内容与实际生活的联系较弱等原因，还是常出现学生在课堂上对学习内容提不起兴致、容易走神、不愿意主动参与课堂活动等消极现象。

2. 学习状态不佳

传统课堂的学习场域受困于教室，将学生置身于单一的学习空间。学生在接受传统的学校教育时，几乎所有的学习活动都是在教室里、校园内完成的，学习的空间场域比较局限；学生在学习中接触最多的人是教师和同学，学生与社会的关系和学生与自然的关系几乎是处于断裂状态的，学习的关系场域比较单一。学生长期处于这样的学习场域中，更容易患上"自然缺失症"。自然缺失症的主要症状是注意力不集中，上课不认真，不听指挥，不能完成指定的任务，学习状态不佳。

3. 学习行为消极

传统课堂中教师处于主导地位，学生的学习活动依赖于教师的指导，他们习惯于解决教师提出的问题，按部就班地完成教师指定的学习任务，而缺乏对知识本身的好奇心与求知欲。部分学生对于不理解的问题往往选择沉默而不愿主动解决，面对家庭作业也需要家长催促完成。种种迹象都表明学生的学习行为比较消极。

综上，传统课堂中学生出现学习动力不足、学习能力不强、学习品质不高等问题，引发学生不想学习、不爱学习、不善学习、不会学习等学习力不足的现象。

二、学习力与核心素养的内在关系

核心素养是学生通过课程学习逐步形成的正确价值观、必备品格和关键能力，是课程育人价值的集中体现。根据《方案和标准》，小学语文课程培养的核心素养包括"文化自信、语言运用、思维能力、审美创造"四个方面。小学数学课程培养的核心素养包括"会用数学的眼光观察现实世界、会用数学的思维思考现实世界、会用数学的语言表达现实世界"三个方面。小学科学课程培养的核心素养包括"科学观念、科学思维、探究实践、态度责任"四个方面。小学道德与法治课程培养的核心素养包括"政治认同、道德修养、法治观念、健全人格、责任意识"五个方面。根据前文分析，学习力是决定学生学习的关键能力，是学生终身学习的基础，是教育发展的生产力，它直接决定着教育的质量以及社会的可持续发展①。学习力的构成包括学习动力、学习能力、学习品质三个方面。

无论是培育核心素养的理念，还是提升学习力的思想，它们都高度聚焦学生的全面发展和终身发展。核心素养着眼于学生发展的内涵和目标，而学习力则着眼于学生发展的方式和途径。它们是两个相互融合、密不可分的概念，彼此都作用和反作用于对方。学习力是培育基本核心素养的基础，而核心素养又是形成更大学习力的源泉，二者在相互依存中不断促进对方的发展与提升②。具体来讲，核心素养与学习力的内在关联性体现在以下两个层面。

（一）学习力是核心素养的生长基点与驱动力

1. 学习力是核心素养的生长基点

教育部组织专家团队研制中国学生发展核心素养体系，明确指出学生应具备的适应终身发展和社会发展需要的必备品格和关键能力，突出强调个人修养、社会关爱、家国情怀，更加注重自主发展、合作参与、创新实践。学习力的培养不仅是教育的重要环节和目标，更是学生终身发展和社会持续发展的前提，离开了学习力的培养，核心素养的架构也就失去了生长基点。对于基础教育改革发展的方向，裴娣娜教授提出了由区域性决策力、校长领导力和学生学习力组成的"三力模型"，在这个自上而下的层递结构中，学习力位于"三力模型"结构的最底层，是整个模型的基石③。这表明了学生的发展应以学习力的培养为原点，而这个原点显然也是核心素养不可或缺的组成部分。郑大明老师在充分探索国内外学者关于"核心素养"的研究后提出了由人格力、学习力和创造力组成的"核心素养"的基本结构模型，学习力是基本的文化素养④，这充分表明学习力是核心素养的根基。

2. 学习力是培育核心素养的驱动力

由课程标准中对核心素养的定义可知，核心素养是学生在课程的学习中逐步形成的，也就是说，核心素养必须在"学习"这一过程中培育。学习力不仅是核心素养体系的生长基点、核心素养大厦的基石，更是培育其他核心素养的驱动力。学习力的高低会影响学生核心素养发展的质量状况，学生的学习力越高，越有助于形成全面而高质量的核心素养。培养学生良好的学习力，能够使学生有效地获取新知识、掌握新技能，并能够运用学习策略解决

---

① 朱少山. 着力点和立足点：学习力与核心素养关系辨析[J]. 教育科学论坛，2018（22）：11-13.

② 朱少山. 着力点和立足点：学习力与核心素养关系辨析[J]. 教育科学论坛，2018（22）：11-13.

③ 裴娣娜. 学习力：诠释学生学习与发展的新视野[J]. 课程·教材·教法，2016（7）：3-9.

④ 郑大明. 践行养育"核心素养"的三性教育[J]. 教育科学论坛，2016（11）：11-15.

问题，从而促进其核心素养的提升。发展学习力，就是为培育核心素养筑牢根基，保驾护航。

总之，以能力为导向的"动态发展的学习力"必然是学生核心素养的生长基点与驱动力。

(二) 核心素养的培育是形成学习力的源泉

1. 核心素养引导学生树立理想目标，激发学习动力

对学生进行核心素养的培育，能够使学生认识到学习的价值，培养浓厚的学习兴趣和积极向上的学习态度。在培育核心素养的过程中，学生掌握和运用智慧的结晶，涵养内在精神，追求真善美的统一，树立社会责任感、国家认同感，发展成为有宽厚文化基础、有更高精神追求、有理想信念、敢于担当的人。当学生逐渐形成核心素养之后，会树立更远大的理想目标，为民族而学，为人类而学，为地球而学，拥有更坚定、更高尚的学习动力。

2. 核心素养帮助学生参与知识实践，获得学习能力

核心素养的培育过程中，不强行灌输知识与技能，而是强调学会学习的重要性。《国家中长期教育改革和发展规划纲要（2010—2020年）》也明确指出："倡导启发式、探究式、讨论式、参与式教学，帮助学生学会学习。"核心素养的培育过程，会帮助学生养成良好的学习习惯、掌握适合自身的学习方法，提高学生处理信息的能力、合理分配时间与精力的能力、与人沟通的能力、创新的能力、自主学习的能力、终身学习的能力，使学生能够依据自身个性和潜质选择适合自身的发展方向。

3. 核心素养推动学生磨砺坚韧意志，提升学习品质

在核心素养的培育过程中，对科学规律的研究和科学人物的解读，能够激发学生的好奇心和想象力，培养他们不畏艰难、坚持不懈的探索精神。核心素养着重提升学生自我发展的能力，强调学生能够有效地管理自己的学习和生活，认识和发掘自身的潜力，保持身心健康，有效应对复杂多变的环境，成就出彩的人生。在此过程中，教师也会引导学生正确对待学习道路上的艰难险阻，时刻以高昂的热情和满满的正能量投身于学习之中；同时帮助学生学会调节和管理自己的情绪，培养积极乐观的心理品质。核心素养在关注知识能力培养的同时，也高度关注非智力因素的培育，有助于提升学生的学习品质，使学生在愉悦的情绪中学习，在良好的状态中学习，积极主动地进行学习。质言之，核心素养的培育是形成学习力的源泉。

可见，发展学生的学习力是培育学生核心素养的生长基点和驱动力，而核心素养是学生形成更大学习力的源泉。湿地课堂既能够很好地提升学生学习力，又能发展学生的核心素养，并促进学习力与核心素养的相互作用，使二者在相互依存中不断发展与提升。

三、湿地课堂：核心素养视角下提升学生学习力的有效路径

湿地课堂是"以学习者为中心"的学习，课程落实中支持学生选择自己感兴趣的学习内容，鼓励学生尝试不同的学习方式，尊重不同学生的学习风格，通过项目式学习、主题式学习、体验式学习实现意义的建构。那么，通过湿地课堂，学生的学习力又将发生什么样的变化呢？为了更好地观测学生在学习活动中学习力是否得到提升，我们结合具体活动设计了"学生学习力活动观测表"，见表4-2。

表4-2 学生学习力活动观测表

学习力构成	学习力观测点	具体观测内容	观测记录
学习动力	学生对活动是否感兴趣	（1）活动材料的准备 （2）活动的参与情况 （3）学生的活动心情	
	学生是否明确学习任务	（1）能否转述活动任务 （2）能否完成活动任务	
	学生是否积极主动参与到活动中	（1）学习单完成情况 （2）同伴的互动情况	
	学生是否期待下一次活动	（1）与他人分享情况 （2）课后的学习情况	
学习能力	与人沟通的能力	（1）表达是否完整 （2）表达是否准确 （3）表达是否流畅	
	独立思考的能力	（1）能否从多个角度思考问题 （2）能否客观地评价别人的观点	
	处理信息的能力	（1）获取信息的情况 （2）整合信息的情况 （3）运用信息的情况	
	创新实践的能力	（1）能否提出新颖的观点 （2）能否提出疑问 （3）能否做出创新性的实践	

续表

学习力构成	学习力观测点	具体观测内容	观测记录
学习品质	学习收获	（1）知识：是否学会相关知识 （2）技能：是否掌握相关技能 （3）方法：是否掌握（或改进）相关方法	
	学习心情	（1）是否表现出愉悦的情绪 （2）是否表现出积极的情绪 （3）是否表现出消极、畏难的情绪	
	学习态度	（1）专注学习活动 （2）主动解决问题 （3）愿意倾听 （4）敢于尝试	
	学习行为	（1）学习积极性 （2）坚持完成活动任务 （3）表现出持续学习的行为	

1. 顺应天性，激发学习动力

湿地课堂师生共建的特色学习样态，从以教师为中心和以教师的教为中心，彻底转向以学生为中心和以学生的学为中心。为了满足儿童的好奇心和求知欲，湿地课堂中的学习内容可以是学生提出的感兴趣的问题，教师作为引导者协助学生明晰研究方向与具体内容，以问题为中心，以任务为导向，合理运用自然观察、小组讨论、同伴互助、师生互动、合作探究等学习方式，实现主观能动的学习过程。如大多数小学生对小动物很感兴趣，在小学科学六年级《放大镜下的昆虫世界》一课的教学过程中，传统的教学是以传授相关的昆虫知识为中心的，局限于课堂的观察，甚至是课件的介绍。学生大多会觉得枯燥乏味，更多想自己一探究竟。"显微镜下的小昆虫真的长得如书本所展示的那般吗？"传统的课堂显然是无法满足学生的求知欲的，这在一定程度上打击了学生的学习积极性，学习内驱力也被压制。

然而湿地课程根据学生感兴趣的内容，设计以蚂蚁为主题的系列学习活动——观察蚂蚁的特征、探索蚂蚁的生存环境、探索蚂蚁的生活习性等，顺应孩童天性，以兴趣为导向，学生的学习积极性大大提高。当学生把学习当作一种享受、一种乐趣时，便激发了学习的自主性和能动性，触发了学习的内驱力。

2. 多样体验，提高学习能力

本着"为了每一个孩子自然生长"的教育理念，湿地课程的内容涉及语文、数学、英语等学科，形式上包括自然游戏、自然观察、自然体验、自在探索、自由创造等多样的活动形式。在学习活动中充分发挥学生的主观能动性，凸显学生的主体地位，在解决"怎样学习"的问题上，允许学生自由选择。如学校开展"'途'鉴湿地"活动，旨在绘制暨阳湖湿地公园内常见的植物图鉴。学生明确任务，教师负责传授方法，学生则可以自由组队，在广阔的湿地公园里挑选自己感兴趣的植物进行观察，观察最吸引自己的植物部位，采取适合自己的方式进行观察记录，或文字、或绘图、或拍摄，学生就像一个探索者，逐步摸索、体验。

自由、自在、自然的学习活动中，学生往往能够拥有积极美好的情感体验，而这种情感体验可以更好地将"要我学"转化为"我要学"，学生成为活动的探索者，选择适合自己的学习方式，做出新的尝试，不断获取新知识。这个过程能够帮助学生实现完整的生命成长过程，能够更好地发挥学生与人沟通、信息处理、创新实践等学习能力，学习能力得以锻炼、发展与提升。

3. 开放互动，增强学习品质

在湿地课堂中，教师转变教育观念，打破教室的壁垒，突破传统的学习方式，利用具体的校外学习场域，融通家、校、社关系场域，帮助学生实现有意义的建构。如学校开发了"地球有我'小当家'"活动，旨在让学生了解现存的环境问题，提高学生的环保意识，触发学生争当绿色公益小天使的行为。学生通过网络搜集、专业咨询、实地考察等多样的自主学习方式，认识周围的环境现状，针对现有的环境问题提出有效的解决措施。然后走进教室、社区、公园，向同学、教师、家人等进行公益宣讲。大部分学生都愿意花时间搜集相关的资料完成宣讲稿，并走到人群中完成公益宣讲活动。

学生在活动中不仅树立起"保护地球，守护我们共同的家园"的环保意识，争当绿色公益小天使，而且从活动中获取知识和技能。在这样的学习过程中，学生能学有所获，学习时表现出愉悦的心情，能主动解决宣讲过程中面临的问题，愿意表达、敢于尝试，学习品质得以有效提升。

学生学习力是核心素养的生长基点和驱动力，是实现终身学习的必备条件，也直接关系到学生当下的学业成败及今后的生存发展。"绿野寻踪"湿地课程为提升学生的学习力保驾护航，是核心素养视角下提升学生学习力的有效路径，能够帮助学生走向生命意义的自主建构、实现全方面的自然生长。

第四节 在问题解决过程中提升教师课程领导力

一、课程领导力的内涵

课程领导力是近年来在课程领域出现的一个新概念,它是在"课程领导"和"领导力"两个核心概念的基础上发展起来的。因此,要准确解读教师课程领导力的意蕴,就需要首先明白什么是课程领导,什么是领导力。

1. 课程领导

教育界提出课程领导的概念,旨在打破传统课程活动中以指令、监督、控制为主的管理理念和模式,强调更多地"运用领导的理论、方法与策略来完成课程设计、课程实施、课程评价等任务"[1]。课程领导可以看作"一种课程领导者与所属成员共同探究课程问题的互动与合作过程"[2]。课程领导的本质是为了更好地提高学生的学习品质,保障学生的学习效果。

2. 领导力

领导力是领导者激励他人自愿地在组织中做出卓越成就的能力,人人都可以拥有领导力。我国有学者认为,领导力归根到底阐述的是一种愿景能力。领袖的特质在于凝结集体智慧来构建共同愿景的能力,愿景是领导的核心。[3]

3. 课程领导力

在厘清课程领导含义与领导力本质的基础上,我们可将教师课程领导力界定为:为了实现课程愿景,提升学生学习品质,教师在课程开发、实施和评价等环节过程中,对课程活动相关成员进行引领和指导的能力。

二、教师课程领导力的核心维度

教师课程领导力包含三个方面的能力,分别是教师课程开发领导力、教师课程实施领导力、教师课程评价领导力。

1. 教师课程开发领导力

教师课程开发领导力指教师在课程设计、开发活动中发挥的引领和指导能力,具体有四个方面的表现:第一,在为一个或一类学生设计、开发个性化学习课程活动中的引领和指导能力;第二,在为一个班的学生设计、开发学习课程的活动中的引领和指导能力,也就是通常所讲的备课或教学设计;

---

[1] 沈小碚,罗入会. 课程领导问题探析[J]. 教育研究,2004(10):54-59.
[2] 沈小碚,罗入会. 课程领导问题探析[J]. 教育研究,2004(10):54-59.
[3] 王云峰. 领导力理论溯源及创业领导研究方向[J]. 技术经济,2008(6):21-26,49.

第三，教师在地方课程和校本课程设计、开发活动中的引领和指导能力；第四，教师在国家课程校本化设计、国家课程开发活动中的引领和指导能力。①

2. 教师课程实施领导力

教师课程实施领导力指教师在课程实施活动中所发挥的引领和指导能力，这是教师课程领导力体现最为明显的地方，也是教师课程领导力的主阵地和着力点。具体表现为：教师营造良好的学习环境与氛围，激励学生情绪高昂、饱含激情地投入学习，有效调控教学过程，通过启发式、探究式、讨论式、参与式等多种方式有效实施教学。

3. 教师课程评价领导力

教师课程评价领导力指教师在课程评价活动中发挥的引领和指导能力。教师的课程评价更具有真实性、情境性和有效性。教师除了要自我评价教育教学效果，及时调整和改进教育教学工作，也要评价课程设计与开发的科学性、内容的适切性、形式的多样性等。

三、教师课程领导力的独特价值

从学校、教师、学生三个层面看，关注中小学教师的课程领导力有助于中小学教师践行国家课程改革，有助于提升教师课程领导能力，从而提升课程质量，也有助于学生领导特质的获得和全方位素养的发展。教师作为课程的主要领导者，其领导力的提升对于课程改革深化、教师专业发展都十分必要。

1. 从学校角度来看，推动课程改革的践行

广大中小学教师具备一定的课程理解、规划、实施、反思能力，有助于培养"有理想、有本领、有担当"的德智体美劳全面发展的社会主义建设者和接班人。如果没有广大中小学教师专业素养的提升，课程改革就难以达到预期效果。学校"绿野寻踪"湿地课程就充分体现了教师的课程领导力。教师在湿地课程实践的过程中，秉持新课改理念，指导与引领课程设计、开发、评价等活动，不仅推动了新课改的践行，而且潜移默化地发展了自身的课程领导力。

2. 从教师角度来看，提升教师专业素养

教师专业发展更是离不开教师的课程领导力。教师专业发展内在要求教师承担课程领导者的角色，能够准确评判课程价值，设计、规划课程方案，开发、整合课程资源，指导、实施课程计划，反思、评价课程结果，并在课程教学中尊重学生的学习需求，营造良好的学习氛围，提升教学质量。教师课程领导力实质上体现了教师从知识传授者转变为课程领导者，更加注重教

---

① 黄云峰，朱德全. 教师课程领导力的意蕴与生成路径 [J]. 教学与管理，2015（4）：1-3.

材的灵活使用和教学问题的深刻把握。同时，教师课程领导力的提升会为教师带来新的教育观念和教育方式，增进教师之间的协作，这也会促进教师的专业发展。

3. 从学生角度来看，促进学生学习质量提升与全面发展

（1）学生学习质量提升。

从课程设计与开发的角度看，具备课程领导力的教师能够更好地理解湿地课程的目标和价值，从而设计出更符合学生需求的教学方案，整合各类有用的课程资源，从而提升学生学习质量。从课程实施的角度看，具备课程领导力的教师能够引领、指导学生积极进行体会、思考、讨论等活动，根据学生反应及时调整教学计划，努力实现教学目标，从而提高学生的学习质量。从课程评价的角度看，具备课程领导力的教师能够做到教、学、评一致，以评价为学习方式，注重评价的反馈与指导作用，从而提高学生的学习质量。

（2）学生全面发展。

教师课程领导力是促进学生领导特质和全面发展的重要力量。在课程实施环节，教师表现出的课程领导力，不但影响学生对知识的理解，更影响学生的非智力因素的发展。教师所表现出的课程领导能力会潜移默化地影响学生，使学生获得诸如交际、协调、沟通、策划等非智力因素方面的领导特质①。此外，课程领导力强的教师能够关注学生的个体差异，提供个性化的教学支持，促进学生的全面发展。在湿地课程中，这有助于学生深入理解湿地生态系统，培养其实践能力和生态意识。

四、教师课程领导力发展的现实困境

教育界中，学生、家长、专家学者、教师都应承担课程领导责任，成为课程领导者。其中，教师是课程的实施主体，在课程开发、实施、评价等方面具有不可替代的优势，教师的课程领导力水平至关重要。可以说，课程改革的成败很大程度上取决于教师课程领导力的水平。教师整体的课程领导力水平越高，学校课程改革成功的可能性就越大。然而，在教育教学实践中，教师课程领导力的发展面临着诸多现实困境。

1. 教师层面：教师自身的课程领导意识不强

课程意识是教师对于其在课程决策、开发与发展中地位与作用的信念以及教师对于如何在课程活动中有效教学、学生如何有效学习等方面的想法。包括：敏感意识，即在课程决策与发展中，教师能否意识到自己是主观能动的积极参与者；批判意识，即教师能否意识到自己不仅要理解新课改的理

---

① 侯志中，李春红. 中小学教师课程领导力：内涵、价值与策略[J]. 中小学教师培训，2022（11）：37-41.

念，还要运用自身的个人理论批判吸收与改进；生成意识，即教师能否意识到课程不仅是专家与行政人员的事，而且与教师的主体性密不可分。由上可知，课程意识反映了教师对于课程的主观态度与意念，是教师的一种基本专业意识，对课程设计和实施具有巨大的能动作用[1]。

长期以来，在应试教育的影响下，部分教师只有教学意识，而课程意识淡薄。在课程实践中，很多教师还停留在课程就是教科书、教学材料和教学科目的认识上，按部就班地把统一的课程内容教给学生，而忽视学生能力的发展。教师缺乏课程变革或创新的信念，难以胜任课程领导的角色和任务。教师的专业自主性和课程开发能力逐渐丧失，难以将生活世界与课程内容联系起来，这一方面是由于资源受限，另一方面是由于教师对现代信息技术应用感到陌生，不适应"互联网+"时代的要求。

2. 学校层面：学校文化认同不足与课程管理体制阻碍

课程是文化的载体，从深层意义上说，课程改革就是文化的变革。学校文化是学校组织内在的价值、信念和标准，它在实质上构成了教师课程领导力的底色和背景。教师在习俗、道德、舆论等各种社会文化因素和各种管理体制的影响下，逐渐遵守规范、汲取知识、形成能力，慢慢形成一套习以为常的思维定式和行动模式。教师思维定式和固化的行为模式在一定程度上阻碍了教师对新理念的理解、接纳和践行，阻碍了教师课程领导力的发展。

传统的课程管理体制中，管理主体单一，课程标准的制订以及教材的编写都是由课程专家、学科专家进行的，忽视了与教师的交流，教师只是现成课程方案的被动执行者。在校本课程的开发中，有些学校的课程管理过度集权于校长一人，教师缺少相应课程领导力发展的机会，影响了其参与课程管理的积极性、主动性，从而直接影响到教师课程领导力的发挥。传统的课程管理体制既使教师的课程创新精神受到相应的压制，又使课程领导力受到限制。

3. 社会层面：教学评价的功利导向不利于教师课程领导力的发挥

很多学校、家长和教师的注意力集中在"主科"上，致力于提高学生考试科目的成绩，而无暇研究考试之外以及学生的真正全面发展的需求，这导致多数教师难以作为教育主体深度参与学校课程建设，从根本上不利于教师课程领导力的作用发挥。

五、教师课程领导力的生成路径

我们以学校"绿野寻踪"湿地课程为例，具体展示教师课程领导力的生成路径。

---

[1] 王钦，郑友训. 新课程背景下的教师课程领导力探析 [J]. 教学与管理，2013 (21)：3-5.

1. 教师自主生成路径

美国著名学者波斯纳曾经提出教师成长公式：教师成长＝经验+反思。教师自主生成路径是指教师意识到教师课程领导力的重要性、必要性和紧迫性，努力学习课程领导力的相关知识并在课程领导实践中加以运用，并且对实践不断进行反思，逐渐生成课程领导力。教师的反思能使教师重新审视自己的教育思想及其依据，积极主动地探究课程领导问题，不断地发现问题并积极寻找新的策略来解决问题。

在"绿野寻踪"湿地课程实践过程中，我们的反思方法主要有撰写教学日志、案例分析、撰写反思札记、课堂观摩、教育叙事等。教育教学反思能改造和提升教师的课程领导经验，有助于教师成为课程研究者和领导者，提高教师课程领导力。

2. 学校为本生成路径

（1）以教研组为单位，组建教师专业发展共同体。

在骨干教师的牵头下，各学科组成立了教师发展共同体。通过共同体成员的相互合作、相互激发唤醒教师的课程领导力，引领教师进一步体会和提升课程领导力，带动教师教学特色和风格的形成，促进教师的专业发展。在共同体内资源共享，名师引路，极大地提高了教师课程领导力。

以学校最典型的名师工作室为例。工作室由特级教师王莹担任导师，吸收有一定发展潜力的中青年骨干教师为工作室成员。名师工作室以提高学员实施新课程的教育教学实践能力和教学反思能力为出发点，以具体的教学活动和教学研究任务为指导的落脚点，通过不断的反馈、及时的交流，实现相互学习、共同进步，有效地提升了共同体教师课程领导力。

（2）建立课程资源库，为教师提供丰富的课程资源支持。

学校加大对湿地课程资源的投入力度，建立湿地课程资源库，为教师提供丰富的湿地课程资源支持。学校周边的"暨阳湖苑"小区共有5000户居民，富有生机盎然的生活气息。该社区设施设备完善，有社区图书馆、活动室、服务站等，可以提供丰富的校外教育空间，内容也可涵盖志愿服务、自然体验、艺术兴趣等多方面，授课形式有讲座、动手操作、实地考察等。湿地课程让周边资源成为学生观察、实践和探索的重要学习场所，这有利于打开教师课程资源开发的视野，提升教师课程资源开发的能力，从而提升教师课程领导力。

（3）在学科学习中提升教师课程领导力。

学校湿地课程依托单个或多个学科，围绕更具综合性、实践性和开放性的问题展开研学。比如，"绿野寻踪"湿地课程，融合语文、科学、美术等学科，以了解不同种类的植物为主线，让学生走进湿地观察植物、绘制植物图鉴、学写植物研究报告、进行植物研究汇报演讲等,让学生用自己的眼睛去观察自然、探索世界,用自己的语言去表达"内心的自然"。

再如,"'地球有我'公益课程"作为学校"绿野寻踪"湿地课程的子项目,是"校—家—社—自然"四方联动的绿色环保公益活动;其中,环保大课堂、公益宣讲员、友爱小天使、自然志愿者等活动的整合,是一所自然中的小学校的使命担当与积极作为。

学科教学极大地锻炼与提升了教师的课程领导力,教师在课程设计、开发、实施、评价等环节都需要积极思考、努力发挥领导作用,例如:湿地里的动植物种类丰富,如何利用好近在咫尺的教学资源,让学生从了解湿地入手、在自然中茁壮成长?

(4)组织定期的专业培训和指导活动。

在"绿野寻踪"湿地课程实践过程中,学校组织的培训内容包括湿地知识理解、湿地文化体验、湿地课程设计、湿地课程实施、湿地教育写作等方面。通过培训,教师更好地理解和把握湿地课程的目标和要求,提高自身在湿地课程设计、开发、实施、评价等活动中的引领和指导能力。

课程资源的整合与开发秉持有用性原则,保障湿地课程的有效实施。除了教材,教师主动地在课程方案指导下,结合学校实际,针对学生特点,合理开发并有效整合校内外各种课程资源,积极开发校本课程、班本课程和生本课程,保证湿地课程质量服务于学生的最优化发展。

在学校课程整体建设实践中,我们还鼓励教师将课程文化融入具体的教育教学行为之中,锤炼自身的课程文化建设力。在课程实施过程中,教师根据自身角色变换情况,参与不同的实践场域课程领导。每学期至少开展一次校本课程教学展示、交流研讨活动,展示优秀教师的成功经验,解决实际问题。教师可以通过课程反馈和评价,了解自己的教学效果和不足,调整和优化教学设计和方法。同时,教师通过与同事和专家的专业切磋、协调与合作,互相学习、彼此支持、共同分享,不断地拓展自己的知识视野,提高自己的课程领导力。

(5)改革传统的课程管理体制,赋予教师更多的课程领导权。

就学校课程管理来说,我们积极贯彻三级课程管理机制,建立学校课程领导机构,改变过度集中的形式。校长起关键性作用,通过带领教师进行课程开发与实施,为其提供一定的课程领导空间。学校管理者通过各种渠道促进教师间的交流,形成合作友好的人际关系;提升教师的"话语权",鼓励其参与课程领导,对于教师提出的建议应积极地采纳;在执行课程领导权时,对教师的失误和失败应给予宽容,对遇到困难的教师应给予适当的指导和帮助①。

3. 借力校外生成路径

（1）校外专家学者培训。

学校可以聘请师范院校或是教育研究部门的课程专家和学者作为培训教师，在培训中提高教师课程领导力。专家的培训可以从更高的视界和更深的层次对教师进行引导，以激发教师的课程领导意识，激起教师的课程领导意愿，深化教师对课程领导的理解，教授课程领导方法，带领教师进行课程领导活动，帮助教师解决困惑②。

（2）开展校际交流合作。

学校与学校之间可以建立友好合作关系，定期和不定期开展有关课程领导活动的探讨和交流，教师在相互交流中，能够取长补短，也能够引起新的研究兴趣，并在不同学校之间的课程领导实践对比中深化对课程领导的理解和体会。以"绿野寻踪"湿地课程为例，学校可以开展校际交流合作，整合两所甚至多所学校的资源，共同深化课程领导实践，提升教师课程领导力。

教师课程领导力是课程改革中的重大理论课题，也是课程改革中的重大实践问题。在理论上，它是新课标理念深化的一种表现，为教师课程权力的提升提供了广阔的空间，使教师真正成为课程的主人和领导者。在实践中，目前教师课程领导取得了一定的成效，但还存在很多不足，需要国家、社会、学校和教师群体等方面共同努力，进而提升教师课程领导力。总之，我们应该重新审视自己的教育思想及其依据，积极主动地探究课程领导力问题，在课程建设与实践中积极寻找新的思想和策略来解决学校的实际问题。

---

① 王钦，郑友训. 新课程背景下的教师课程领导力探析 [J]. 教学与管理，2013（21）：3-5.
② 黄云峰，朱德全. 教师课程领导力的意蕴与生成路径 [J]. 教学与管理，2015（4）：1-3.

第五节　在跨学科学习任务群下激活师生创造力

在全球化、数字化的时代背景下，创造力作为人才培养的关键因素，已然成为教育教学领域的热点议题。《义务教育语文课程标准（2022年版）》极其强调"创造"一词，整个文件中一共出现了25次，如"创造思维""审美创造""创造美的能力""激发创造潜能""语言表现力和创造力""劳动创造美好生活"等。由此可见，创造力的培育是小学语文教学的重要目标，也是学生持续发展的坚实基础。跨学科学习作为当前新课标所倡导的教学新样态，是培养学生核心素养的实践手段，也是促进师生创造力发展的重要路径。本节以语文跨学科学习任务群为抓手，探究在学校教育范畴下师生双向互动中创造力培育的优化策略。

一、师生创造力的内涵

创造力是一个涵盖多个方面的复杂概念。从表现特征来看，创造力是指产生新思想，发现和创造新事物的综合能力。从功能属性来看，创造力是个体通过对知识迁移与运用，从而完成某种创造性活动所必需的心理品质[①]。总体来看，学生创造力的培育是动态发展的过程，是从旧知识向新知识的迭进，从传统思维向创新思维的转换，从单一能力向多元能力的提升。在培育的动态过程中，学生创造力的发展呈现出阶段性、差异性、主体性的特点。为了承接这样的动态培育过程，衔接学生阶段性发展特征、调控个体差异性发展需要、确立学生主体性发展地位，教师的角色相应地发生了转变，由知识的传递者转变为学生创造力发展的引导者与促进者。这就要求教师在教学活动中不断提炼具有引导性的思维路径，设计蕴含创造性思维的实践活动。正因为如此，在教学实践中学生创造力的发展需要与教师创造力的发展协同培养，实现师生创造力的双向生长。师生创造力既是教师与学生在教学环境中为达到教学目标，综合运用已有知识和经验理解新知识、做出新设想、解决新问题的能力，也是一种师生双向互动的培育模式。

二、师生创造力培养的现实困境

1. 师生缺乏共创素养

通过观察课堂教学现场，我们发现"教师问，学生答；课上讲，课后

---

① 胡朗宁，吕立杰. 学生创造力评估：国际经验及未来展望［J］. 外国教育研究，2024（4）：63-80.

练"的教学模式仍桎梏着师生的思维交互流动,极大地限制了学生发展的空间,阻碍了师生创造潜能的发展。师生创造力不是教师创造力与学生创造力的二项叠加,而是在实际的师生互动场域内表现出的素养。换言之,师生共创素养是师生双方具备的促进协作创新的态度、知识和技能,包括开放创新的思维、沟通协作的能力、深入探究的精神以及相互的尊重与信任。

但是在实际的教学中,师生共创素养仍处于"缺位"状态,具体表现在能力与意识两个层面:在能力层面表现为教师的研究力和创造力还不足以开展基于学生立场的、能够激发学生创造性思维的训练,即使教师具有激发学生创造潜能的能力,也难以改变学生习惯于被动接受知识的窠臼;在意识层面表现为应然的培育目标与实然的教学实践间的脱节,教师与学生将创造性思维训练作为当下的启智活动,忽略其助力学生适应未来社会发展的属性,从而使得教学实践缺乏活力与实效性。

2. 学科活动陷入封闭循环

面向真实情境的问题解决能力是师生创造力培养的重要方面。真实情境中的诸多问题不再是调用单一学科知识所能解决的,而是需要学生不断地拓宽视野,提升多角度综合分析问题和创造性解决问题的能力。正因为如此,促进学生思维发展的学科活动应是复杂、开放的生态系统。但在实际的教学环境中,学科活动呈现出封闭性特征,成为制约师生创造力发展的瓶颈。在活动设计中,学科活动往往围绕掌握固定的知识点进行设计,以创造性产品为目标,忽视知识与多元能力的链接与整合,进而导致活动内容的单一和同质化,缺乏创造性思维的底蕴;在活动实施中,固化的教学内容使得活动流程变得标准化和形式化,扼杀了学科活动应有的灵活性与开放性,这种过度规范的活动流程限制了师生的自主探索与创造性思维的运用;在活动结果方面,学科活动往往过分重视结果的呈现,如作品的完整性与实用性,而忽视师生在共创过程中展现出的思维过程与发展潜力。可见,传统育人模式下的学科活动在设计、实施、结果中整体呈现出封闭循环的特征。

3. 评价亟待适切标准

评价是教学改革的指挥棒。传统的考试评价已经使学生变得追求成绩而非追求素养。而教师为了提升学生的考试成绩,会着重讲授与考点有关的知识,将知识点"碾碎嚼烂",在一遍遍的机械式训练中,帮助学生掌握牢固,从而获得较好的学业成绩。追本溯源,这样"异化"的教学样态是由现行的评价标准(重结果而轻过程、重产品而轻表现、重形式而轻逻辑)导致的。这样传统教学模式下的评价标准抑制了学生创造性思维的发展,扼杀了学生的创造力,导致师生在创新创造方面的自我效能感降低。因此,必须重构现行的评价标准,以学生的创新精神和实践能力为评价的落脚点,建构更加多元、开放、增效的评价标准。

对学生的创造力评价需要更全面的理论支撑、多样化的评价内容、专家参与，以此来提高评价的效度与信度[1]。师生创造力评价导向下的教与学是共生互动的关系，创造力评价同时也是对指向创造性思维的教学的有效反馈。为此，教师要改变传统教学模式下侧重于考查学生对学科知识的掌握水平，而忽视学生生活经验调用与主体性地位的问题，进一步探索如何从多个角度开展创造力评价并建立适切的评价标准。

三、跨学科学习任务群：师生创造力培育的有力抓手

那么，该如何突破现有的困境，开展新课标指导下的师生创造力的培育呢？

基于新课标理念，立足课程育人的精神实质，下面我们针对师生创造培育过程中所面临的真实的教学问题，从语文跨学科学习任务群展开探索实践。

在价值诉求上，语文的外延与生活的外延相等。语文跨学科学习任务群通过与其他学科学习的融合创设真实的问题情境，在问题的解决过程中丰富学生的生活体验，包括对社会生活的感知、参与以及自我调节。跨学科学习任务群要求教师群体参与跨学科学习的设计中，促进学生在实践中加强生活与学科认知进行横向与纵向的联结，关注师生互动，这样的教学模式改革与师生创造力的培育形成了价值层面的殊途同归。

在实施路径上，语文跨学科学习任务群的内容涉及个体成长、公共生活、社会变化等场域，以驱动性学习任务为指向，创设真实的任务情境，在实践活动中整合语文学科与其他学科，让学生在解决任务过程中进行自主及合作探究。在语文跨学科学习过程中，教师指导学生识别问题情境、整合学科间知识、外化思维过程、形成创造性成果，促进学生独立思考、合作探究，不断进行协同式深度学习，促使学生不断地进行知识的理解、迁移与运用，这与师生创造力的培育形成了实施层面的内在统一。

因此，基于语文跨学科学习任务群开展师生创造力的培育，二者不仅在价值诉求上相互呼应，而且以跨学科学习的实施路径开展教学，能更大限度地激发师生的创造潜能，有效发挥语文课程育人功能的实效性。因此，语文跨学科学习任务群是师生创造力培育的具体抓手。

四、跨学科学习任务群下师生创造力培育的实践案例

下面我们以统编版语文教材六年级上册《丁香结》教学为例，展开指向

---

[1] 吕莉莉，杨向东. 具体学科领域创造力测评之进展与反思 [J]. 教育测量与评价，2017 (4)：28-33，64.

师生创造力培育的跨学科学习的案例分析。

1. 充分整合资源，设计适切的学习活动

新课标指出，语文跨学科学习任务群旨在引导学生在语文实践活动中，联结课堂内外、学校内外，拓宽语文学习与应用领域。因此在展开教学设计时要基于教材内容，以生活为基础，以语文实践活动为主线，以跨学科学习主题为引领，以学习任务为载体，整合学习内容、情境、方法和资源等要素，设计适切的跨学科学习活动。

在学习《丁香结》时，学生对于景物类意象的理解存在困难，而同单元都是以景物类描写为主的文本，这一单元的语文要素也要求学生在阅读时能从所读的内容展开想象，可见体悟出意象的内在意蕴是本单元学习的重点和难点。同为语言类学科的英语教学中，也会出现相关景物，景物也象征着一定的含义。因而我们生发出这样的疑问：语言系统的差异如何对景物意象的情感寄托产生影响？同样的意象在不同的语言系统中所承载的文化内涵与表达方式又有何异同？如何在陌生的语言环境中进行准确而有创意的表达？基于此，我们创造性设计了"藏在湿地里的文学意象"这一跨学科学习主题（图4-1），将语文与英语学科相融合，充分利用与学校一墙之隔的湿地资源，设计了"文学意象我了解""湿地里的文学意象""文学意象我创作"三大进阶式任务。

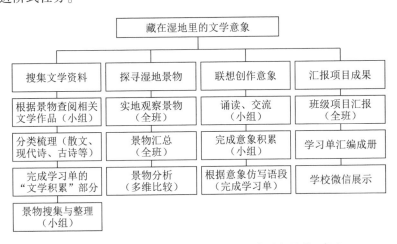

图 4-1 "藏在湿地里的文学意象"跨学科主题学习框架

在实践过程中，教师要内化新课标的理念，注重学科课程的综合性和实践性，加强课程与内容与日常生活、社会实践的联系，注重培养学生在真实情境中综合运用知识解决问题的能力。同时，要具备与其他学科相联结的知识储备和视角，加强学科之间的内在联系，也要突出展现各自的文化特点。教师在备课中要具备一定的创造性思维，要根据教学内容，创设促进学生思考的情境，设计引发思考的问题，使整个课堂充满积极创新的氛围。

2. 强化发现学习，创造自主的学习氛围

创造需要各种创造性的思维方式（如发散思维与辐合思维、形象思维与抽象思维、转换思维与批判思维等）恰到好处地相互作用。在跨学科学习活动中，如果学生以死记硬背的方式获得知识，在实际场景的应用中也大多是机械地、呆板地套用。而当语文学习不再局限于课本知识，不再禁锢于教室之内，学生就会自然而然地化被动为主动，对已有知识和经验进行自主迁移并解决真实情境中的问题，能够通过自己的思考扩充知识的意义，开辟知识运用的新途径，创造性地运用所学的知识。

在开展"藏在湿地里的文学意象"这一跨学科学习活动时，学生通过自主搜集资料的方式，提炼并整合"文学意象"的概念，通过分析相关的诗句梳理常见的文学意象及其象征意义；在英语学习活动中，为了降低学生的学习难度，教师鼓励学生以 *I am a leaf* 阅读绘本为例探究"落叶"这一意象的内在意蕴。在这一过程中，学生自主发现，自主探究，对文学意蕴有了一定的了解。

学生以小组的形式，走出校园，走到大自然中，重点观察湿地某一景物，小组交流与分享，对这一文学意象进行中英双语的描绘。在这一过程中，学生整体感知，联想想象，获得个性化的审美体验，提升语言表达能力的同时，也加深了文化敏感性与包容性。对于湿地里的枫叶，学生用中文这样描绘道："枫叶红彤彤的，像抹上了一层胭脂，天气越冷她就越红。一阵微风吹过，犹如满树的红衣仙子飘动起来。我随手捡起一片落叶，轻轻抚摸，她是那么光滑，红色从叶柄向中心晕染，而叶片的五角边上却微微枯黄，所以，即使绚烂如她，也终究是飘落了下来。"学生的观察是多么细致，语言是多么灵动。同样地，学生用英文描绘落叶："The leaves fell from an elm, they are colorful. One is yellow, they are small, they turned into butterflies just fell down from the sky."学生运用英语表达了自身独特的体验和思考，可以进一步感受英语的韵律美与表达技巧。

充分观察了景物意象之后，学生开始运用意象的内在意蕴进行文学创作，对于凌霜盛开的木芙蓉，学生创作了诗歌《湿地里的木芙蓉》："还记得那株芙蓉吗？不论寒风入土，霜降人间。永远给人们带来最纯洁的一面。瞧，那一朵！一面浅红，一面玫红。一面羞涩，一面自豪。羞涩的一面俯视着行人，自豪的一面眺望着天空。"短短几行，就将木芙蓉纯洁、坚强的意蕴描绘了出来。对于向阳生长的向日葵，学生用英文进行了创作："I am the language of nature. The nature said, and took back it, put it in her heart, and said again. I am a star, I fell down to the green from the sky. When you look at me, I always smile to you."寥寥数语，勾勒出了向日葵阳光积极的意蕴。

在这一学习活动中，学生的主体地位被充分彰显，学生在教师的引导下，围绕有意义的学习主题，开展搜集、梳理、观察、探究、创作等活动，通过中英双语写作的实践活动，对不同语言背景下文学作品中的意象有了独特的认知，并能够灵活地在真实生活情境中运用，创造力得到了有效提升。但值得注意的是，由于学生的语言基础存在差异，教师切不可操之过急，将相关概念和知识储备直接灌输给学生，要尊重学生的起点，给予恰当的引导，营造融洽愉悦的氛围，共同参与活动，成为学生探讨新知识的朋友、教学相长的伙伴，为创造力的培养提供支持。

3. 搭建展示平台，创造多样的学习成果

过程性评价应当贯穿于语文学习的全过程。在"藏在湿地里的文学意象"这一跨学科学习活动中，我们通过"一张研学单""一次成果展示会""一份评价量表"的方式，开展了多元主体、多样方式的过程性评价。

（1）一张研学单。

研学单能很好地指导学生自主开展学习。本次跨学科学习活动中，我们设计了中文和英文两张研学单，引导学生分成多个学习小组，借助研学单上的任务提示，开展自主学习。"藏在湿地里的文学意象"这一跨学科学习活动共分为5个课时，对应3大学习任务。每个任务完成结束后，教师需要带领学生进行及时的评价，依据研学单上的填写结果反思学习活动中的问题和不足，从而优化调整下一阶段的学习活动。教师在进行研学单的设计时，不能将任务设计得过于死板，给学生一定的学习提示的同时，也要留给学生足够的思考和创造空间。

（2）一次成果展示会。

创造性的学习需要创造性的呈现。在本次跨学科学习活动结束后，我们召开了一次小型的成果展示会，各学习小组上台展示实践成果，可以是汇报式，也可以是朗诵式，还可以是歌舞式，学生的创造力被极大地激发。各个小组利用课余时间制作PPT、排练诵读，甚至还将景物意象绘制成水墨画并配上了歌舞表演，展现出了独具匠心的创意。

（3）一份评价量表。

对目标达成情况的评估需要制定评价量表（表4-3），并告知学生评价标准，指导学生合理使用评价量表，让学习活动有目标、有方向。针对本次跨学科学习活动，我们从"观察""搜集""赏析""创作""展示"五个方面进行了量化评价，师生共同参与评价过程，形成评价结果。在评价过程中，要注意关注到学生知识基础、认知过程、思维方式、情感态度等方面的表现，评价应当以鼓励和指导为主，让学生形成良好的学习体验，从而提升学习效果。

表 4-3　跨学科学习评价量表

评价要点	具体内容	星级
观察	景物描绘细致，用词准确、生动； 符合真实情景，又具备文字美感	☆☆☆☆☆
搜集	能根据意象，进行相关文学作品的搜集； 资料来源多样，紧扣主题	☆☆☆☆☆
赏析	能从多个角度鉴赏意象； 能提出自己的看法与见解	☆☆☆☆☆
创作	能运用意象进行文学创作； 创作优美生动，有一定的哲思	☆☆☆☆☆
展示	上台展示准备充足，语言流畅，落落大方； 能展现出小组对项目的全面研究； 小组学习单完成质量高	☆☆☆☆☆

五、问题与思考

以上研究强调利用跨学科学习任务群优化师生创造力培育，意在从育人方式的变革的角度重新思索和描绘学校教育范畴下师生共生共长的教学生态，以跨学科学习任务群为载体则是一种全新而有效的尝试。在实践过程中，仍须注意以下两点。

1. "跨学科"要"跨之有度"

跨学科学习的"跨"体现的本质内涵是综合性与实践性，展现跨越多个学科领域的教学样态。多个学科的交叉融合是达成创造力培育目标的抓手，而非最终追求，故而教师在跨学科教学设计时要克服"为跨而跨"的异化倾向，避免多学科知识的随意混搭与简单叠加，坚守学科本位，坚持目标导向。跨学科学习需要综合运用多学科知识思考问题、解决问题，学科与学科之间的联系要更加紧密。教师需要依据教学目标，将不同学科的知识整合成具有多学科关联的教学内容，厘清多学科间的交叉点，以"交叉点"为跨学科的"临界点"与"锚点"，从而实现学科学习与社会生活的深度融合。

2. "创造力"要"创之有法"

创造力的培养不仅体现在日常的学科教学中，还体现在各类综合性课程中。一线教师需要基于社会生活中的真实问题或议题，将不同学科知识交叉融合，设计有意义的学习活动，在活动中培养学生创新精神和实践能力。这不仅是对学生的挑战，更是对教师的专业水平和创新能力的巨大考验。因此，各区域和学校应当加强教师的专业培训，促使教师在吸收新课标理念的同时，提升课程架构的能力，在教学中不断思考、创造、实践，促进师生创造力的双向生长。

综上所述，对创造力的培育不应当局限于中学或大学，应当从小抓起；创造力的培育对象不应当局限于学生，应当构建师生双向生长机制。新时代对教育提出了新要求，新课标为教育明确了新方向。跨学科学习任务群加强课程的实践性与综合性，是对师生创造力培育的新启迪，需要更多的一线教师去重视、去实践。

后 记

时光如梭，当我提笔为这部书稿写下后记时，距离我第一次踏入张家港市世茂小学的那天已整整八年。2017年秋天，世茂小学还是张家港市城西的一片荒地，却因毗邻省级湿地公园而显得与众不同——校园外绵延近百亩的芦苇荡，四季流转间白鹭翩跹、水波粼粼，仿佛大自然为孩子们悄然铺展的生态课堂。正是这片湿地，让我与张家港市世茂小学的师生们共同开启了一段"自然育人"的探索之旅。

一、从课题到实践：唤醒湿地的教育价值

2019年，我们以"湿地研学"为切入点，申报了江苏省教育科学"十四五"规划课题《依托湿地公园的研学课程资源开发与利用研究》。这一课题的启动，标志着张家港市世茂小学教育实践的转型。起初，许多教师心存疑虑：湿地与语文、数学有何关联？自然观察是否会挤占学科教学时间？为此，我们带领教师团队走进湿地，用一堂堂"田野课"寻找答案——语文教师带学生观察湿地秋景、制作诗歌书签、编制湿地诗集，开展《秋韵》活动；科学教师与学生检测水质，探究湿地的"生态密码"；美术课搬到了芦苇丛边，孩子们用黏土和落叶创作"湿地微景观"……渐渐地，湿地不再是遥远的存在，而成为连接学科知识与真实世界的纽带。

课题研究过程中，我们逐步构建起"湿地+"课程体系：以湿地生态为核心，融合科学探究、劳动实践、艺术创作和社区服务等形式，形成"湿地研学""湿地美学""湿地科学""湿地文学""湿地生态保护学"五大主题课程。例如，"湿地小卫士"项目中，学生通过监测水质、清理外来入侵物种、制作环保标语牌，将生态知识转化为守护家园的行动。这些实践不仅让学习回归生活，更让教育呈现出"呼吸感"——知识在自然中生长，情感在行动中升华。

二、从自发到自觉：教育理念的淬炼升华

随着课题的深入，我们对教育的理解愈发清晰。起初，我们只是"利用"湿地资源开展活动；后来逐渐意识到，湿地教育的本质是"尊重儿童与自然共生的天性"。在湿地里，孩子们不再是知识的被动接收者，而是问题的发现者、实践的探索者、文化的传承者。一个曾经看见昆虫就大惊小怪、

看见草坪怎么也不肯坐下的女孩，现在能够自由地躺在草地上，感受自然的芬芳；一名曾因成绩落后而沉默寡言的学生，在持续观察湿地昆虫后，独立完成了《蜻蜓日记手册》，其细致的观察力和艺术表现力令师生惊叹……这些真实的成长故事，让我们愈发坚信：教育应当如湿地般包容——允许不同的生命以各自的节奏生长，让每个孩子都能在自然与社会的联结中找到价值坐标。

这种理念的升华，促使我们突破传统教育框架，形成"自然·生活·生长"三位一体的育人模式。2022年，学校"绿野寻踪"湿地课程获评江苏省课程基地与学校文化建设项目；2023年，"'绿野寻踪'湿地文化特色课程"实践成果获评全国中小学校本课程典型案例，张家港市世茂小学也从一所默默无闻的新建学校，在短短五年内逐渐成为自然教育领域的特色品牌。

三、从碎语到书稿：集体智慧的系统表达

本书是从鲜活的湿地教育实践中"生长"出来的，是张家港市世茂小学集体智慧的结晶，郑醉榴、王莹、吴怡扬、奚倩雯、陆惠凯、寇大波、许锦程、黄宇拓、柳嘉惠、袁晓静等核心成员不仅深入参与学校湿地课程建设与湿地课堂变革，而且能够将一些比较成熟的实践经验和心得付诸成文，形成初步的思考和完整的表达，然后在我的统筹下进一步系统化、学理化。本书虽不足为道，但仍几易其稿、反复修改、字斟句酌、不敢马虎。本书能够顺利出版，既要感谢省、市、区各级领导长期对张家港市世茂小学教育改革实践的鼎力支持，也得益于众多专家学者的倾力指导。南京师范大学教师教育学院黄伟教授在百忙之中为本书拨冗作序、高位引领，苏州大学出版社的沈琴主任、任雨萌老师不辞辛苦，对书稿审读、提议和编辑，在此一并谢忱！

书稿付梓之际，我再次漫步湿地，忽然想起法国教育家卢梭在《爱弥儿》中说的一段话："什么是最好的教育？最好的教育就是无所作为的教育：学生看不到教育的发生，却实实在在地影响着他们的心灵，帮助他们发挥了潜能，这才是天底下最好的教育。"这片湿地或许永远不会说话，但它用四季轮回、生命更迭的永恒韵律，教会我们何为教育的真谛：不是塑造，而是唤醒；不是灌输，而是生长。愿此书能成为一粒种子，在更多教育者的心田萌发，让更多孩子在大自然的怀抱中，长成他们应然的样子。

唐 燕
2025年1月5日